공자가
살아야
인류가
산다

공자가 살아야 인류가 산다

초판 1쇄 발행 2014년 4월 1일

지은이 공한수
발행인 권선복
편집주간 김정웅
편 집 조웅연
디자인 최새롬
전자책 신미경
마케팅 서선교
발행처 도서출판 행복에너지
출판등록 제315-2011-000035호
주 소 (157-010) 서울특별시 강서구 화곡로 232
전 화 0505-613-6133
팩 스 0303-0799-1560
홈페이지 www.happybook.or.kr
이메일 ksb6133@naver.com

값 19,000원
ISBN 979-11-5602-047-9 03150

도서출판 행복에너지는 독자 여러분의 아이디어와 원고 투고를 기다립니다. 책으로 만들기를 원하는 콘텐츠가 있으신 분은 이메일이나 홈페이지를 통해 간단한 기획서와 기획의도, 연락처 등을 보내주십시오. 행복에너지의 문은 언제나 활짝 열려 있습니다.

공자가 살아야 인류가 산다

論語는 영원한 인류계발서

◉ 공한수 지음

도서
출판 행복에너지

● 추천사

천고(天古)의 일성(一聖)으로 만인의 추앙을 받는 대성현 공자님의 가르침이 담긴 논어(論語)를 독특한 관점에서 예화를 곁들여 대비시켜 자신의 지론을 개진시키는 저자의 능력이 매우 돋보인다.

논어는 동서고금을 통틀어 영원히 존속할 가치와 최상의 교훈을 지닌 불멸의 명저(名著)임을 누구도 부인할 수 없을 것이다.

저자는 나름대로의 방법론으로 논어의 중요성과 가치를 새삼스럽게 일깨우는 데 그 일익을 담당하고 있다.

-김 선(金 仙)/문학평론가, I.A.E. UNIVERSITY 명예총장

논어 하면 어떤 특정인들만이 보아야 하는 책으로 생각하기 쉬우나, 논어야말로 누구나 읽어 보아야 할 바이블 같은 책이다.

저자는 초등학생부터 한학을 많이 한 어른에 이르기까지 다양한 계층이 다 재미있게 볼 수 있도록 공자님 말씀을 현시대에 맞게 유효적절하게 풀이하였다.

저자의 풍부한 예화는 독자들에게 흥밋거리를 더 해줄 것이다. 앞으로 언젠가는 이 책이 중국에서 중국어로 번역 출간되는 날이 오기를 희망한다.

-김형직(金亨直)/北京大 교수, 放送人

공자님 말씀은 세월이 더할수록 그 진가가 더욱 빛난다. 위대한 인물들은 하루아침에 만들어지지 않는다는 것을 동서고금을 통하여 엿볼 수 있도록 저자는 적절한 예화로 잘 그려내고 있다.

역사적인 인물들이 우리가 상상하기 어려운 환경에서 역경을 견뎌내고, 높은 인격을 갖춘 사람들이 자기 꿈을 실현한 사례는 읽을거리를 더욱 흥미롭게 해 준다.

오늘날 물질 만능주의 시대에 미국발 금융위기가 도덕적 타락으로 인한 문제라는 것도 잘 꼬집고 있다.

이 책은 어린이, 학생, 어른에 이르기까지 누구나 다 봐야 할 필독서이며, 특히 어머니들도 꼭 읽어보도록 권장하고 싶은 책이다.

－오 명/전 부총리 겸 과학기술부 장관, KAIST 이사장

고전은 시끄러운 세상을 멀리하고 고독을 벗 삼아 대자연과 대화하면서 건져 올린 지혜의 샘물이다. 불확실한 미래가 다가올수록 확실한 답을 찾기 위해서는 고전을 읽어야 한다. 고전 속에는 인류가 오랜 기간 살아오면서 몸으로 터득한 삶의 노하우가 숨어 있기 때문이다. 고전(古典)을 읽지 않으면 고전(苦戰)을 면치 못한다. 고전을 읽는 사람이 과거는 물론 지금 이 순간을 읽어낼 수 있고, 미래를 전망해낼 수 있는 힘을 갖고 있다. 어렵게만 느껴지는 논어를 누구나 읽기 쉽게 생생한 예화와 희귀한 사례를 곁들인 이 책은 누구나 일독(一讀)하고 중독(中毒)되어야 할 책이라고 생각한다.

－유영만/지식생태학자, 한양대 교수－

● 서문

공자는 평생학습자였다. 공자는 만세의 스승이며 인류최초 사학의 창시자이다. 공자의 논어는 지금도 살아서 동, 서양 사상을 지배하고 있다. 논어는 공자의 언행을 제자들이 기록한 책이다. 논어는 정치, 경제(비즈니스), 철학 그리고 개인 삶에 이르기까지 하나의 바이블이다. 2008년 9월부터 미국발 금융위기가 발생한 것도 도덕적 불감증에서 도래한 것이다. 정직하고 공정한 사람의 도리를 하면 큰 문제들이 발생하지 않는다. 부라고 하는 것도 인간의 도덕에 기반을 두어야 지속 성장이 가능하다. 논어는 부의 윤리에 관한 교훈이 많은데 이는 이(利)를 보면 의(義)를 생각하라는 교훈이다. 공자는 2,550여 년과 동, 서양이라는 시공을 초월하여 21세기 글로벌 지도자의 상징이며 영원한 스승으로 남게 될 것이다. 논어는 우리 인생의 삶의 지표로서 나침반 역할을 해준다.

그리스 고대 철학책들은 그 분야 전공자들만 읽게 되는 책일 뿐 보통사람들이 접근하여 읽기에는 너무나 어려워서 읽지를 않는다. 그러나 동양 사상의 책은 최고의 사상서이고 최고의 문학서이기 때문에 철학서처럼 머리에서 머리로만 통하는 것이 아니다. 공자의 논어가 영원한 생명력을 갖는 것은 가슴에서 가슴으로 통하는 매력을 가지고 있기 때문에 2천 5백 5십 년이 지난 지금도 인문학적인 상상력이 팔팔하게 살아 숨 쉬고 있다. 논어가 더욱 빛을 발하고 있는 것은 동양적인 사상 속에 인문학적인 상상력, 과학적인 분석력과 예술적이고 통합적인 사고까지 녹아들어 있기 때문에 영원한 인류계발서로 부족함이 없다고 본다. 공자의 철학은 미래를 열어가는 데 필수적인 지식이며 도덕과 윤리의 바탕이 될 것이다.

인류 2대 천재로 불리는 괴테는 "유능한 사람은 끊임없이 배우는 사람이다."라고 하였다. 살아있는 모든 존재는 끊임없이 움직여야 하고 끊임없이 진화해야 한다. 생존을 위해서는 끊임없이 먹어야 하고, 끊임없이 일을 해야 하며 지혜롭게 살아야 한다. 농부가 농사를 지어야 먹을거리를 만들듯이 특히 지식근로자들은 평생학습을 게을리 해서는 안된다.

자신이 자신을 위해 무엇을 헌신할 것인가. 가정을 위해, 사회를 위해서, 더 나아가 국가를 위해서 무엇을 헌신할 것인가? 제대로 헌신하려면 평생학습을 부지런히 해야 된다. 21세기에는 평생학습을 하지 않는 자는 도태되는 시대이다. 공부하는 자가 이기고, 공부하는 나라가 발전하고, 평생학습을 게을리 하는 자, 평생학습을 소홀히 하는 나라는 쇠퇴하는 시대이다. 오늘날 변화속도가 빨라서 알아야 하는 것들이 너무나 많다. 학교에서 배운 지식도 유효기간이 6개월도 채 못 간다는 말처럼, 새로 알아야 할 것들이 헤아릴 수 없다. 일찍이 유태인의 자녀 교육 훈에서 보면 "배움을 중지하면 20년 배운 것도 2

년 내에 잊게 된다."라고 했다. "배움이라는 것은 벌꿀처럼 달다."라고 유태인들은 자녀를 가르치고, 배움이 바로 경쟁력임을 새삼스럽게 깨우쳐주고 있다. 평생 배우며, 지혜를 갖고, 깨닫는 일만큼 중요한 일은 없을 것이다.

중국말에 "학여역수행주 부진즉퇴(學如逆水行舟 不進則退) ― 배우는 것을 한시라도 놓으면 역류하여 거슬러 올라가지 않으면 밑으로 떠내려가는 배와 같다는 말이다." 우리가 살아있는 한 계속하여 배우지 않으면 알고 있는 지식은 강 하류로 떠내려가는 신세를 면하지 못한다는 말과 같다. 평생학습을 왜 지속적으로 해야 되는지 중요성을 말해 주고 있다.

공자(孔子)는 2,560여 년 전(기원전 552년~기원전 479년)에 태어났다. 논어는 종교서적처럼 신앙인들만이 읽어야 하는 필독서가 아니다. 논어는 동, 서양을 불문하고 전 인류가 보아야 하는 책이다. 언제나 '베스트셀러' 책이다. 모든 사람들이 쉽게 접해서 읽어 보아야 하는 책이다. 논어는 신앙과 전혀 관계가 없는 책이다. 인간의 상호관계에서 자기 자신을 올바르게 세워 가자는 것이 공자의 가르침이다. 때문에 논어의 매력은 2,550여 년 전이던 지금이던 어느 시대를 막론하고 누가 읽어도 도움이 된다는 데 그 가치가 빛을 발한다.

논어는 모두 10권 20편, 5백 개의 문장으로 구성되어 있고 제1편이 학이편(學而篇)이고, 제20편 마지막이 요왈편(堯曰篇)이다. 인류의 자기계발과 평생학습을 시작한 사람이 바로 공자다. 발전하거나 창조하려면 먼저 무엇을 알아야 한다. 그것은 바로 배움이다. 지식이 없으면 어느 길로 가야 될지를 모른다. 학문을 한다는 것은 즐거운 것이고 기쁨이다. 창조하는 인생은 최고의 인생을 살아가는 것이다. 학문을 통해서 자기 재능과 자질을 발견하고, 잠재력을 효과적으로 개발하여 깨워 놓으면 무서운 위력을 발휘한다.

잠자는 영혼을 아름답게 살찌우게 하는 것은 새로운 것을 배우고 지혜를 갖게 되고 깨달음을 갖게 되는 것이다. 사람은 각자 타고난 능력이 있다. 그 재능을 교육을 통해 그 재능을 살려나가도록 하는 것이 교육목적이라고 할 수 있다. 각자 내면에 잠재되어 있는 능력을 키워 내도록 이끌어 주어야 한다. 공자는 6예(六藝) — 예(禮)·악(樂)·사(射 : 활쏘기)·어(御 : 마차술)·서(書 : 서예)·수(數 : 수학)에 능통하고 고전(古典), 특히 역사와 시(詩)에 밝았기 때문에 30대에 훌륭한 스승으로 이름을 날리기 시작했다. 공자는 모든 사람에게 교육을 개방하기를 원했고 교직을 직업의 생활수단으로 확립시킨 첫 번째 교사로 알려지고 있다. 공자 이전의 시대에 귀족가문에서는 가정교사를 고용하여 특정분야에서 자식들의 교육을 담당시켰고, 정부 관리들은 하급관리들에게 필요한 기술을 가르쳐주었다. 그러나 사회를 개조시키고 향상시킬 목적으로 일평생 배우고 가르치는 일에 전념한 사람은 공자가 처음이었다. 그는 모든 인간이 자기수양으로부터 덕을 볼 수 있다고 믿었다. 장래의 지도자들을 위한 인문과목 교육과정을 처음 실시했고, 모든 사람에게 교육의 문호를 개방했으며, 배움이란 지식을 얻기 위한 것일 뿐만 아니라 인격의 도야까지도 포함한다고 정의했다.

공자에게 있어서 교육의 일차적 기능은 군자(君子)를 훈련시키는 적절한 방법을 제공하는 것으로 끊임없는 자기향상과 지속적인 사회적 상호작용을 포함하는 하나의 과정이었다. 군자라 함은 덕 있는 사람, 영어로는 젠틀맨이다. 훌륭한 지도자, 훌륭한 리더를 같이 어우르는 말로 이해하면 될 것이다. 군자에게 배움은 '자기 자신을 위한 것' 즉, 배움의 목적은 자기발전과 자기실현이라고 역설하였다.

바람과 함께 사라지다(Gone With the Wind) 영화에서 끊임없이 배워야한다는 것을 강조하고 있다. 이 영화로 마가렛 미첼은 퓰리처상을 수상했다. 바람과 함께 사라지다는 작가 미첼의 어린 시절의 경험이 그대로 녹아있는 작품인데 전기 작가 안네 에드워즈는 〈타라로 가는 길 : 마가렛 미첼의 삶(Road to Tara : The Life of Margaret Mitchell)〉에서 모친 메이벨 미첼의 강인한 교육관을 언급하고 있다. "예전 세상은 평화롭고 안전했다. 물론 지금 네가 사는 세상도 그렇다. 하지만 앞으로는 어떤 일을 겪게 될지 아무도 모른다. 낡은 저택처럼 너의 위치도 무너질 수 있다. 네가 그런 도전에 맞서 싸울 무기를 갖고 있지 않으면 그냥 쓰러지는 거다. 그래서 배워야 하는 거다. 알겠니? 특히 여자들은 교육을 받지 않으면 정치·문화적으로 인정받지 못한다. 세상이 무너진다 해도 머릿속에든 지식은 남는다." 〈애틀랜타 저널〉기자를 거쳐 9년 동안 집필한 〈바람과 함께 사라지다〉는 바로 여성일

수록 끊임없이 배움을 지속해야 한다는 메이벨 여사의 강인한 교육관이 서려 있는 작품이다. 여성들이 투표할 수 있는 참정권이 주어진 일도 미국이 1920년 영국은 1928년이다. 우리나라는 1948년이 되어서 부터다. 그런 면에서 시대적 배경을 감안하여 여성들의 교육을 특히 강조한 것이다.

평생교육과 평생학습은 인간의 교육은 가정, 학교, 사회에서 전 생애에 걸쳐 이루어져야 한다는 교육관. 인간은 사회 문물이 크게 변화해 감에 따라 그에 적응하기 위하여 끊임없이 교육을 받아야 한다는 취지에서, 1967년에 유네스코 성인 교육 회의에서 제창되었다. 평생교육이란 말 — Learning is life joy.

피터 드러커는 21세기는 지식 사회의 중요성을 강조하였다. 삶은 무엇인가를 달성하면 성취감을 갖는다. 중요한 업무를 맡게 되면 스스로를 중요하다고 생각한다. 자기계발이란 능력을 쌓는 것만이 아니라 인간으로서 성장해 나가는 것이다. 발전하기 위해서는 긍지와 자신감을 가져야 된다. 자신감을 갖기 위해서는 외적 성장과 내적 성장을 동시에 목표로 삼아야 한다.

우리는 교육을 통해서 활용되지 않은 채 잠자고 있는 자신을 발견하고 개발함으로써 이익을 얻을 수 있다. "교육이란 살아가면서 생기는 다양한 상황들에 대처하는 능력"이라고 프린스톤 대학 총장이었던 존 G. 히번 박사는 말했다. 평생교육에 가장 큰 목적은 지식도 중요하지만 더욱 중요한 가치란 '행동' 함에 있는 것이다. 구약성경의 언어인 히브리어에는 반복이란 말과 교육이란 말을 같은 뜻으로 쓴다. 반복하고, 반복하는 것이 교육이므로 사람이 살아있는 한평생 동안 배우는 것을 되풀이하는 것은 너무나 당연한 일이라고 본다.

공자는 지도자의 자질인 겸손, 창의성 실천을 보여줬다. 또한 현장에 답이 있다는 것을 알고 문제해결, 정보처리능력, 행동으로 기업가적 지도자의 역할을 훌륭하게 보여줌으로 오늘날 현대 감각으로 봐도 국제적 리더로서의 자질을 충분히 갖추었다.

삼성의 창업자인 이병철 회장은 우리나라 근대 산업사회 자본주의 초석을 만드는 데 큰 역할을 했다. 오늘날 삼성을 존재하게 만든 원동력은 바로 논어다. 이병철 회장은 한학을 많이 했고, 논어는 모든 것의 바탕이 되었다. 그는 윤리와 도덕 그리고 정직을 최우선 가치로 삼고 삼성을 경영하였다. 오늘날 삼성이 초 일류기업으로 빛나고 있는 것도 그의 탁월한 업적이 숨 쉬고 있다.

21세기를 현명하게 살아가기 위해서는 남녀를 막론하고 평생 끊임없이 배워야 한다. 강물은 항상 새로운 물이 흐르듯 새물을 맞이하기 위해서 배워야 한다. 요즘처럼 며칠이 옛날 세기 변화와 맞먹는 시대에 살고 있어 미리 예측하고 준비하고 적응하는 힘을 기르는 일을 게을리해서는 안 된다. 격랑치는 새 물결의 충격을 잘 흡수하기 위해서라도 평생학습의 끈을 놓아서는 안 된다. 우리의 미래, 행복, 경쟁력은 바로 평생학습에 달려 있다.

평생학습은 인간의 의무다.

이 원고는 3년 전에 완성이 다 되어 그동안 잠자고 있었다. 하지만 짜임새 있게 구성하고 새롭게 단장시켜 아름다운 책으로 세상에 태어나게 해주신 행복에너지 권선복 사장님과 편집부, 디자인팀 직원 여러분께 깊은 감사를 드린다.

이 책을 가장 사랑하는 아내 김금희, 자랑스러운 딸 지현, 믿음직스러운 성원이한테 바친다.

한학이 깊지 않아 참고문헌 논어 책들을 많이 인용하였다. 논어를 제대로 쓰기에는 부족한 점이 있지만 책은 수정보완이 가능한 일이므로 독자들의 아름다운 사랑으로 더욱 바르고 충실하게 담을 수 있도록 지정(指定)을 당부 드린다.

2014년 3월

文帛 孔漢洙

● 목차

學而時習之不亦說乎

松泉 鄭夏建

배우고 때때로 익히는 것은 즐거운 일이 아니냐?

알지 못하면 내 밥그릇을 빼앗기는 세상이다. 평생학습이 바로 경쟁력
이다. 배우고 또 배워라. 지식이 밥 먹여 준다.   ─공한수

배움의 즐거움

學而時習之 不亦說乎(학이시습지 불역열호)

❖❖❖❖

배움은 인간의 의무다. 셰익스피어(William Shakespeare : 1564.4.26~ 1616.4.23)는 학문에 대하여 "학생으로 계속 남아 있어라. 배움을 포기하는 순간, 우리는 폭삭 늙기 시작한다."라는 교훈을 남겼다. 모르는 것을 배워서 아는 즐거움이란 인간이 가지는 가장 가치 있는 것 중에 하나이다. 유대민족에게 배움이란 사람의 몸속에 있는 피와 같다고 생각한다. 우리 몸속에 피가 흐르지 않는다는 것을 생각할 수 없듯이 배움 없는 유대인은 상상할 수 없다고 한다. 평생 공부 안 하면 내 직업을 지구 반대편 사람한테 빼앗기게 되는 것이 현실이다. 미국사람은 중국과 인도사람에게, 한국인은 동남아나 아프리카사람에게 말이다. 이제는 지구촌이 한 나라가 된 세상이라 남보다 더 공부하지 않으면, 내 직업도 남들이 넘보고 있어 안전하지 않다는 것을 알아야 한다.

공자는 "學而時習之 不亦說乎(학이시습지 불역열호) — 배우고 때때로 익히는 것은 즐거운 일이 아니냐?"라고 말씀하셨다.

불역열호(不亦說乎)는 이것 또한 "그러하지 아니하냐?"는 뜻으로 기쁘고 즐겁고 군자다운 것이 한두 가지 아닌 가운데서 이것 또한 그렇다는 의미이다. 공자는 2,550년 전에 "배운 것을 실제 활용하고 즐기게 되니 배움이란 것이 어찌 즐겁지 않겠는가?"라는, 학문을 하면 즐겁다는 놀라운 진리를 깨우쳐 주셨다. 인간은 태어나 모르는 것을 배우면서 더 행복하게 살아가기를 원하는 욕망을 가지고 있다. 또한 인간은 만물의 영장으로 배우고 실행하면 상상할 수 없는 변화를 만들어 내는 탁월한 능력을 가지고 있다. 새들은 흰 날개를 가지고 태어나지만 검은 날개가 되도록 수도 없이 나는 연습을 계속 반복적으로 하여 드디어 하늘을 날게 된다. 무슨 분야든 기능을 잘 발휘하기 위해서는 계속 반복적으로 훈련해야 된다. 배우는 것도 익숙하게 하는 길은 배운 것을 여러 번 반복적으로 연습하고 예습하여 소화시키지 않으면 안 된다. 이해를 하고 암송을 하기 위해서는 반복적으로 소리 내어 읽으면 빠르게 된다. 우리가 소한테 배울 것이 있다면 그것은 바로 되새김질하는 것이다. 배운 것을 계속 반추해 나가지 않으면 완전한 내 것이 안 된다. 배우는 사람에게 피드백을 바로 갖다 주는 것은 배운 것을 활용해 나갈 때이다. 배우는 사람에게는 숙성시킨 된장이나 김치 같은 상태로 발전해 나갈 때 그 기쁨이란 이루 말할 수 없이 큰 것이다. 끊임없이 학문하는 사람들에게는 모르는 것을 새로 알게 될 때 학문의 참맛이 고소하고 벌꿀처럼 단맛임을 느끼게 된다.

실수와 실패를 통해서 많이 배워야한다. 실수와 실패는 인류의 발전에 큰 공헌을 해왔다. **아인슈타인**은 "실수를 해보지 않는 사람은 한 번도 새로운 일을 시도해 보지 않은 사람이다."라고 말했다. 성공하는 사람들은 실수와 실패를 두려워하지 않는다. 실패 속에 성공의 씨앗이 들어 있다는 것을 알기 때문이다. 보통 사람과 성공하는 사람의 차이점은 실패에 대한 인식과 반응이다. 실패에 대한 두려움은 꿈을 파괴하고 결심을 방해하지만 실패 없이는 어떠한 성공도 있을 수 없다. **헨리포드**는 "실패란 더 지혜롭게 새로 시작할 수 있는 또 하나의 기회일 뿐이다."라고 하였다. 실수와 실패는 배울 기회를 제공해준다.

오늘날 초일류기업인 삼성이 존재하는 것도 먼 미래를 내다보는 고 **이병철** 회장과 **이건희** 회장이 있었기에 가능했다. 국제경쟁력 확보를 위해 임원들 교육에 막대한 투자를 한 것이 얼마나 큰 밑거름이 되고 있는가. 이건희 회장도 유공 인수 실패와 알래스카 탄전 개발사업 등 연속으로 실패를 하였다. 이런 실패를 딛고 1987년 46세의 나이로 삼성그룹 회장에 취임하여 1993년 푸랑크푸르트 선언을 계기로 세계 초일류 기업으로 도약하게 되었다. 이건희는 초등학교 5학년이었을 때 이병철 회장이 "선진국을 보고 배우라"라는 지시로 일본에 유학 가 3년 동안 많은 것을 배웠다. 일본 골프 프로한테 골프를 배우고 그 짧은 기간에 영화 1,200여 편의 영화를 봤다. 상상력, 영감, 창의성이 절실히 요구되는 세상에 절실히 필요한 것을 일찍 배우고 터득한 것이 많다. 삼성이 발전하기 위해서는 사람을 변하게 하고, 더 전문성을 갖게 하는 데는 교육만 한 것이 없다는 것을 이건희 회장은 너무나도 잘 알고 있었다. 막대한 교육비 투자하는 것을 주저하지 않고 수많은 인재들을 육성해 내고 있다. 고 이병철 회장은 한학을 좋아하였고 특히 논어를 좋아했다고 전해진다. 이건희 회장도 학이시습지 불역열호(學而時習之 不亦說乎)를 선친으로부터 영향을 받아 공자가 말한 학이시습지가 얼마나 중요한지를 몸소 일찍 터득한 것 같다. 평생학습의 질이 그 회사의 경쟁력을 만들어 낸다는 사실을 삼성은 잘 보여주고 있다. 오늘날 삼성이 세계에 이름이 빛나는 것은 이건희 회장의 탁월한 리더십과 비전 그리고 교육 때문이라고 본다.

태공은 "인생불학, 여명명야행(太公曰, 人生不學, 如冥冥夜行) — 사람이 나서 배우지 않으면 마치 어두운 밤길을 가는 것과 같다."라고 말하였다. **주자**는 배움에 대하여 주자 왈, 물위금일불학이유내일, 물위금년불학이유내년, 일월서의, 세불아연(朱子曰, 勿謂今日不學而有來日, 勿謂今年不學而有來年, 日月逝矣, 歲不我延.) 주자께서 말씀하셨다. "오늘 배우지 않아도 내일이 있다고 말하지 말며, 올해 배우지 않아도 내년이 있다고 말하지 말라. 해와 달은 갈 것이며 세월은 나를 늘여주지 않는다."라고 이르고 있다. 일본인 수학천재 **히로나카 헤이스케** 박사는 벽촌 장사꾼의 열다섯 남매의 일곱 번째 아들로 태어나 어려운 어린 시절을 보냈다. 대학입시 일주일 전까지 밭에서 거름통을 들고 일했으며, 대학 3학년이 되어서야 수학의 길을 택한 늦깎이 수학자이다. 그는 끈기 하나로 미국 하버드 대학에서 박사 학위를 마치고 수학의 노벨상이라고 하는 필즈상까지 받은 사람이다. 히로나카 헤이

스케는 즐겁게 공부하다 인생에 도통한 사람이다. 그는 창조하려면 먼저 배워야 한다고 했다. 학문을 하는 것은 창조하는 즐거움뿐만 아니라 전혀 알지 못하던 재능이나 자질을 찾아내는 기쁨과 자기 자신을 깊이 성찰하고 보다 깊이 인식하는 즐거움을 갖게 된다. 학문하는 즐거움이 크다고 했다. 배움을 통해 지혜를 갖게 되며, 꿈다운 꿈, 불가능하게 보이는 꿈도 실현해 내는 에너지가 샘솟게 된다.

　자기실력을 마음껏 발휘하기 위해서는 연습하는 것이 얼마나 중요한가를 첼로 거장이었던 **카잘스**의 예를 들어 살펴보자. "카잘스 선생님, 당신은 이미 이 세상에서 가장 위대한 첼리스트로 인정받고 있습니다. 그런데 95세의 나이임에도 아직까지 하루에 여섯 시간씩이나 연습하는 이유는 무엇입니까?" 스페인 태생으로 첼로의 성자로 불렸던 파블로 카잘스에게 젊은 기자는 물었다. 그는 머뭇거리지 않고 이렇게 대답했다. "왜냐하면, 내 연주 실력이 아직도 조금씩 향상되고 있기 때문이요." 카잘스는 1889년 열 세살 때 아버지로부터 요한 세바스찬 바흐의 "무반주 첼로 모음곡"을 선물 받고, 방에 처박혀 이 곡을 연습하기 시작했다. 스물다섯 살이 되어서야 비로소 연주를 했다. 이 곡을 발굴한 지 47년, 공개로 연주한 지 35년이 지난 1936년 그의 나이 60세에 이르러서야 비로소 녹음을 했다. 100살까지 산다던 카잘스는 1973년 푸에르토리코에서 향년 96세의 나이로 세상을 떠났다. 그때까지 열심히 연습을 했다. 진정한 고수나 달인에게는 만족이나 방심이란 없어야 더욱 빛이 난다는 것을 잘 알고 있기에 그렇게 숙달시키는 일을 게을리하지 않았다. 고수들을 보면서 우리도 자신을 되돌아보자. 배우고 익혀서 자기 실력을 유지하고 더욱 발전시키는 일이야말로 만물의 영장으로 마땅히 해야 할 의무이다. 살아 있는 사람에게서 빼앗을 수 없는 것은 "지식"이다.

20세기 가장 유명한 심리학자였던 하버드대 **웰리엄 제임스** 교수는 "우리가 가진 잠재성에 비추어 볼 때 우리는 단지 절반 정도만 깨어 있다. 우리는 우리가 가지고 있는 육체적 정신적 차원의 일부만을 사용하고 있을 뿐이다. 보통사람들은 자신의 한계에 한참 못 미치는 삶을 영위하고 있다. 인간은 습관상 활용하지 못하고 있는 다양한 종류의 능력을 소유하고 있다."라고 하였다. **세네카**는 "지적인 능력이 없는 사람이 한가하게 사는 것은 매장된 것이나 다름없다."고 하였다. 무궁무진한 잠재력, 그것을 깨워 쓰기 위해서 우리는 살아있는 한 끊임없이 배우고 갈고 닦아 빛나는 삶을 살아가는 지혜가 필요하다. **아서 헬프스**는 "항상 무엇인가를 듣고, 항상 무엇인가를 생각하며, 항상 무엇인가를 배운다. 이것이 참된 삶의 방식이다. 아무것도 바라지 않고, 아무것도 배우지 않는 사람은 살 자격이 없다."라고 했다. 구약성경의 언어인 히브리어에는 반복이란 말과 교육이란 말을 같은 뜻으로 사용한다. 말하자면 교육은 반복이고, 반복이 교육임을 그들은 일찍 깨달았다.

영국의 대문호 **셰익스피어**도 성공하기 위한 3가지 조건 중 첫째가 남보다 많은 지식을 갖고 있을 것을 주장하였다. 배우는 것이야말로 삶을 보람되게 사는 사람들에게는 반드시 해야 할 성스러운 일이다.

평생 동안 남보다 더 배우고 또 배워라. 그것이 살 길이다. 모르는 것을 배워서 아는 즐거움이란 인간이 가지는 가장 가치 있는 것 중에 하나이다.

지식은 녹스는 놋쇠 그릇 같아서 계속 닦아야 한다. 지식은 평생 집어넣어야 하고 지속적으로 닦아야 녹슬지 않고 빛난다.

– 공한수 –

스승이 천지

三人行 必有我師焉(삼인행 필유아사언)

⋮

에이브라함 링컨은 초등학교 교육도 겨우 10개월 정도밖에 못 받았다. 링컨은 만나는 사람마다 나의 학교요 스승이라고 생각하고 배우기를 게을리하지 않았다. 학식은 남에게 자랑해서는 안 된다. 아무리 뛰어난 사람이라도 여러 사람의 합을 능가할 수 없듯이 주위에는 배워야 할 스승이 넘쳐나고 있다. 만나는 사람에게서 배우는 것을 즐겁게 생각하면 배울 것이 천지에 널려있다. 이 세상에는 나보다 뛰어난 사람들이 많다는 사실을 알고 겸손한 자세로 배워야 한다.

공자는 "三人行 必有我師焉 擇其善者 而從之 其不善者 而改之(삼인행 필유아사언 택기선자 이종지 기불선자 이개지) ― 세 사람이 길을 가면 반드시 나의 스승이 있으니, 그 좋은 점을 택해 내가 따르고 좋지 못한 점은 거울삼아 고쳐야 된다."라고 말씀하셨다.

많이 배워 많이 안다는 것은 결코 자랑할 일이 아니다. 많이 알수록 더욱 겸손한 자세를 지녀야 탈이 없다. 자랑이 되는 것은 겸허한 마음과 지혜가 풍부하고 품성이 좋은 것이다. 잘났다거나 많이 안다고 으스대는 일은 그만큼 부족하여 남에게 미움을 산다. 학식이나 능력이라고 하는 것은 꼭 지녀야 할 장신구라고 생각하고 잘 보여주지 말아야 한다. 다른 사람들이 꼭 필요하여 보고 싶어할 때 그 장신구를 꺼내어 보여주듯 해야 된다. 이런 사람이 될 때 매력을 느낀다. 학식이라고 하는 것은 깊은 샘에서 언제나 나오는 샘물 같아야 한다. 깊은 샘물은 아무리 퍼내어도 마르지 않는다. 우리가 금은보화를 지니고 다닌다고 하면 그것을 경우에 따라 잃어버릴 수가 있다.

그러나 지식은 언제나 내 몸에 그림자처럼 따라다니는 것이다. 평생 동안 우리가 게으름 피면 안 되는 것이 바로 배움이다. 우리는 학교에서 선생님으로부터 배우게 된다. 사회에 나오면 사회에서 배우는 것이 학교에서 배우는 것보다 훨씬 더 많은 것을 배우게 된다. 남녀노소를 불문하고 배우겠다는 정신이 있어야 한다. 현명한 사람은 자기보다 훨씬 어린 아이들한테도 겸허한 마음으로 배우고 언제나 배움의 끈을 놓으려고 하지 않는다. 사람이 모인 자리에서 자기가 말을 하면 배울거리가 없지만, 남이 하는 말을 경청하면 배우게 된다. 아무리 학식이 풍부한 사람이라도 남의 지식을 받아먹지 않으면 안 되는 것이다. 배운다는 것은 현명하고 똑똑한 사람한테만 배우게 되는 것이 아니다. 길거리에서 스치는 사람을 통해서도 배울 수 있는 것이다. 넘치는 사람한테는 넘치는 것을 배우면 되고, 부족한 사람한테는 부족함을 통해서 배우면 되는 것이다. 늘 배운다는 자세를 가지면 참으로 배울 수 있는 것들이 많다.

공자는 배우기를 철저히 한 것으로도 유명하다. 사기(史記)의 공자세가(孔子世家)에 공자는 말년에 이르러 "역경(易經) 연구에 몰두한 공자는 죽간(竹簡)을 철한 가죽 끈이 세 번이나 끊어질 만큼 반복해서 읽었다."는 고사(故事)가 있다. 이를 일컬어 위편삼절(韋編三絶)이란 말이 생겨났다. 위편(韋編)이란는 것은 가죽 끈으로 철한 책은 가죽 끈이기 때문에 그리 쉽게 끊어지지 않는다. 가죽 끈이 세 번씩이나 끊어질 만큼 읽었다는 것은 완전히 암송하여 자기 것으로 만들었다는 것이다.

시를 잘 쓰고 싶으면 기본적으로 다독(多讀), 다송(多誦), 다습(多習), 그리고 비평을 할 줄 아는 안목을 키워야한다. 그러한 시인으로 성장하기 위해서는 훌륭한 선생을 통하면 가는 길이 그만큼 빨라진다. 자기 취미가 골프인 사람은 골프 잘 치는 사람을 통해서 골프를 배워야한다. 등산은 등산 잘하는 사람한테 요령을 배우면 다음 등산이 더욱 즐거워진다. 조기 축구회 회원이라면 회원 중에서 가장 축구를 잘하는 사람한테 한 수를 배워야 한다. 배우려고 하면 배울 것이 얼마나 많은지 모른다. 내가 최고라고 거들먹거리게 되면 망신당하기 십상이다. 배움에는 겸손한 자세가 최고다. 진지하게 배우려 하는 사람에게는 하나라도 더 알려주고 싶은 것이 사람들의 마음이다. 하루를 살기 위해서는 하루를 살기 위한 지혜를 배워야 하듯이 배워야 한다.

건강을 유지하기 위해서는 평소에 건강하도록 운동을 게을리하지 말아야 하듯이 높은 지력을 유지하기 위해서는 언제나 지적인 자극을 받을 필요가 있다. 그 대상은 모든 사물과 사람을 통해서다. 배움에는 주위에 널려진 환경, 사건, 길 가는 사람, 청소하는 사람, 그림, 다른 사람들이 일하는 모습 등 여러 형태에서 배울 것이 널려 있다. 성공하는 사람은 주변의 사소한 것에서도 배움의 요소를 찾아내 배우고 하나의 전환점을 만들어 내기도 한다. 일상생활에서 그냥 흘려보내는 것에서도 연결고리를 만들 줄 알고 성공의 지혜를 터득한다.

지성이란 은그릇과 같아서 닦지 않으면 바로 녹슬 듯이 바로 흐려지게 된다. 배운다는 것은 여러 가지 지식들을 융·복합하여 새로운 지혜와 통찰력을 솟아나게 하는 것이다. 배움이란 다시 태어나는데 목적이 있다. 배우고 안다는 것은 자기 자신을 극복하는 능력을 지니는 것이다.

우리가 살아가면서 자신을 보호하거나 중요한 결정을 하기 위해서는 직관이 필요하다. 직관은 오랜 경험으로 단련된 것이다. 순간의 직관은 축적된 지혜를 바탕으로 하게 되는 것이다. 직관이란 다른 말로 통찰력이랄 수 있다. 중요한 결정을 하거나 미래 계획을 할 때 요구되는 것이 통찰력이다. 우리가 배운다는 것은 순간적인 통찰력의 힘을 가지기 위함이기도 하다. 커닝(Cunning)이란 말이 있다. 시험 볼 때 다른 사람 답안지나 보기 위해 커닝을 하는 것은 나쁜 일이다. 그러나 커닝이 다 나쁘다고는 볼 수 없다. 남이 잘못하는 것을 보고는 자기는 그렇게 하지 않겠다고 다짐하고, 잘하는 것을 보고는 그렇게 되도록 커닝을 하는 일은 좋은 것이다. 우리에게는 늘 선생이 필요하다.

위대한 사람에게는 반드시 그들을 지도한 스승이 있었다. 여호수 아에게는 모세가 있었다. 다윗에게는 사무엘이 있었다. 엘리사에게는 엘리야가 있었다. 열두제자에게는 예수님이 있었다. 디모데에게는 바울이 있었다. 더 크고 넓게 배우려면 잘 알려진 인생 스승이 필요한 것이다. 이 세상에 아무리 뛰어난 사람이라 해서 배울 것이 없는 사람은 없다. 정말로 탁월한 사람일수록 오히려 배우기를 더 좋아한다. 성공하는 사람들에게는 각 분야에 걸쳐 멘토를 둔다.

장자는 "인지불학, 여등천이무술, 학이지원 여피상운이도청천 등 고산이망서해(莊子曰, 人之不學, 如登天而無術, 學而智遠 如披祥雲而覩青天 登高山而望四海) ─ 사람이 배우지 않으면 마치 하늘에 올라서도 아무런 술수가 없는 것과 같으며, 배워서 지혜가 심오하면 마치 상서로운 구름을 헤치고 푸른 하늘을 바라보며 높은 산에 올라 세상을 바라보는 것과 같다."라고 하였다. 주나라 **강태공**(姜太公)은 스스로 하늘의 무심함을 탓하지 않았다. 수십 년간 낚시를 벗하며 때를 기다리는 동안 조강지처마저 그를 버리고 도망 가버렸다. 검은 머리가 백발이 되고서야 문왕 서백을 만나 은나라 주왕을 멸하고 주나라를 세웠다. "나는 숱한 세월을 낚으며 늙은이가 되었지만 결코 하늘을 원망하거나 포기하지 않았고 그 인내의 결실이던 단 한 번의 기회로도 천하를 얻을 수 있었다."고 그는 말했다. 우리가 배우는 데는 죽은 자와 산 자를 불문하고 배우는 지혜가 필요하다.

카네기는 만나는 사람마다 "상대방이 나의 학교다." 하고 배우기를 게을리하지 않았다. 그 옛날 공자는 전국에서 몰려오는 똘똘한 제자들한테 배우는 것을 주저하지 않았다. 가르친다는 것은 곧 배우는 최고의 길이다. 현명한 사람들은 자기의 지식을 자랑하는 것이 아니라 학생이고 싶어 한다.

주위로부터 배우고 또 배워라. 아는 것이 먹거리를 창출하는 시대이다.

배움에는 귀천이 없다

有教無類(유교무류)

공자는 일찍이 인간은 누구나 다 평등하게 창조되었다는 것을 알고 있었다. 그러므로 인간은 인생, 자유, 행복 추구에 대하여 누구나 평등하다는 생각을 가지고 후학들을 가르쳤다. 전 세계 어느 나라에 태어나든 평등한 권리를 누릴 수 있으며 평등하기 때문에 가문 불문하고 잘살 권리와 배울 권리가 있는 것이다. 공자의 유교무류는 서구의 인권 보장과 인권 신장에 절대적인 영향을 끼쳤다. 좋은 가문에서 태어났던 가난한 집안에서 태어났던 출생을 불문하고, 민족과 국적을 초월하여 인간은 누구나 배울 권리가 있다. 인간은 보다 나은 삶을 위하여 끊임없이 배워야 평생 경쟁력이 생기는 것이다.

공자(孔子)는 "有教無類(유교무류) ― 가르침에는 부류를 구분하지 말라. 가르침에는 차별을 두지 말라."라고 말씀하셨다. 2,550여 년 전에 공자가 이렇게 말했다는 것은 대단히 혁명적인 발상이다. 가르침에는 출생이나, 귀천을 가리지 않고 남녀를 가리지 않고, 국적이나 인종을 가리지 않고 평등하게 교육을 해야 된다고 한 것은 과히 혁명적이다. 호향(互鄕)에 사는 한 소년이 공자(孔子)를 찾아왔다. 호향은 천민(賤民)들이 모여 사는 곳으로 풍기(風紀)가 문란하였다. 제자들의 만류에도 불구하고 공자(孔子)는 그 소년을 친절히 맞아들였다. 공자(孔子)는 소년을 배척(排斥)하려 한 제자들을 향해 일침(一針)을 가한다. "사람이 깨끗한 마음으로 찾아오면 마음만 받아들이면 그뿐, 그 사람의 과거와 행동까지 따질 필요는 없다." 공자(孔子)는 실제로 배우려는 의지를 가지고 최소한의 예의만 지키면 신분의 고하, 재산의 과다, 나이 등은 따지지 않았다. 공자(孔子)는 누구나 배움을 통해 군자의 경지에 도달할 수 있다는 인간관(人間觀)을 제시하였다. 이에 따라 제자들의 소질과 배움의 수준을 고려한 개별화 교육 내지 수준별 맞춤식 교육을 실천한 것이다. 주자(朱子)는 이 말에 대해 가르치기만 하면 모두 착해져 종류가 없이 다 같아진다고 해석하였다.

공자의 교육 목적은 인(仁)을 실천하기 위함이지 다른 목적이 아니므로, 가르침에 빈부(貧富)나 귀천(貴賤), 출신(出身), 나이 등에 대하여 차등을 두지 않았다. 이것은 사람은 누구든지 교육을 받을 권리가 있다는 뜻이다. 그래서 공자는 스승에게 가르침을 구하는 최소한의 예의만 지키면 된다고 생각하여 "술이(述而)"편에서 이렇게 말했다. "속수(束脩) 이상의 예만 행하면 가르치지 않은 적이 없다." 이 점은 공자의 여러 제자들을 통해서도 어렵지 않게 증명될 수 있다. 가령 자공(子貢), 염유(苒有)는 아주 부자였지만 안회(顔回)는 가난하기가 이루 말할 수 없을 정도였고 맹의자(孟懿子)는 신분이 높았지만 자로(子路)는 신분이 낮았다. 안회는 현명하였지만 고시는 어리석었으며, 안로(顔路)는 공자보다 53세나 적어 공자의 제자들 가운데 가장 어렸다. 또한 국적도 각기 달랐는데, 자연(子淵)은 노(魯)나라, 자하(子夏)는 위(衛)나라, 자장(子長)은 진(陳)나라, 자사(子思)는 송(宋)나라 출신이었다. 공자는 이러한 여러 가지 차이는 교육에 있어 걸림돌이 될 수 없다고 보았다. 그는 학문의 성숙 정도에 따라 그 사람을 평가하려고 하였다. 공자의 교육을 받은 대상은 나이와 직업이 다양하였다. 나이로 보면 공자보다 한 살 아래인 염백우(冉伯牛4)와 부자(父子)가 다 공자의 제자인 안회의 아버지 안로, 증참(曾參5)의 아버지 증점(曾點) 등이 있다. 또 공자보다 13세가 적은 자로는 일찍이 공자를 만나 완력으로 굴복시키려다가 공자의 인간성에 감복하여 스승으로 모시면서 한 평생을 공자 곁에서 공자의 신변을 호위하였다. 이와 같이 공자의 제자는 다양하여 그 수는 3천 명이나 되는데 그중에서도 공자의 교육이념을 투철하게 계승한 자가 72명이며, 여기서도 가장 대표적인 제자 10명을 뽑아 공문십철(孔門十哲)이라고 하고, 이 10명이 또 투철하게 성취한 과목을 4가지로 갈라 공문사과(孔門四科)라고 한다. 여섯째, 중국문화사에 있어서 공자의 의의(意義)는 말할 것도 없이 가장 독보적이고 위대하다. 왜냐하면 공자가 있음으로 하여 중국 역사가 최초의 기록 역사인 〈춘추(春秋)〉가 나왔다. 공자가 없었다면 중국의 역사 기록은 백가쟁명(百家爭鳴) 시대인 전국시대 이전으로 거슬러 올라가지 못하였을 것이다. 또 공자가 있으므로 해서 중국의 시문학이 자리를 잡게 된 것이다. 곧 공자가 당시 구전으로 떠돌던 민요를 모아 시경(詩經)을 정리 편찬하고, 전설들을 모아 서경(書經)을 역시 정리하였으므로 신화 전설 시대의 사회생활을 전해 주었고, 또 주역(周易)을 정리하여 우주운행 철학의 기초를 만들었으며 예기(禮記)를 만들어 인간의 행동지침을 확립시켜 주었다. 이러한 공로 때문에 공자는 훗날 내려오면서 점점 빛을 발휘하여 중국의 당송(唐宋) 시대에는 중국의 문화를 최초로 정리 선포하는 데 최고의 공헌을 하였다는 의미에서 왕의 작위인 문선왕(文宣王)이라는 시호를 내려 추앙하였고 명나라에서는 가장 훌륭한 성인인 선생이라는 뜻으로 지성선사(至聖先師)라는 칭호를 주어 최고의 명예를 부여하였다. 사실 중국의 당송 시대는 불교가 번창하던 시대이다. 이러한 때에도 공자가 중국에 끼친 문화의 영향이 이와 같이 지대하였음을 인정해 준 것이다.

* 진화론의 창시자인 **찰스 다윈**은 의사가 되기를 포기했을 때 그의 부친으로부터 이런 말을 들었다. "넌 사냥이나 다니고 개와 쥐들을 쫓아다니는 일에나 쓸모가 있는 녀석이다."

다윈은 훗날 자서전에서 이렇게 말했다. "나는 아버지뿐만 아니라 나를 가르친 모든 교사들로부터 지능이 보통수준 이하인 평범한 소년으로 평가 받았다."

* **토마스 에디슨**의 선생들은 그가 너무 지능이 모자라서 아무것도 배울 수가 없다고 말했다

* **알버트 아인슈타인**은 다섯 살 때까지 말을 하지 못했으며, 여덟 살이 될 때까지 글을 읽지 못했다. 그의 교사는 그를 "정신 발달이 늦고, 남들과 잘 어울리지도 못하며, 어리석은 몽상 속에서 언제까지나 헤매고 다닌다."라고 표현했다. 그는 학교에서 퇴학을 당했으며, 취

리히 과학 기술 전문학교에 입학을 시도했으나 거부당했다.

  * 조각가 **로댕**의 아버지는 언제나 "나는 바보천치 아들을 두었다."
하고 말하곤 하였다. 학교에서는 가장 열등한 아이로 지목된 로댕은
미술학교에 입학하는 데 세 번이나 실패했다. 로댕의 삼촌은 그를 교
육시키는 일이 완전히 불가능하다고 말하기까지 했다.

  역사적인 인물들 중에는 이처럼 어리석고 무능해 보인 사람들이
많다. 천하게만 취급받고 계속 무시만 당했더라면 우리 인류 역사는
많이 후퇴했을지도 모른다. 그들에게도 잠시 동안은 고통과 고난을
겪는 시기가 있었지만 견뎌 낼 수 있는 환경 덕분에 오늘날 인류에게
많은 선물을 안겨주고 갔다. 아이들이 늦게 깨인다하여 탓만 해서는
안 된다. 어느 환경이든 좌절하지 않고 불굴의 정신으로 견뎌내며 기
회와 시기를 만나면 역사에 지울 수 없는 위대한 업적이 탄생되기도
한다. 탁월한 업적으로 그 이름도 역사에 빛이 남게 된다.

  오프라 윈프리(Oprah Winfrey 1954 ~)는 미시시피주 코시어스코에서
태어났다. 그녀의 과거는 너무나 어둡다. 사생아로 태어난 오프라는
아홉 살 때 열아홉 살의 사촌오빠에게 강간을 당했고 이후로 어머니
의 남자 친구나 친척 아저씨 등에게 끊임없는 성적 학대를 받았다.
열네 살에 미숙아를 사산했으며, 20대 초반에는 남자 때문에 마약까
지 상용했다. 그런 열악한 환경 속에서도 73년 테네시 주립대학에서
'의사 전달과 공연 예술'을 전공하였다. 졸업 후 그녀는 TV 리포터 겸
앵커로 방송계에 첫발을 내딛었다. 오프라 윈프리는 지상에서 제일

유명한 토크쇼의 여왕이며 미국의 저명한 명사가 되었다. 불행한 과거의 역경을 이겨내고 그녀는 토크쇼의 여왕, 보그지 패션모델, 영화배우(아카데미 여우조연상 후보), 자산 6억달러(한화 8,775억)의 갑부, 영화와 TV프로제작, 출판 등 사업을 하고 있으며 시사주간 타임은 윈프리를 '20세기의 인물' 중 하나로 선정하기도 했다. 98년 포춘지 선정 미국 최고 비즈니스 우먼 2위였을 뿐 아니라, 인콰이어러지 선정 '세계 10대 여성'의 선두에 선정. 97년 월스트리트저널 조사로는 미국인이 존경하는 인물 3위에 뽑히기도 했다. 오프라 윈프리를 모르는 사람은 없다. 그녀는 미국을 움직이는 또 하나의 힘이자 막강한 브랜드이다. 그녀는 인기·존경·돈 모두를 얻었다. 배움에는 귀천이 없다는 것을 잘 보여주는 사례다. 사람은 신분을 불문하고 배워서 진화할 줄 알아야 참 가치가 더욱 빛난다. **니콜로 아키아벨리**는 "위대한 의지 앞에 곤경이란 있을 수 없다."고 하였다. 인생의 승리자가 되려면 자기 인생에 대하여 책임질 줄 아는 사람이 되어야 한다. 과거에 머물러서 그 과거가 지금 당신을 지배하도록 놔둔다면 결코 성장할 수 없다.

배우는 데는 호기심

六言六蔽(육언육폐)

우리는 본질을 터득하는 일이 매우 중요하다. 나 개인만 생각하는 것이 아니라 우리라는 전체를 생각하고, 오늘만 생각하지 말고 미래를 생각할 줄 아는 사람이 되어야 한다. 일하지 않고 먹거리 타령을 하면 어찌되겠는가? 중국 당나라 명승인 백장선사(百丈禪師)(720~814)는 "일일부작 일일불식(一日不作 一日不食) ─ 하루 일하지 않으면 하루 먹지 않는다."라고 말했다. 사도 바울도 "일하지 않는 자는 먹지를 말라"라고 말했다. 회사에서 일도 하지 않고 봉급을 달라고 떼를 쓴다면 분명 잘못된 일이다. 바람직한 인간은 늘 배우는 것을 좋아하고 생각할 줄 알고 열심히 피와 땀을 흘릴 줄 아는 사람이다.

공자는 일찍이 아끼는 제자 자로가 인을 행하기는 좋아하나 배움을 좋아하지 않아 그 이치를 밝히지 못해 완전한 인을 행하지 못함을 안타깝게 생각했다. 자로에게 **六言六蔽**(육언육폐)의 진리로써 배움의 중요성을 일깨워주셨다. 공자가 자로에게 말했다. "유야(由也). 여 문육언 육폐의호(女聞六言 六蔽矣乎)에 대해서 들었느냐? (對曰 未也 居 吾語女)." 자로가 듣지 못했다고 하자 "앉거라 내가 너에게 말해 주겠 다." 라고 공자가 말씀하셨다.

"好仁不好學 其幣也賊(호인불호학 기폐야적) ― 어진 것을 좋아하고 배움을 좋아하지 아니하면 그 폐단은 어리석음이요. 好知不好學 其 蔽也蕩(호지불호학 기폐야탕) ― 슬기로움을 좋아하고 배움을 좋아하지 않으면 그 폐단은 방탕함이요. 好信不好學 其蔽也賊(호신불호학 기폐 야적) ― 믿음을 좋아하고 배움을 좋아하지 않으면 그 폐단은 의(義)를 해(害)치는 것이요. 好直不好學 其蔽也絞(호직불호학 기폐야문) ― 곧음 을 좋아하고 배움을 좋아하지 않으면 그 폐단은 가혹한 것이 되리라. 好勇不好學 其蔽也亂(호용불호학 기폐야난) ― 용맹을 좋아하고 배움을 좋아하지 않으면 그 폐단은 난폭하게 될 것이다. 好剛不好學 其蔽也 狂(호강불호학 기폐야광) ― 굳셈을 좋아하고 배움을 좋아하지 않으면 그 폐단은 광(狂)이 되느니라." 말씀하셨다.

우리의 삶은 관점이 어떤가에 따라 우리의 삶이 만들어지게 된다. 삶의 정의 여하에 따라 우리의 운명이 달라진다. 우리의 운명은 본인 이 자기 인생을 위해 어떻게 투자하고 돈을 어떻게 관리하고 재능을 어떻게 활용하고 인생을 어떻게 경영해 나가느냐에 따라 달라지게 된다. 당신은 당신 삶에 대하여 어떻게 바라보는가? 자기 삶에 대하 여 한 번이라도 그림을 제대로 그려 본적이 있는가? 우리가 갈구하는 꿈은 매일 준비를 착실히 해나가는 가운데 성취하게 된다. 꿈이 이루어지는 속성도 자기 재능에 뒷받침하는 훈련과 준비가 있을 때 효과가 나타나게 되는 것이다. 꿈은 누구나 다 좋아하지만 노력 여하에 따라 꿈을 이루기 위해 준비하는 자와, 재능은 있지만 준비하지 않아 재앙을 만드는 사람으로 나뉜다. 꿈을 이루기 위해 준비 않는 것은 사업에 준비가 부족하여 실패하는 것과 같다. 교육이 부족하고, 준비가 부족하고, 훈련이 부족한 사람들은 실패한다. 성과를 낼만한 기술이나 전문성이 없어서이다. 준비는 성공하는 데 핵심 열쇠이다. 준비하는 것만이 재능을 성공에 이르게 한다는 것을 알아야 한다.

더글러스 맥아더 장군은 "준비가 되어 있다는 것은 성공과 승리의 열쇠다. 평화 시기에 더 많은 땀을 흘릴수록 전쟁에서 더 적은 피를 흘리게 된다."라고 하였다. 뛰어난 재능을 가진 사람들이 학습하는 것은 쉽지 않다. 그들은 자신이 모든 것을 안다고 생각하기 때문이다. 그리고 그것이 재능을 키우는 것을 어렵게 만든다. 학습 능력은 역량의 문제라기보다 태도의 문제이며, 듣고 배우고, 고쳐 배우고, 다시 배우려는 의지이다. 우리에게 가장 중요한 것은 계속해서 배우는 것이다. **앨빈 토플러**는 "21세기 문맹자는 글을 읽고 쓸 줄 모르는 사람들이 아니라 학습하고 교정하고 재학습하는 능력이 없는 사람들이다."라고 하였다. 리더는 계속하여 배우려고 노력하면 리더의 영향력을 키울 수 있다. 재능이 무엇이든(스포츠. 음악, 그림, 기업가, 교육자, 배우 등) 계속 배우려고 노력할 때 재능은 확장되며, 재능 있는 사람이 학습 태도가 좋으면 재능은 몰라보게 커진다. **다빈치**가 다재다능해 보이는 이유도 죽을 때까지 배우고 노트에 적는 습관 때문이었다. 많은 예술가들은 자신의 아이디어를 기록하고 스케치하기 위해 노트를 사용한다. 예를 들어 **피카소**는 생전에 178권의 노트를 사용했고, 그림을 그리기 전 주제를 정하고 구성 연습을 하는데 썼다고 한다. 레오나르의 노트는 다른 예술가들의 스케치보다 훨씬 더 능가한다고 전해진다. 노트야말로 일에 대해 가지고 있는 학습 능력을 보여주고 있는 것이다.

빌 게이츠는 1994년에 다빈치가 사용한 72쪽짜리 노트를 샀다. 그 노트에는 물과 빛 등 여러 주제에 대한 스케치와 내용들이 들어 있다. 그는 어떻게 빛이 그림에 반사되는지와 예술에 대하여 더 많이 알고자 하는 욕구에 의해 글을 썼다. 빛나는 하늘에 초승달을 볼 때 윤곽이 희미하게 보인다는 사실에 대해 적기도 했다. 빌 게이츠는 "나는 10살부터 다빈치의 업적에 매료되었다. 레오나르드는 정말로 놀라운 인물이다. 어떤 시대 어느 과학자보다 천재였고, 동시에 놀라운 화가이며, 조각가였다. 그의 노트는 수백 년 시대를 앞서 있다. 그는 잠수함, 헬리콥터 등과 같은 근대 발명품에 대해 예상하고 있었다. 그의 과학적 노트는 자극적이다. 엄청난 아이디어의 창고일 뿐만 아니라 일에 대한 위대한 정신을 담은 기록이다. 코덱스 레스터 안에는 중요한 질문과 판단기준, 직면 과제와 답을 위한 노력이 담겨져 있다."라고 하였다. 또한 다빈치는 '철은 사용하지 않으면 녹슨다. 흐르지 않는 물은 탁해지고 찬 날씨에서 얼어버린다. 무활동 역시 정신의 활력을 약화시킨다.'라고 하는 것도 알게 되었다. 다빈치는 죽을 때까지 배우고 발견한 내용들에 대하여 노트에 적고 또 적어서 우리가 그를 천재 중에 천재로 기억하게 만들고 있다.

사람은 흥미를 갖지 않으면 아무것도 흥미롭게 느끼지 않는다. 일반적으로 사람은 진부한 행동과 습관에 의존하는 동물이다. 어떤 고정관념에 빠져 늘 배우려고 노력하지 않으면 우리의 삶이 선물해주는 최고의 것을 놓치게 된다. 배우려고 노력하는 사람만이 여러 가지 일에 흥분을 한다. 발견하고 토론하고 생각하고 적용하고 성장하는 것에 흥미를 가진다.

무궁무진한 잠재력도 열정 앞에 고개를 숙인다는 것을 알자, **괴테**는 "하루라도 완벽한 예술작품을 보거나, 음악을 듣고 독서를 하지 않은 채 보내지 마라."고 충고했다. 열심히 참여할수록 삶은 즐거워지고 배우고 탐험하는 데 흥미를 가질수록 우리의 성장 가능성은 높아진다. 로마 학자 **카로**는 "80이 넘어서 그리스어를 시작했다. 왜 그 나이에 그렇게 어려운 일을 시작하느냐?"고 물었을 때, 그는 이렇게 대답했다. "나한테 남은 날 중 가장 **빠른** 나이입니다."

우리나라 사람들은 거의 대부분이 책을 읽지 않는다. 공부라고 하는 것 자체가 일정한 기간만 하는 것이라고 생각하고 있기 때문이다. 학습이라고 하는 것은 나이에 구애받지 않는 활동인 것이다. 당신이 아흔이든 스물이든 그것이 중요한 것은 아니다. 성공하는 사람은 언제나 배움에 대하여 다르게 생각한다. 배울 수 있는 사람은 언제나 새로운 아이디어에 대해 개방적이고 모든 사람들로부터 배우려는 마음가짐을 갖고 있다. 성공하는 사람들은 그가 전문가라든가 성공했다고 하는 순간에도 자신 스스로가 얼마나 더 많이 배워야 되는지를 알고 있다. 대개 배움을 멈추거나 배워서 무엇 하느냐고 하는 사람들은 자신이 얼마나 아는 것이 적은지에 대해 알기도 전에 다른 사람이 자기 자신을 전문가로 알아주기를 바라는 경향을 보이고 있다. 이런 현상은 태도에 달려있다. 자신이 얼마나 조금 알고 있는지, 알기 전에 얼마나 많이 배워야 되는지 사실을 알면 정말로 놀라게 될 것이다.

우리가 사는 세상은 넓고 할 일이 많다. 우리는 살아 있는 한 지속적으로 배울 것이 너무나 많다. 공자의 제자인 자로만 알아야 하는 하는 것이 아니고 우리 모두 무엇이 정상으로 가는 길인지 알아야 한다.

자기를 아는 사람이 최고

誨女知之乎(회여지지호)

소크라테스는 "나는 내가 아무것도 모른다는 것을 안다."라고 말했다. 이래서 소크라테스가 유명해진 것이다. 제대로 안다는 것이 이처럼 어려운 문제다. 알고 있다는 것과 모른다는 것을 아는 사람은 아주 대단한 사람이다. 자신이 무지하다는 것을 스스로 깨닫고 인정하는 일은 아무나 쉽게 할 수 있는 일이 아니다. 일반적으로 자기가 안다고 주장하는 것도 확실한 지식을 가지고 있지 않은 것이 분명한데도, 일반적으로 자기가 그것에 대해 모른다는 사실을 알지 못하고 있다. 모른다는 것을 뼈저리게 느끼고 정확히 알고 싶다는 간절한 상태가 되어야 참된 앎을 깨닫게 된다. 이런 것이 앎에 대한 가장 바람직한 상태다. 자신이 무지하다는 것을 알고 있다는 것은 진정으로 아는 사람의 모습이다.

공자는 "由(유)야 誨女知之乎(회여지지호) ― 자로야 내가 너에게 안다는 것이 무엇인가를 가르쳐주랴?"라고 말씀하셨다. "知之爲知之(지지위지지) ― 아는 것을 안다 하고, 不知爲不知(부지위부지) ― 모르는 것을 모른다고 하는 것, 是知也(시지야) ― 이것이 진정으로 아는 것이다"라고 자세히 일러주었다. 안다는 것은 한계가 있다. 아는 것과 모른 것을 분명하게 하는 것이 근본이라는 것을 말한다. 제자인 자로는 용맹하지만 때에 따라서는 모르는 것도 아는 척하는 모습을 보여서 한말이다. 잘 알지도 못하면서 아는 척을 한다던가 비전문가가 전문가처럼 행동해서는 안 된다는 말이다. 공자가 태묘에 들어가서 제사를 지낼 때에 모든 일을 낱낱이 사람들에게 물으니, 어떤 사람이 말하기를 누가 추나라 사람의 자식이 예(禮)를 안다고 말하느냐? 태묘에 들어가서 모든 일을 묻고만 있구나 하는 말을 공자가 듣고 말씀하시기를 바로 이것이 예법이니라. 이 교훈은 아는 것도 물어서 확실히 틀리지 않도록 하는 것이 예법이요 또한 도리인 것이다. 안다고 하는 것은 정확하게 알아야 한다. 어렴풋이 알면서 생색내다가는 큰코다친다. 무엇을 물을 때 조금 부끄럽다 하여 잘 알지도 못하면서 잘 아는 척하다가는 일을 크게 그르칠 수도 있다.

배움의 자세에 대하여 중국말에 "학도노(学到老)"라는 말이 있다. 이는 늙어 죽는 그날까지 배워야 한다는 뜻이다. 우리가 살아가면서 알아야 하는 것이 세상에 한두 가지가 아니며, 평생을 배워도 모르는 것이 훨씬 더 많은 데도 다 아는 척하는 사람들이 많은 것 같다. 공자의 여러 제자 중에 오른팔에 안연(顔淵)이란 제자가 있다면 왼팔격인 자로(子路)가 있다. 자로는 성이 중(仲)이고 이름은 유(由)이다. 그래서 공자가 자로를 부를 때 유라고 불렀다. 자로는 공자보다 9살 아래였으며 노나라 변지방의 사람이다. 자로는 용맹스러운 사람이었다. 그리하여 공자의 신변 보호를 자처하며 언제나 스승 뒤를 따라다녔다. 그런데 자로는 경솔하고 예의도 제대로 지키지 않는 사람이었지만, 그에게는 순진함과 솔직함이 돋보이는 사람으로도 평가가 되고 있다. 공자가 안연이란 제자에게 말씀하셨다. "인정하여 써주면 나아가서 행동하고 버려서 써주지 아니하면 물러나서 숨는다고 한 말은, 오직 나와 너만이 할 수 있는 일이다." 그 말을 듣고 있던 자로가 말했다. "선생님께서 삼군을 통솔하신다면 누구와 더불어 하시겠습니까?" "맨주먹으로 호랑이와 싸우고 맨발로 강을 건너려고 하다가 죽는 일이 있어도 뉘우침이 없는 그런 무모한 사람과는 함께하지 않겠다. 어려운 일을 당해도 반드시 두려워하고 미리 계획을 세워서 성공을 이루는 사람과 하겠다."라고 대답하셨다.

이 교훈은 우리에게 매사에 진퇴를 분명히 알고 무모한 짓보다는 신중하고 적절하게 대응하는 것이 좋다는 사실을 일깨워주고 있다. 공자는 안연이라는 제자를 높이 평가해주는 말을 했다. 이에 자로는 샘이 나서 "만일에 공자가 삼군을 통솔하게 된다면 그때에는 반드시 자기를 데리고 가겠지."라고 경솔하게 말했다가 공자에게 "그런 필부의 용기를 나는 취하지 않겠다."고 오히려 면박을 받았다. 자로는 원래 거친 사람으로 평가를 받았고 공자도 그를 가리켜 유는 "거칠다"라고 하였다. 사마천의 사기에도 자로이야기가 나온다. "자로는 본성이 야인기질을 지니고 있어서 거칠었다. 용감하고 힘드는 일을 좋아하였다. 그 마음이 강직하며, 직설적으로 반박하기를 즐겼다. 수탉의 꼬리 깃털을 머리에 꽂고 산돼지 가죽으로 만든 주머니를 허리에 차고 다녔다. 그는 공자를 만나자마자 깔보았으며 때리려고 하였다. 공자는 자로를 예로서 대하며 살살 달래어 이끌어주었다. 후에 자로는 유복을 입고 폐백을 드리며 충절을 맹세한 후에 문인들을 통해 제자가 되기를 청했다.(사마천 — 중니제자 열전 중). 공자가어(孔子家語)에 나와 있는 자로초견(子路初見) 이야기 중에, 공자와 자로가 나눈 한 토막 이야기를 들어 보자. 공자가 자로에게 물었다. "그대는 무엇을 좋아하는가?" 자로가 답했다. "나는 긴 칼을 좋아한다." 자로의 대답을 듣고 공자가 말씀하셨다. "나는 그것을 묻는 것이 아니다. 단지 그대의 능한 것에 학문을 더하게 되면 누가 그대를 따라올 수 있겠는가. 그래서 그런 점을 물었다." 자로가 반문했다. "학문이라고 하는 것이 무슨 유익함이 있겠는가?" 공자가 다시 대답했다. "일반적으로 임금도 간하는 신하가 없으면 들은 바를 잃어버리기 쉽고, 선비는 가르쳐 주는 친구가 없으면 들은 바를 잊어버리기가 쉽다. 그러므로 길이 들지 않은 말을 몰 때는 채찍을 손에서 놓을 수가 없고, 활을 당길 때는 이미 두 번 다시 당길 수가 없다. 나무도 먹줄이 닿아야 곧아지고, 사람은 비판을 받아야 비로소 사람다운 사람이 된다. 배움을 얻고 물음을 소중하게 안다면 누구인들 나쁜 일을 하겠는가? 만일에 어진 사람을 헐뜯거나 선비를 미워한다면, 반드시 화를 면하지 못하게 된다. 그러므로 사나이라면 학문을 하지 않을 수 없다."

그 말을 듣고도 자로는 굴복하지 않고 거칠게 대든 사람이었다. 자로가 말했다. "남쪽산에 대나무가 있는데, 그 대나무를 잡아주지 않아도 저절로 반듯하게 자란다. 그리고 그 대나무를 잘라서 화살을 만들면 가죽으로 된 과녁을 뚫을 수 있다. 이렇게 바꾸어서 생각한다면 꼭 학문을 해야 할 일이 무엇이 있겠는가?" 이에 공자는 부드럽게 타이르면서 말을 이으셨다. "그 대나무의 한쪽에 깃을 꽂고 다른 한쪽에 촉을 박는다면 그 화살이 가벼움과 날카로움이 더해져서 그 가죽을 깊게 또 더 깊게 뚫지 않겠는가?" 그 말을 들은 후에야 비로소 자로는 공자에게 공손히 두 번 절하고 가르침을 받게 되었다. 그 뒤부터 자로는 공자의 호위무사를 자처하게 되었다. 누가 공자 험담이라도 하면 그는 두 눈을 부라리며 호통을 쳤다. 그래서 공자가 여러 사람 앞에서 말씀하셨다. "내가 유를 얻은 뒤로는 나를 욕하는 자가 없어졌다."

부드러워진 자로에게 공자는 말씀하셨다. "유야, 너는 기억해두어라. 내가 너에게 가르침을 주겠다. 말만 흥청거리는 자는 빛뿐이고 실상은 없으며, 행동을 과단성 있게 하는 자는 자랑이 지나치게 된다. 대체 겉으로는 아는 체하고 능한 체하는 자는 모두 소인이다. 그런 까닭에 군자는 아는 것을 안다고 하는 것은 말의 요령이고, 능하지 못한 것을 능하지 못하다고 하는 것은 행실이 바르다고 말할 수 있다. 말을 요령 있게 하면 지혜가 있는 것이고, 행실을 지극히 하면 어질음을 이루는 것이고, 어질고 지혜가 있다면 무엇이 부족할 것이 있겠느냐?" 공자는 자로에게 이런 가르침도 주셨다. "아무리 총명하고 지혜가 넘친다 하더라도 자기 몸을 지키는 데는 어리석은 듯이 해야 되고, 아무리 공로를 천하에 밝게 드러냈다고 할지라도 자기 몸을 지키는 데는 양보해야 하며, 아무리 용력이 이 세상에 두루 떨친다 하더라도 자기 몸을 지키는 데는 두려워하는 것처럼 하고, 아무리 재산을 그득 차지했다고 할지라도 자기 몸을 지키는 데는 검소하게 해야 한다. 이것들이 이른바 자기 몸을 덜어주고 바르게 해주는 도리이다." 자로도 군자가 되려고 노력을 하였다. 공자는 그런 자로의 모습을 보고 군자와 소인에 대한 얘기도 자주 들려 주셨다.

이 사회에서는 어설프게 알면서 잘 알고 있는 것처럼 설치는 사람들이 있다. 옛날 어른들 말씀에 "벼가 익으면 고개를 숙인다."라는 말이 새삼 가슴에 잘 와 닿는다. 세상에는 알면 알수록 알아야 하는 것들이 너무나 많고, 모르는 것이 천지라 많이 알면 알수록 모르고 있다는 것에 절로 부끄러움이 느껴진다. 그래서 사람은 겸손해야 된다는 것이 더욱 실감이 난다. 아무 데서나 안다고 섣부르게 나서면 큰 낭패를 당할 수 있다. 지도자는 아는 것을 안다고 하고, 모르는 것을 모른다고 하는 자세가 몸에 배여 있어야 유능한 직원들의 힘을 발휘하게 하는 리더십을 잘 펼칠 수가 있다.

말보다 행동이 먼저다

君者欲訥於言 而敏於行(군자욕눌어언 이민어행)

⬩⬩⬩

변화란 행동하는 데 있다. 말만 화려할 뿐 행하는 것이 없다면 존경받는 인물이 못된다. 보통 사람들은 말은 청산유수인데 행동은 전혀 아닌 사람들이 많다. 행동만이 자신의 목표를 향해 열정적이고 지속적으로 나가게 한다. 행동 없이는 아무것도 얻어지지 않는다. 매일 체조하면 건강해진다고 믿으면서 매일 행동하면 반드시 성공을 가져다주는 행동은 왜 하지 않으려 하는가?

공자는 "君者欲訥於言 而敏於行(군자욕눌어언 이민어행) — 군자는 말은 과묵해도 행동은 민첩해야 되느니라. 옛날이나 지금이나 동서양을 불문하고 행동은 민첩하게 하지 않으면서 말만 앞세우는 사람들이 많다."라고 말씀하셨다. 군자치기언(君子恥其言) 이과기행(而過其行) 공자는 "군자는 말하는 것이 행동하는 것보다 지나치면 부끄러운 줄 알아야" 한다고 말씀하셨다. 말하기는 쉬워도 행동하기란 정말로 어려운 것이다. 사람들은 몸을 움직이려면 에너지가 필요한데 말은 손쉽게 재잘거릴 수 있다고 생각해서인지 재잘거리는 것은 잘한다. 행동하지 않는 사람들이 말들이 많은 것 같다.

성공을 일구어 내는 사람들은 설정한 목표를 달성하기 위해 바로 행동에 옮긴다. 변하기 위해서는 행동해야 된다. 변해야 좋다는 것을 알면서도 행동하는 것은 마치 사자보다 더 무섭게 생각하듯 어렵게 생각한다. 미국의 자기개발 작가들이 수없이 연구 끝에 발견한 것은 바로 "부정적인 사고방식을 가진 사람을 긍정적인 사고방식의 소유 자로 바꾸려면 약 1톤 정도의 긍정적인 정보가 필요하다."라고 한다. 사람의 인생을 전적으로 바꾸게 하는 것은 행동하는 것이다. 그 분야 에서 최고가 되고자 하거나, CEO가 되려면, 그 상태에 도달하기 위하 여 수없이 긴 시간에 걸쳐서 행동을 반복적이고 지속적으로 해야 된 다. 위대한 리더들은 본능적으로 실행하는 것을 중요하게 생각한다. 그것은 내가 실천하지 않으면 아무런 결과를 얻을 수 없다는 것을 너 무나도 잘 알고 있기 때문이다.

일본 사람들이 자랑스럽게 생각하는 기업인인 **마쓰시다 고노스케** 라는 사람은 나이가 18살 될 때까지 학교라고는 국민학교 5학년이 전 부였다. 오사카에서 20여 리 떨어진 곳에서 살았다. 농촌에서 희망 없는 생활을 다람쥐 쳇바퀴 돌리듯 살 것이 아니라 도시에 나가서 직 장을 가져야 된다는 생각을 하고 어렵게 (주)오사카 전기회사에서 급 사로 취직하여 총무과에서 일하게 되었다. 급사란 직업은 잘못하면 아무 때나 목이 잘릴 수 있는 위태한 직업이었다. 마쓰시다는 기숙사에서 먹고 자면서 일을 얼마나 열심히 했는지 총무과장의 마음을 사로잡았다. 입사한지 2년이 가까울 무렵 총무과장이 마쓰시다를 불러서 얘기했다. "마쓰시다 군, 자네 이제 더 이상 여기 있기는 어렵네. 자네의 품성을 보니 여기서 이렇게 임시직으로 급사로 있을 사람이 아니네. 자네도 이제 장가를 가야 하고 사회생활을 더 깊이 하기 위해서는 자네 직종을 바꾸는 게 어떻겠는가?" "총무과장님 시키는 대로 하겠습니다." "그럼 공장으로 가는 게 어떻겠는가? 공장으로 가면 기사가 될 수 있고, 정직원이 될 수 있고, 너는 거기서도 지금처럼만 열심히 한다면 언젠가는 자네 생애에 기사장이라는 큰 명패가 달지도 모르네." "총무과장님, 저는 기사장이 아니어도 좋습니다. 보내주시는 데로 가겠습니다." 그렇게 해서 그는 2년 만에 정직원이 되어 공장으로 갔다. 공장에 가서 보니 돈 버는 방법이 보였다. 돈 벌 수 있는 방법을 상사한테 얘기를 했지만 의견을 무시당했다. 그는 3년 일하고 받은 퇴직금 72엔으로 사업할 생각을 했다. 부인을 설득하고 처남과 상의하여 사업을 시작하게 되었다. 지금으로부터 100여 년 전 영국에는 작은 혁명이 일어났다. 기관차가 만들어지고, 전기가 만들어져 일본으로 제일 처음 들어온 것이다. 마쓰시다는 상호를 자기 이름을 따서 〈마쓰시다 전기 상사〉라고 했다. 회사 차리고 처음 만든 것이 "소켓"이었다. 그동안에는 소켓가 없어 전기를 사용하고 싶은 곳에서 마음대로 편리하게 사용을 할 수가 없었다. 소켓을 생산했는데 제일 먼저 사러온 곳은 자기가 처음 직장으로 일했던 오사카 전기회사였다. 물건이 없어서 못 팔 정도로 장사가 잘되었다. 그리고 오사카 시내에 자전거는 많은데 밤에 자전거를 탈 때는 촛불을 달고 다녀 무척 불편하다는 것을 느꼈다. 오사카에 건전지 사장을 찾아가서 건전지를 확보해 램프를 만드는 발판을 마련하고 큰돈을 벌게 되었다. 사업은 승승장구하여 NATIONAL이란 상호를 새로 만들어 날로 번창하는 회사로 성장해 나갔다. 아무나 생각 못했던 다리미를 만들어 팔았다. 놔두면 꺼지고 다리면 불이 들어오는 다리미는 불티나게 잘 팔렸다. 마쓰시다는 BLUE OCEAN 비즈니스에 귀재답게 비즈니스를 잘 해나갔다. 라디오와 카메라 등 여러 가지 가전제품들을 만들어 팔았고 품질 우수성이 인정되어 동경 올림픽 때 올림픽 지정 상품인 내쇼날이 되어 일약 전 세계에 알려지고, 마쓰시다 고노스케 회장은 국제적인 인물로 알려지게 되었다. 마쓰시다 고노스케는 말이 아닌 행동으로 모든 것을 스스로 보여준 사람으로 지금도 일본인의 우상처럼 존경을 받고 있다.

역경 속에 성공한 사람들

사람들은 직업이나 자기 역할 때문에 행복하거나 불행한 것이 아니다. 행복과 불행은 어느 누구에게나 공존하는 것이다. **세르반테스**는 비참한 감옥 생활 중에서도 '돈키호테'라는 위대한 소설을 썼다. 그는 스페인 태생으로 소설가, 극작가며 시인이다. 레판토해전에 참가하여 왼손에 상처를 입고 알제리에서 노예 생활도 하였다. 걸작품이 그저 우연히 만들어 지는 것이 아니다. 그의 정신력과 재능이 어우러 빚어낸 노력의 결과요, 행동한 결과다. 비참한 감옥 생활이란 역경을 견뎌내며 행동하지 않았다면 거기엔 암울함만이 있었을 것이다. '실락원'을 쓴 **존 밀턴**은 맹인이란 장애를 딛고 더 훌륭한 시를 썼다. 그는 "눈이 멀어서 비참한 것이 아니라, 눈먼 사실을 견디지 못하는 것이 더 비참한 것이다."라고 말했다. '오디세이'를 쓴 **호머**도 실명한 장님이었다. **베토벤**도 귀머거리 장애를 무릅쓰고 운명과 싸워 이겨 걸작품을 남겼다. **헬렌 켈러**는 맹인, 귀머거리, 벙어리란 삼중고를 극복하여 인간승리를 이루어냈다. **한비자**도 심한 말더듬이였는데 자신의 이론에 대하여 논박해올 것에 대비하여 반론을 기록하였다. 러시아 작곡가 **차이콥스키**는 비극적 결혼을 통해 자살의 위기에 직면하지 않았더라면 불후의 명작 '비창'을 써낼 수 없었을는지도 모른다. 러시아의 대문호 **톨스토이**도 고난과 세월의 극복 못했으면 불후의 문예작품이 빛을 보지 못했을 것이다. **도스토옙스키**는 술주정뱅이에, 노름에 정신장애까지 있었지만 당대 최고의 평론가인 **벨린스키**를 만나게 되어 시련을 극복하고 불후의 문예작품을 써내게 되었다. '종의 기원'을 쓴 **찰스 다윈**도 "만약 내가 병약자가 아니었다면 그처럼 방대한 업적을 이루지 못했을 것이다."라고 했다. 미국 사람들에게 가장 추앙받는 **에이브라함 링컨** 대통령도 켄터키주에서 가난한 통나무집에서 태어나지 않고 상류가정에 태어나 하버드 대학을 졸업하고 행복한 가정생활을 했더라면 게티스버그에서 한 불후의 명연설 "국민의(of the people), 국민에 의한(by the people), 국민을 위한 정부(for the people)가 지구상에서 멸망하지 않으리라는 굳은 결의를 하는 바입니다.(연설 중 일부)"는 나오지 않았을 것이다.

 세계적으로 명성을 남긴 사람들을 보면 핸디캡을 행동으로 극복하여 더욱더 위대한 업적을 남긴 사람들이 많다는 것을 위 사례에서 보게 된다. 자신이 직면한 시련을 극복하지 않고 자신의 꿈을 이룬 사람은 없다는 것을 알 수 있다. 행동하는 것이 우리에게 그렇게 어렵고 귀찮게 느껴진다 하더라도 내일의 성공을 위한 디딤돌이 되어준다는 것을 알아야 한다. 우리는 간절히 바라는 소망을 이루기 위해 즉시 행동하여 그 디딤돌들을 하나하나 넘어서야 한다. **니체**는 "시련을 극복할 뿐만 아니라 그 시련을 사랑하는 사람이 초인이다."라고 했다. 20세기 최고의 심리학자였던 **윌리엄 제임스**는 "나의 약점, 그것이 뜻밖에도 나를 돕는다."고 말했다. 그 사실들은 위에 예화를 통해서 잘 증명되고 있다.

역사가 시작된 이래 성공한 사람들은 성공을 위해 이미지 훈련과 리허설 훈련법을 실천해왔다. **나폴레옹**도 수년간 전쟁터에 나가기 전에 상상 속에서 모의 훈련을 하였다고한다. 호텔왕 **콘래드 힐튼**(Conrad Hilton)은 호텔을 구입하기 훨씬 이전부터 자신이 그것을 경영하고 있다고 상상해 보았으며 어린 소년였을 때도 자신이 호텔 경영자로 활동하는 모습을 그려보았다고 한다. 행동이 어려운 사람은 자기가 행동을 잘하는 사람이라고 그려보고 꿈이 실현되는 것을 상상해보자. 행동하는 것을 주저하지 말고 민첩하게 행동하는 사람이 되어 보자. 자기 불행을 바꾸고 운명을 바꾸는 데는 행동보다 값진 것이 없다.

도자기 : 호봉 장송모 명장 작품
詩 : 저자 공한수

◆ 2 ◆

생각의
크기만큼 성장

사구뇌일 - 저자書
그림 - 소초 조동화

생각은 당신의 미래 인생 지도를 그리는 연필이다. 보통사람은 생각이
현상유지에 힘쓰기에 바쁘나 성공하는 사람은 생각을 발전에만 집중
한다.
                                                -공한수

생각하는 사람이 큰일 한다
學而不思則罔(학이불사즉망)

⋮

　나폴레옹은 "인류의 미래는 인간은 상상력과 비전에 달려있다."라고 하였다. 상상력과 비전이야말로 개인과 인류 전체의 미래이며 희망인 것이다. 인생은 생각의 크기에 따라 만들어진다. 우리의 삶은 생각하는 능력이 중요하다. 생각이란 미래를 대비하여 지금 어떤 생각으로 대비하고 대책을 맞게 세워 나가느냐이다. 어제의 생각이 오늘의 나를 만들어 내듯이 오늘의 생각이 내일의 나를 만들어 낸다. 생각의 질이 무엇보다 중요하다. 큰일을 하는 사람들은 아침에 일찍 일어나 깊은 생각을 하고 하루를 열어간다. 2백 년 전 사뮤엘 존슨 박사는 "어떤 일이나 낙천적인 면을 보는 습관을 기르는 일은 1천 파운드의 연봉보다 훨씬 비싸다."라고 하였다. 생각하는 좋은 습관을 갖는 것은 무엇보다 가치 있는 일이다. 생각하는 사람이 되어야 한다. 모든 행동은 생각에서 비롯되기 때문이다.

공자는 "學而不思則罔 學而不學則殆(학이불사즉망 학이불학즉태) —
배우고도 깊이 생각하지 않으면 얻어지는 것이 없고 생각만 하면서
배우지 아니하면 위태하다."고 말씀하셨다. 배운 것을 생각 없이 버
리며 사는 사람은 예나 지금이나 마찬가지인 것 같다. 배우고도 생
각하지 않으면 소화가 안 되어 바람이 내 곁을 스치고 지나가는 것과
다를 바 없다.

  우리 근대 산업사회에서 가장 크게 기적을 일구어 낸 **정주영** 회장
은(시련은 있어도 실패는 없다—저서명) "아무 생각 없는 사람에게 전진이
라고는 없다. 교육받은 사람이 아무 생각 없이 하루하루를 보내면 교
육받지 못했어도 열심히 생각하는 사람을 따라갈 수가 없다. 생각하
는 사람과 생각이 없는 사람의 차이는 일을 해보면 교육과 상관없이
질적인 면에서나 능률적인 면에서나 하늘과 땅 차이가 난다."고 말했
다. 정주영 회장은 인천 공사판에서 막노동을 하면서 빈대 철학을 터
득하였다. 매일같이 고된 막노동을 하면서 보내던 시절, 밤이면 곤하
게 잠을 자야 되는데 빈대 때문에 잠을 설치기 일쑤였다고 한다. 빈
대가 무는 것을 피하기 위해 다리가 4개 달린 옛날 밥상 위에 올라가
서 잠을 잤는데 물렸다. 그래서 이번에는 올라오지 못하도록 상다리
밑에 세숫대야에 물을 담아 상 받침대에 놓고 잤는데 며칠은 괜찮은
듯싶더니 또 무는 것이 아닌가. 잠을 설치게 된 그는 화가 나서 불을
켜고 관찰을 했다. 관찰을 하고 난 후에 그는 깜짝 놀랐다. 빈대가 천
장에 올라가 드러누운 배에 낙하하여 자기 목표를 성취하는 것이었
다. 미물도 자기 목적을 위해서 모든 노력을 다하는데, 우리는 인간

은 왜 그러지 못할까 생각했다. 그는 빈대 정신을 가지고 살아간다면 성공하지 못할 일이 없다는 생각으로 현대상사, 현대조선, 현대 자동차라는 신화를 창조했다. 우리나라에서 1988년 올림픽을 유치한다는 것은 거의 가망이 없는 일이었다. 그 이유는 우리나라와 미국을 포함하여 표를 얻을 수 있는 나라는 2~3표밖에 예상이 안 되었기 때문이다. 그러한 불가능한 상황에서 정주영 회장은 올림픽 유치를 해내고 말았다. **이규호** 전 문교부장관은 정주영 회장이 아니었더라면 우리나라에 올림픽을 유치한다는 것은 불가능한 일이었다고 그의 탁월한 능력을 높이 평가해주었다.

로마제국을 통치한 위대한 철학자 **마르쿠스 아우렐리우스**는 아주 짧은 말로 운명을 정의했다. "인생은 내 생각대로 만들어진다." 내가 기분 좋은 생각을 하면 나는 즐겁다. 내가 비참한 생각을 하면 나는 비참하게 된다. 무서운 생각을 하니까 무섭게 되고, 실패를 두려워하는 마음을 가지면 성공하기가 어렵다. 내 생각이 내 운명을 만드는 것이다. 가장 중요한 것은 수많은 생각들 중에서 올바른 생각을 선택하는 일이다. 사람은 하루에 5만 가지를 생각하는 동물이다. **노만 빈센트 필**은 "인간은 자신이 생각하는 그런 자기가 아니다. 지금 생각하고 있는 자체가 그 사람인 것이다."라고 하였다.

미국의 42대 대통령 빌 클린턴 그가 영국 옥스퍼드대학 학생시절에 있었던 일화이다. 빌은 **알렌**이라는 학생과 룸메이트로 같이 지내게 되었다. 알렌은 상류층의 아들로 태어나 머리도 좋아서 수재소리를 들었다. 알렌은 마치 왕자처럼 보였다. 알렌은 집안도 좋고 돈도 많고 하여 서로 친구가 되고 싶어 했고 여학생들은 그의 여자 친구가 되고 싶어 했다. 빌은 하류층 아들로 태어났다. 빌은 수재였지만 알렌과 달리 모든 면에서 노력을 하지 않으면 얻을 수 없는 환경이었다. 빌은 알렌과 비교가 안 될 정도로 결손가정 출신으로 수중에는 돈도 없고, 권력은 그림의 떡이었다. 빌이 가진 것이라고는 희망과 꿈뿐이었다. 빌을 낳아준 아버지는 익사사고로 죽었다. 빌의 의붓아버지는 술주정뱅이에 정신이 온전하지 않은 상태라 빌은 늘 심적고통과 어려운 환경에서 견뎌내야 했다. 한때는 마약에 손대기도 했다. 하지만 빌은 변화를 가져오는 길은 자기 자신의 노력 여하에 달려있다고 마음을 고쳐먹었다. "나는 할 수 있다. 나는 내가 꿈꾸는 모든 것을 이룰 수 있다. 난 최연소 주지사도 되고, 미국 대통령도 될 수 있다."라고 열심히 꿈을 키워나갔다. 반면에 알렌은 모든 것을 부정적으로 생각했다. 그러다 세상을 일찍 떠나게 되었다. **빌**(빌 클린턴)은 언제나 긍정적인 생각으로 꿈을 키운 결과 마침내 1992년 미국 대통령이 되었다. 생각이란 이처럼 무서운 잠재력을 깨워 꿈을 이루게 하는 마술을 부린다.

수백 년 전 영국 옥스퍼드대학에서 종교학 시험을 치른 어느 학생이야기이다. 시험문제는 예수그리스도가 물을 포도주로 만든 기적의 종교적이고 영적인 의미를 서술하라는 문제였다. 다른 학생들은 열심히 작성들을 하고 있었다. 그런데 그중 한 학생은 2시간이 지나도록 아무것도 쓰지 않은 채로 앉아있었다. 시험 감독관은 아무것도 쓰지 않은 학생에게 다가와 무엇이라도 써서 내도록 재촉하였다. 학생은 생각 끝에 다음과 같은 한 줄의 문장을 썼다. "물이 그 주인을 만나자 얼굴이 붉어졌다." 이렇게 쓴 학생이 훗날 영국에 최고 시인이된 **바이런**(1788~1824)이었다. 생각 없이 삶을 살아가는 사람은 얻어지는 수확 없이 시간만 때우다 이 세상을 떠나게 된다. 내 생각이 나를만드는 동안 내 인생도 그대로 만들어 진다는 사실을 알자. 지금 당신이 하고 있는 생각이 당신의 삶을 만들어 낸다. 생각하며 사는 삶은 창조하는 삶을 살아가게 되며 간절히 원하는 것을 집중적으로 생각하고 행동하면 반드시 꿈은 현실이 된다. 독서를 하여도 사색하지않으면 지식의 재료만 접했을 뿐이다. 소처럼 되새김질하여 내 것으로 만들기 위해서는 사색을 해야 된다. 생각만 하고 배우지 않으면독단으로 흐를 수 있다.

특히 **빌 게이츠**가 고등학교 시절 좋아했던 책은 경제잡지 포춘이었다. 특별히 경영학을 배우지 않은 빌 게이츠가 CEO로 일할 수 있었던 것도 그때 읽은 포춘의 영향이 컸다고 한다.

책을 읽고 생각하는 사람이었던 것이다. 성공하는 사람들은 성공하는 사람들의 좋은 습관을 내 것으로 만들 줄 안다. 책은 동기부여를 해준다. 책은 정확한 지식을 전달 해준다. 책은 읽는 독자의 영원한 자산이다. 책은 집중하게 한다. 책을 사는 돈에 비해 수백 수천배의 가치를 만들어 준다. 인생관을 바꾸어 준다. 문제를 해결 해준다. 꿈과 비전을 실현하도록 촉매제 역할을 해준다. 가치관을 높여준다. 내공의 힘을 길러준다. 분발하게 만들어 준다. 새로운 운명을 만들어 내게 한다. 생각하는 자에게만 새로운 자원의 보고가 되는 것이다. 국내 유통업기업을 일군 롯데그룹의 **신격호** 회장은 "나는 24시간 사업을 생각한다."라고 말하고 있다. 자나 깨나 자기 하는 일을 잘하기 위해 끊임없이 생각을 하고 있으니 어찌하여 사업이 잘되지 않겠는가? 옆에 임원들이 "회장님 좀 쉬시지요."라고 말하면, 한결같은 대답은 "사업구상을 하면 행복해, 뭔가 목표를 정해놓고 그 목표를 향해 한 걸음 한 걸음 다가갈 때마다 얼마나 행복한지 몰라. 다 이루었다면 무슨 재미냐? 나는 24시간 생각해. 이 다음에는 뭘 어떻게 저 이상을 향해 달려갈 수 있을 까 꿈을 꾸고 설계를 하는 거야."라고 말한다.(딸 신영자 사장이 책에서 밝힌 일화 — 2010.7)

경영자라면 잠자리에서도 비즈니스를 발전시키는 것을 생각하고 고객을 만족시키는 것을 고민해야 된다. 새로운 인생을 창조하고 싶은가? 역사적인 인물이 되고 싶은가? 명예와 부와 행복을 누리고 싶은가? 미국 역사상 핸디캡을 극복하고 성공한 사람들 중에는 책을 읽고 그 내용에 감동받아 삶의 방향이 바뀐 사람들이 많다. 생각은 목적과 연결되어야 비로소 지적인 성취를 이룰 수 있는 것이다. 사람은 마음속에 올바를 목적을 품고 그것을 성취하기 위해 나아가야 하며, 이 목적을 생각의 중심으로 삼아야 한다. 당신 인생을 어떻게 살아가야 되는지 곱씹어 보기 바란다.

역사가 미래를 알려준다

溫故而知新(온고이지신)

바른 역사가 밝은 미래를 만든다. 영국의 역사학자 아놀드 조셉 토인비(Arnold Joseph Toynbee, 1889.4.14~1975.10.22)는 "역사에서 교훈을 얻지 못하는 자는 반드시 실패한다."라고 했다. 온고이지신의 지혜는 어느 시대나 어느 사회에서나 적용되는 진리이다. 과거의 일이나 역사에서 본받을 것이 있으면 그것을 본받아 더 발전시켜야 한다. 또한 과거의 것에 잘못됨이 있으면 그것을 거울 삼아 다시는 잘못을 되풀이하는 우를 범해서는 안 된다. 조상들이 겪은 고난의 역사를 잊은 백성들은 다시 그 고난의 역사를 되풀이한다는 역사의 교훈을 결코 가벼이 여겨선 안 된다.

공자가 말씀하신 溫故而知新(온고이지신)의 뜻은 "옛것을 익혀서 새로운 것을 안다."는 것이다. 옛것을 바탕으로 새것을 알아가거나, 옛것을 낡은 것이 아니라 오랜 경험의 보고로 삼아 끊임없이 되살려 내면서 그 위에 새것을 더해 가는 것이 온고이지신의 지혜다. 역사를 배우고 옛것을 배움에 있어, 단지 그것을 알기만 하면 아무런 가치도 없다. 우리가 역사를 배워야 하는 가장 큰 이유는 과거와 미래에 있다고 말할 수 있다. 먼저 역사는 과거의 사건으로서 현재 우리의 삶에 많은 영향을 끼치고 있다. 역사라는 것은 인류 사회의 흥망의 과정과 그 기록, 어떤 사물이나 사실이 존재해 온 연혁, 자연 현상이 변해 온 자취를 말한다. 과거는 현재의 관점에서 새롭게 해석된다. 이렇게 해석된 역사는 우리에게 닥쳐올 미래에 영향을 준다. 언제나 역사는 되풀이 된다는 교훈을 잊어서는 안 된다. 잊게 되면 꼭 같은 실패를 되풀이하게 되므로 역사를 제대로 배워야 한다. 역사를 제대로 알게 되면 과거의 잘못을 반성하고 앞으로 닥칠 미래 일에 대해 대비를 할 수 있다. 이런 지혜를 터득한 인류의 영원한 스승 공자는 이를 온고이지신(溫故而知新) 가이위사의(可以爲師矣) "옛것을 돌아보아 지난 일을 반성하고 거기서 터득하면 앞날을 알게되어 능히 다른 사람의 스승이 될 수 있다."라고 말씀하셨다. 스승이란 알고 있는 것으로 족한 것이 아니고 스승이란 비판적 창조자여야 한다. 공자는 사람들이 과거의 교훈을 잊지 않게 하기 위해서 '춘추'라는 중국 최초의 역사책을 손수 저술하기도 하였다. 논어의 밑바탕을 이루는 것들은 세 가지가 있다. 첫째 조상을 소중히 여기는 마음이다. 자기 조상을 소중히 여기지 못하면서 어떻게 남을 제대로 대접할 수가 있겠는가. 날이 갈수록 인간을 경시하는 풍조가 일어나고 있어 미래가 걱정된다. 자기조상이나 부모와 전혀 관계가 없다 하더라도 남을 존중할 줄 아는 사회가 되어야 사회의 질서가 제대로 유지되어 나갈 수 있게된다. 내려오는 옛것이나 전통을 소중하게 생각하고 지속 발전시켜 나가는 것이 중요하다는 것을 공자는 가르쳐주고 있다. 정치라고 하는 것도 옳지 않은 것과 모난 것들을 바르게 잡기 위하여 필요한 것이다. 자기 본연의 사명을 제대로 수행하고 있지 않기 때문에 오늘날 정치를 바라보는 시선이 곱지 않은 것이다. 공자의 근본 사상은 "옛것과 조상을 소중히 여기자."는 것이다. 옛것을 배워서 새로운 이치와 지식을 깨우쳐 항상 새로운 혁신을 해나가는 것이 오늘날 우리에게 필요한 것이다.

우리나라는 역사상 무려 970여 차례의 외침을 받고도 견뎌낸 민족이다. 우리는 외침을 교훈 삼아 더욱 강한 나라, 부자 나라가 되어야한다. 과거 침략으로 굴욕의 역사를 가지고 있음에도 불구하고 오늘날에도 제정신을 놓고 사는 것 같다. 조선조에서 사색당파 때문에 피비린내 나는 싸움들이 있었는데 오늘날에도 정치하는 사람들의 모습을 보면 한심하기가 짝이 없다는 생각을 지울 수가 없다. 나라 발전을 최우선시하고 글로벌 경쟁력을 키워내야 함에도 국회에서는 비생산적인 일로 투쟁만 일삼고 있다. 투쟁을 해도 국회 내에서 해야지 왜 밖에서 하는가? 그런 모습을 보이는 국회 때문에 이 나라의 배가 표류하는 현상이다. 품위를 손상하거나 국회의원으로 자기 직분을 충실히 이행하지 않는 의원들은 더 이상 국회에 발을 붙이지 못하도록 법을 만들어야 한다. 국민들 보기가 부끄럽지 않은가? 국회의원이라면 나라 발전을 위해 얼마나 고민을 하는지 의심스럽게 보여서는 안 된다. 우리나라 국회 경쟁력이 미래 경쟁력이다. 왜 나라의 미래와 세계를 내다보고 지속적인 발전을 만들어 내지 못하는가? 현명함을 역사에서 왜 배우지 못하고 헤매고 있는가? 정말로 한심한 일이다.

이광수 선생은 기미년 2·8선언에 "사람이란 약한 동물이지만 사욕을 잊을 때에는 무서운 힘을 발하는 법이다. 더구나 생명을 잊을 때에는 천지를 뒤흔들 만한 대력을 발하는 법이다. 인류 역사상에 초인적인 위력을 발휘한 모든 위인들은 다 사욕을 잊고 생명을 잊은 사람이다. 혹은 진리를 위하여 혹은 정의 인도를 위하여 혹은 나라를 위하여 자기를 잊은 때에는 그는 석가가 되고, 기독이 되고, 공자가 되고, 링컨이 되고 간디가 되고 손문이 되는 것이다. 우리의 모범인 이순신도 결국은 조선을 위하여 자기의 가정과 고난과 이해와 생사를 잊은 사람이다. 한민족의 역사는 이러한 자기를 초월한 개인들의 힘으로 회전(回轉)되고 갱신(更新)되는 것이다."라고 하였다. 우리나라를 이끌어 가는 지도자들이 이런 생각으로 국가를 경영해 나간다면 국민들이 다 같이 두리둥실 춤을 추고 박수치며 잔치라도 벌이게 될 것이다. 프랑스 나폴레옹군에 패전하여 낙망에 빠져있는 독일국민들에게 철학자 **피히테**(Johann Gottlieb Fichte, 1762~1814)가 혼을 기울여 호소하였다. "국민교육을 통하여 민족혼을 재건하자. 새로운 독일인을 기르자." 이에 감명 받은 독일인들은 초등학교 아동들을 가르치는 일부터 시작했다. 그로부터 70년 후인 1871년에 독일과 프랑스 사이에 다시 전쟁이 일어났다. 이번엔 70년 전과는 달리 독일의 승리로 끝났다. 전쟁을 승리로 이끈 전쟁영웅 **몰트케**(Helmuth Karl B. von. Moltke, 1800~1891)가 귀국하였을 때에 국민들이 대환영을 했다. 이때 몰트케가 말하였다. "독일의 승리는 나와 군인들의 공이 아닙니다. 초등학교 선생님들의 공입니다. 이 모든 영광을 그들에게 돌립니다." 국가의 장래는 아이들이 무엇을 보며 자라느냐? 무엇을 생각하고 있느냐? 어떤 교육을 받고 있느냐? 역사에서 어떤 교훈을 얻느냐?에 달려있다. 우리도 살아있는 교육을 해야 한다.

우리나라는 과거 일제강점기와 6·25전쟁을 거쳐 여라 나라에 빼앗기고 강탈당한 문화재가 무려 수십만, 수백만 점이라고 한다. 일본에 제일 많이 유출되었고, 그 다음이 미국이라고 조사되었다. 우리나라 역사를 스스로 제대로 알지 못하면 다른 나라에 나가있는 문화재를 회수할 방법이 점점 더 어려워진다. 역사를 모르면 문화재가 우리에게 얼마나 소중한지도 모른다. 역사를 알아야 해외에 나가있는 문화재들을 하나하나 다시 찾아올 수 있는 길을 만들어 나갈 수 있다.

말만 규장각 규장각 하지, 규장각이 역사적으로 우리나라에 얼마나 귀중한 가치가 있고 우리가 꼭 되찾아 와야 하는 역사적 의미가 있는 것인지를 확실히 알아야 되는 것이다. 리더가 되고자 하는 사람들은 우리나라 역사를 꿰뚫고 있지 않으면 안 된다. 특히 나라를 이끄는 통치자와 지도계층은 자기 나라 역사와 문화에 대하여 제대로 인식을 하고 있어야한다. 찬란한 역사가 있는데도 고유 역사를 제대로 모르면 주인자격이 없어지고 객 같은 입장이 되는 것이다. 나라가 발전하려면 모든 국민은 자기 나라 역사를 잘 알아야 한다. 지금부터라도 정부에서는 역사공부를 철저히 시켜야 한다. 역사를 제대로 모르면 자기나라의 엄청난 문화재 가치가 불타 없어지는 것과 같다. 이는 얼마나 서글픈 일인가? 우리나라 사람들이 자기 역사에 무지하여 가치 있는 문화재들이 다른 나라에서 홀대받고 사장되고, 다른 나라 문화재로 둔갑하면서 계속 울고 있게 해서는 안 된다. 우리 민족의 주체의식이나 역사의 정통을 말하기 위해서는 1만 년의 잃어버린 유구한 우리 역사를 바로 알도록 재조명하는 일이 그 무엇보다 시급하고도 중요한 민족적 과제라고 본다. 1만 년이 넘는 찬란한 역사를 가진 민족이면서 학교에서 역사교육을 제대로 하지 않고 있다. 더 나아가 역사를 바로 세우는 일을 소홀히 하여 문제가 매우 심각하다. 광범위한 상고사로부터 근대사까지 제대로 된 역사를 발굴하여 역사를 체계적으로 정립해 나가야 된다. 이제부터라도 서기 대신에 우리나라 역사를 상징하는 단기를 쓰는 일부터 시작을 해 나가자. 그 찬란했던 역사와 문화에서 우리 마음의 등불을 다시켜 반짝 반짝 빛나는 역사를 이어가는 후손들이 되어 보자.

뚫으면 다 통한다

一以貫之(일이관지)

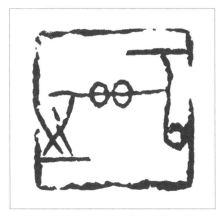

一以貫之(일이관지) - 고암 정병례 새김글

　한 가지로 꿰뚫는 힘이란 쉽게 될 수 있는 것이 아니다. 어느 높은 단계에 도달해야 그 이치를 깨닫게 되는 것이다. 한 가지 일에 숙련 기간 없이 터득하고 이치를 깨닫는 것은 분명 쉬운 일이 아니다. 우리말에 수박 겉핥기란 말이 있듯이 숙성되지 않는 상태로는 하나의 이치로 세상을 꿰뚫어 보는 지혜를 가질 수가 없다. 산에는 헤아릴 수 없는 많은 종류의 나무가 존재하지만 그것은 모두 나무일 뿐이다. 이런 것이 바로 공자가 말하는 일이관지의 눈으로 바라보는 삶의 지혜일 것이다.

一以貫之(일이관지)란 말은 논어(論語) 위령공편(衛靈公篇)과 이인편(里仁篇)에서 공자 스스로 언급하고 있다. 먼저 위령공편에, 공자가 말씀하셨다. "사(賜)야, 너는 내가 많이 배워서 그것을 모두 기억하는 줄로 아느냐?" 자공이 대답하기를, "그렇습니다. 아닌가요?" 공자가 "아니다. 나는 하나로 꿸 뿐이다."라고 하였다. 이것이 흔히 말하는 일관지도(一貫之道)이다. 그러나 이 말을 명확하게 이해한 사람은 제자 가운데 증자(曾子)뿐이었다. 그것은 〈이인편〉에 자세히 나와 있다. 공자가 말씀하셨다. "삼(參)아, 나의 도는 하나로써 꿰었느니라." 증자가 말하기를, "옳습니다." 공자가 나가자, 제자들이 증자에게 물었다. "무엇을 이르신 것인가?" 증자가 "선생님의 도는 충(忠)과 서(恕)일 뿐이다."라고 하였다. 충은 중(中)과 심(心)의 합체어로써 글자의 모양에서 알 수 있듯이 속에 있는 마음이라는 뜻이다. 이것은 인(仁)이며 성(性)인데, 남을 나처럼 사랑한다는 의미에서 인이라 하고 살려는 마음이라는 의미에서 성이라 한다. 그리고 서는 다른 사람의 마음을 자기 마음과 같이 생각하는 일이다. 속에 있는 마음인 충이 밖으로 나타날 때는 서로 나타난다. 즉, 일이관지는 공자의 사상과 행동이 하나의 원리로 통일되어 있다는 뜻이다. 그것은 인이며, 증자가 충서로 해석한 것은 충성과 용서가 곧 인을 달성하는 길이었기 때문이다. 자공이 어느 날 공자에게 "스승님은 매일 새로운 것을 배우시며 어떻게 다 기억하십니까?" 하고 물었더니 공자는 "자공아, 나는 다 기억하는 것이 아니라 단지 하나의 이치로 모든 사물을 꿰뚫어볼 뿐이다."라고 말씀하셨다. 이것이 세상의 모든 이치를 하나로 본다는 공자의 일이관지(一以貫之) 철학이다. 공자가 동양의 현인이 될 수 있었던 것은 다른 사람들보다 많은 양의 지식도 지식이지만 세상을 하나의 이치로 통달할 수 있는 지혜를 가졌기 때문이다. 공자가 일이관지한 것도 옛것을 좋아하여(好古)부지런하게 열심히 배워서 통달했기 때문이다. 통달한 것은 태어나자마자 생이지지(生而知之)해서 그런 것이 아니라 옛것을 열심히 배워서 가능했다며 호고(好古)를 높은 가치로 여기고 있다.

중국 최고(最古)의 병서(兵書) 중에 손자병법이란 책이 있다. 손자병법은 중국 춘추전국 시대 생존을 위한 손무(BC535~BC480)가 쓴 병법서이다. 손자는 지금 상해지역의 보잘것없던 오(吳)나라의 참모총장이 된 지 7년 만에 오나라를 중원의 강대국으로 올려놓았다. 손자병법은 춘추 말기의 군사학설 및 전쟁경험을 모두 묶은 책이지만 어떻게 보면 전쟁을 속이는 길을 알려주는 병서이다. 손자병법은 전쟁에서 이기기 위한 모든 수단과 방법이 다 담겨져 있다. 전쟁에 패한다는 것은 생명뿐만 아니라 모든 것을 다 내놓아야 한다. 작게는 개인의 생명, 삶과 재산에서 고을과 부족 나아가 나라 전체의 운명까지도 연결이 되는 문제다. 그래서 전쟁은 2등이 없다. 전쟁은 어떤 방법으로라도 이기는 것이 미덕이라고 할 수 있다. 전쟁 시에는 승리가 필요하지 윤리와 도덕이 필요한 것이 아니다. 전쟁에서 가장 좋은 것은 싸우지 않고 승리하는 것이다. 그것이 전쟁의 일이관지이다. 손자병법의 전술과 전략은 현대전쟁에서도 유용하게 적용되는 병법이다. 손자병법은 전쟁에서만 필요한 것이 아니고 기업을 경영하는 최고의 책임자(CEO)도 꼭 읽어야하는 기업경영의 지침서이다. 사람을 움직이고 세상을 움켜쥐는 만고의 비법, 사상 최고의 병서이자 삶의 지혜를 담은 처세의 경전이다. 자유주의 시장경쟁에서도 살아남는 일은 일이관지의 본질이기도 하다.

손자는 조직이 강해지는 전략을 6천 2백 자의 한자로 남겨 놓았다. 손자가 병사들을 이끌고 적과 싸우면서 조직이 어떻게 해야 강해지고 생존하는지 체계적으로 적어 놓은 것이 오늘날 우리가 보는 손자병법 책이다.

미국의 에디 리켄베이커라는 사람은 항해사인데 바다에서 3주일 동안 표류하는 사고가 발생하였다. 바다에서 조난을 당하여 3주일동안이나 뗏목에 매달려 표류하다가 극적으로 살아난 **에디 리켄베이커**는 뗏목에 매달려 표류하면서 터득한 인생 교훈은 "내게 지금 마실 물과 음식만 있다면 더 이상 바랄 것이 없다."였다. 마시고 싶을 때 마시고 먹고 싶을 때 먹는 것이 얼마나 행복한 일인데도 그 행복을 놓치고 살아가는 것이 아닌가 싶다. 생사의 갈림길에서 인생의 행복이 어디에 있는지 깨달을 수 있다.

우리가 알고 있는 지식은 함부로 자랑할 만한 것이 아니다. 자기가 남보다 머리가 뛰어나거나 아는 것이 많다고 우쭐대서는 안 된다. 그런 사람은 반드시 다른 사람들한테 지탄받기 마련이다. '탈무드'에서는 "학식이나 능력을 값비싼 시계와도 같다."고 말하고 있다. 시간을 묻는 사람이 있을 경우에만 비로소 시계를 꺼내야지 갖고 있다고 해서 함부로 자랑해서는 안 되는 것이다. 유대인들은 학식을 우물에 비유를 잘 한다. 깊은 우물은 아무리 파내도 마르지 않는 샘물 같아야 한다고 가르치고 있다. 깊은 곳에서 나오는 생수는 마르는 법이 없다. 돈이나 재물은 곧 떨어질 수 있다. 그러나 지식은 늘 샘물처럼 따라다니는 것이다. 이런 이유로 배우는 것은 일생의 업으로 알아야 한다.

성공하는 사람이나 리더는 유연성을 가지고 있다. 유연하지 않으면 인간관계를 잘할 수가 없다. 유연하지 않으면 농담도 잘할 수가 없다. 유연해야 농담도 잘하고 골프도 유연해야 잘 친다. 유연하다는 것은 바로 힘을 의미한다. 웃음이나 유머는 옛날부터 강한자들만이 할 수 있었다. 인간이 갖추고 있는 힘 가운데 가장 강력한 것 중 하나가 바로 유머인 것이다. "웃음은 백약(百藥)의 왕"이라고도 말한다. 웃음은 괴로운 마음을 위로해준다. 활기찬 웃음은 얼마나 유쾌한가? 유머를 유효적절하게 사용하면 강력한 무기도 된다. 유머에 재미를 느끼는 것은 어떤 규격을 벗어나 틀을 깨는 데 있다. 규격을 벗어난다는 것은 여유가 있음을 말해준다. 고도의 유머는 아무한테나 나오는 것이 아니다. 정말로 세련된 유머, 시의적절하게 나오는 유머는 지적으로 연마된 사람만이 구사할 수 있는 것으로 듣고 있는 상대방 역시 지성을 갖췄을 때 더욱 빛을 발할 수 있게 된다. 유머는 아주 새로운 것이어야 한다. 같은 것을 반복하여 듣게 되면 호소력을 잃게 된다.

유머감각이 있는 사람은 스스로 여유가 있지만 보통사람들은 궁지에 몰려있을 때 여유로운 행동을 할 수가 없다. 유머와 조크는 유대인이 살아남는 데 강력한 무기구실을 해주었다. '마지막에 웃는 자가 가장 잘 웃는 자'란 말이 있듯이 유대인만큼 웃음에 대하여 증명해 주는 민족도 없다. 웃음이란 승자에게만 주어지는 특권이지만 유태인은 패배 속에서도 웃음으로 무서운 억압을 해소했다. 유태인은 웃음과 유머를 중요하게 생각하는 민족이다. 웃음의 민족이라고 할 정도이다. 유태인들은 인생에 있어 유머와 웃음이 행복을 가져다주고 성공하게 하는지 일찍 일이관지하여 깨달은 민족이라고 찬양하고 싶다.

최선희 동양종합금융증권 이사는 1982년 제일은행에 입사하여 28년째 국내금융회사에서 한 직장에 열심히 하나하나 호기심을 가지고 일을 하다 보니 모든 금융기법 등에 익숙하게 되었다. 그 실력을 바탕으로 남자도 하기 힘든 대우건설, 밥켓 인수 등 굵직한 딜(Deal)에 직접 참여하는 커리어우먼으로 진가를 한껏 발휘해 나가고 있는 것 역시 일이관지이다.

신숙주(1417〈태종 17〉~1475〈성종 6〉)는 1438년에 세종 생원, 진사시에 합격했고, 이듬해에 친시문과에 급제하여 전농시직장(典農寺直長)을 지냈다. 신숙주는 숙직을 도맡아하면서 장서각에 파묻혀 귀중한 서책들을 많이 읽는 열정이 왕한테 알려져 세종한테 어의를 받기도 했다. 1441년에는 집현전부수찬이 되었다. 조선 전기의 문신, 학자로 세종때 훈민정음(訓民正音)을 만들어 보급했고 국가 중요서적 찬수(撰

修)에 참여하는 등 조선 전기 문물제도의 완비에 기여했다. 신숙주는 세조실록, 예종실록, 동국통감, 국보보감, 영모록(永慕錄)의 편찬에도 참여했다. 신숙주는 언어의 천재로 그 당시 설총의 이두문자를 비롯하여, 중국어, 몽고어, 여진어, 일본어, 인도어와 아리비어에 이르기까지 능통한사람이다. 사람은 태어나면서부터 아는 사람이 있고, 배워서 아는 사람이 있고, 고생하면서 깨닫고 알게 되는 사람이 있지만, 한 가지를 제대로 뚫어놓으면 모든 것이 통하는 통로와 연결이 된다. 신숙주가 여러 나라 말을 잘하는 것도 외국어의 높은 장벽을 깨고 일이관지했기 때문이다.

사명을 알아라

不知命 無以爲君子也(부지명 무이위군자야)

⁝

　사명이 없는 인생은 존재의 이유도 모른다. 사명이 있는 사람은 삶의 의미를 안다. 사명을 발견한 사람은 활력과 열정과 희망을 갖는 비결의 소유자가 된다. 사람은 저마다 할 일을 가지고 태어난다. 그냥할 일 없이 빈손으로 이 세상에 오는 것이 아니다. 사명을 깨닫고 사명을 행하는 사람은 행선지가 분명하여 가장 행복한 삶을 사는 것이다. 각자에게 맡겨진 일이 따로 있는데 자기가 할 일이 무엇인지 모르고 사는 삶은 부평초 같은 삶이 되는 것이다. 세상은 사명을 가진 사람에 의해 새로운 세상이 열리고, 사명을 깨달은 사람은 신과 같은 초월적인 힘을 발휘한다. 사명은 누구나 가지고 태어나는 것이다.

　공자는 "不知命 無以爲君子也(부지명 무이위군자야) ― 천명을 알지 못하면 군자가 될 수 없는 것이다."라고 말씀하셨다. 군자는 자기가 무엇을 해야 되는지 천명을 알아야 한다는 의미다. 사람은 어떻게 보면 다 자기 할 일을 가지고 태어났는데도 그것을 무시하면서 사는 삶을 살고 있다. 소위 군자라고 하는 사람이 자기 할 일을 모른다는 것은 문제가 있다. 누구나 의미 있는 삶을 살기 위해서는 자기 할 일을 알아야 한다. 같은 음식을 먹을 때도 의미를 부여하면 맛이 달라진다. 의미 있는 삶의 중요성을 깨닫고 열심히 살아가는 사람하고 남이 장에 가니 나도 장에 따라간다는 식으로 사는 삶의 질은 너무나 차이가 난다. 군자는 예법을 알지 못하면 입신(立身) 할 수 없고 말을 듣고 알지 못하면 사람을 알 수 없다고 공자는 말씀했다. 통치자나 리더가 자기 할 일을 제대로 모르는 만큼 불행한 일이 없을 것이다. **소크라테스**도 일찍이 "너 자신을 알라"라고 하였다. 자신을 안다는 것이 얼마나 중요하고 어려운 일인가? 사실은 "너 자신을 알라"는 말은 원래 델포이 신전의 담벽에 씌어 있었던 말이다. 소크라테스는 이 말을 풀어서 했다. "너 자신이 아무것도 모르고 있다는 것을 알라. 그래야만 너는 비로서 참된 앎을 찾아 나서는 출발점에 설수 있게 되는 것이다." **칼 힐티**(Karl Hilty)는 사명에 대하여 이렇게 말하였다. "생애의 최고의 날은 자기 인생의 사명을 자각하는 날이다." 이처럼 사명을 제대로 아는 것이 힘든 일이며 사명을 완수하는 일은 매우 숭고한 가치를 지니게 된다.

　안중근(安重根 : 1879년 9월 2일~1910년 3월 26일)은 황해도 해주부에서 태어 났다. 본관은 순흥, 고려조 명현 안향의 26대손이다. 그는 대한제국의 교육가, 독립운동가, 대한의병 참모중장이다. 안중근은 의사(義士)로 불려지고 있다. 의사란 바로 의리(義理)와 지조(志操)를 굳게 지키는 사람이다. 안중근은 어려서 안응칠(安應七)이라는 아명으로 불렸으며, 독실한 천주교 신자였던 그의 세례명은 사도 성 토마스의 이름을 딴 토마스였다. 1909년 10월 26일 대한제국과 만주를 병탄하기 위해 이토 히로부미가 하얼빈 역에 왔다. 안중근은 이토 히로부미를 사살함으로써 한국의 독립 의지와 일본의 야욕을 만천하에 알렸다. 당시 중국 총통이었던 **원세개**(袁世凱)는 안 의사의 의거를 이렇게 칭송하였다. "평생에 벼르던 일 이제야 끝났구려. 몸은 한국에 있어도 만방에 이름을 떨쳤소. 살아서 백 살이 없는 건데 죽어 천 년은 가오리다." 하나뿐인 목숨을 버리면서 큰일을 하는 일은 감히 범인들이 할 수 있는 일이 아니다. 안중근은 여순 형무소에서 생활하다 사형선고를 받았다. 어머니 조마리아는 아들의 사형 소식을 전해 듣고 안중근에게 편지를 써 보냈다. "옳은 일을 하고 받는 형(刑)이니 비겁하게 삶을 구하지 말고 떳떳하게 죽는 것이 어미에 대한 효도이다. 살아서 나라와 민족에 욕이 될 때는 오히려 죽음을 택하라." 어머니의 놀라운 애국심이 그에게 큰 용기를 주어 결국 항소를 포기하게 되었다. 안중근은 "사람은 한번은 반드시 죽는 것이므로 죽음을 일부러 두려워할 것은 아니다. 인생은 꿈과 같고 죽음은 영원한 것이라고 생각하고 있기 때문에 걱정할 것이 없다"고 했다. 어머니의 편지는 한국의 대한매일신보와 일본의 아사히신문에 '그 어머니에 그 아들'이라는 기사가 실렸다. 사명을 아는 사람은 목숨과도 바꾸는 용기로 새로운 역사를 써내게 되는데 바로 안중근 의사도 그런 인물이었다.

안중근은 법정에서 진술했다. "내가 이등박문을 쏴 죽인 이유는 한국 독립전쟁의 한 부분이요, 또 내가 일본 법정에 선 이유는 전쟁에 포로가 됐기 때문이다. 나는 개인의 자격으로 이 일을 행한 것이 아니요, '대한제국 의군참모중장'의 자격으로 조국의 독립과 동양평화를 위해서 행한 것이니 만국 공법에 의하여 처리하도록 하라." 검찰관이 "이토 히로부미를 사살한 것은 비인도적 행위가 아닌가?" 라고 심문할 때 안중근은 "나의 행동은 인도주의를 위반한 것이 아니라 나는 이토 히로부미에게 살해당한 수만 명을 대표하여 이토 히로부미를 처단한 것이다."라고 당당하게 대답했다. 감옥생활 중 일본 감옥 관원들이 그에게 글을 써 줄 것을 부탁 받고 "이익을 보거든 정의를 생각하고 위태로움을 보거든 목숨을 바쳐라." "하루라도 글을 읽지 않으면 입안에 가시가 돋는다." 등 붓글씨로 여러 글을 한문으로 써 주었다. 안중근이 사형이 집행되던 날 담당 간수였던 지바(千葉)는 사형장으로 가는 안중근을 향해 진심 어린 마음으로 정중히 거수경례를 했다. 지바는 안중근을 동양의 의사로 스승처럼 생각했다. 안중근은 사형집행 5분 전, 마지막으로 글을 써 지바에게 주었다. 그 유묵(遺墨)이 바로 위국헌신 군인본분(爲國獻身 軍人本分) '나라를 위해 몸 바치는 것은 군인이 마땅히 해야 할 일'이다. 이후 지바는 제대하자마자 곧바로 고향의 절(大林寺)로 달려가 안중근의 영정과 유묵을 불상에 올리고 하루도 빠짐없이 고인을 흠모하고 명복을 빌다 죽었다. 그리고 그의 유언을 받은 부인이 다시 20년간 헌향하다가 죽자 또다시 그의 조카가 맡아 현재까지 안중근을 추모하고 있다. 지바는 "안 의사는 실로 국가운명을 걱정하면서 군인의 명예를 지키는 데 몸을 바친 청결한 인격의 소유자였다."고 고백했다. 당시 안중근의 취조를 맡았던 미초부치 검사도 안중근의 인격과 대의정신에 반해 법정에서 "당신은 진정한 동양의 의사(義士)라고 생각하오."라고 하였다. 자신들의 총리대신을 암살하였지만 그들에게 안중근은 죄수가 아니었다. 마음으로부터 진심으로 숭앙(崇仰)하던 스승이었던 것이다. 안중근이 자신을 존경했던 일본인 간수에게 남긴 위국헌신 군인본분(爲國獻身 軍人本分)이라는 글귀는 현재 대한민국 국군의 표어 중 하나이다.

알버트 슈바이처(Albert Schweitzer 1875.1.14~1965.9.4)는 독일계 프랑스인이다. 슈바이처 박사는 자신의 사명을 깊이 깨닫고 실천에 옮긴 실천적 인물이다. 그는 "30살까지는 나를 위해 살고, 그 이후부터는 남을 위해 살겠다."는 분명한 사명을 가지고 30세 중반의 나이에 의학 공부를 시작했다. 의료시설이 열악한 환경에서 수없이 죽어가는 아프리카 주민들 소식을 들으며 자신의 사명을 깨달았기 때문이다. 그는 1913년에 프랑스령 적도 아프리카 가나에 건너가 1965년 생을 마칠 때까지 병원을 개설해 헌신적으로 환자들을 돌보며 치료를 하였다. 그는 목사의 아들로 태어나 철학과 신학을 공부하였으며 철학 박사와 신학 박사까지 받았다. 슈바이처는 의사, 사상가, 신학자, 음악가이다. 50대 초반에 아파서 죽음 직전에 이르자 가족이 둘러앉아있었다. 그는 식구들이 모여 있는 자리에서, "내가 사명을 완수할 때 까지는 절대로 죽지 않는다."라는 유명한 말을 남겼다. 사명을 가진 사람은 사명을 완수하기까지는 쉽게 죽을 수 없는 것이다. 사명을 수행하는 사람은 아플 겨를도 없다. 자기 사명이 있는 사람은 그 사명을 완수할 수 있게 에너지가 지속적으로 분출되어 건강하다. 사명인은 삶이 즐거워 더욱더 열정적으로 살아가게 된다. 슈바이처는 사명을 위하여 91세까지 살다 갔다. 그는 1952년에 '인류의 형제애'를 위한 노력으로 노벨 평화상을 수상하였다. 진정한 사명자는 영적인 힘까지 얻게 되는 것이다.

난세의 지도자 요셉은 꿈꾸는 사람이었고 원칙을 지키는 사람이었다. 최악의 조건에서도 자신이 맡은 직분에 충실한 사람이었고 하나님에 감동한 영적인 사람이었다. 그는 호황에서 불황을 대비하고 불황에서 호황을 준비하는 사람이었다. 요셉은 미래를 바라보고 나아가는 비전의 사람이었다. 우리에게도 요셉과 같은 지도력이 많이 요구된다.

통치자는 통치자로서의 사명, 공직자는 공직자로서의 사명, 각 분야의 지도자는 지도자로서의 사명, 기업가는 기업가로서의 사명, 성직자는 성직자로서의 사명이 무엇인지 알고 그에 따라 자기 직분에 충실할 줄 알아야 한다. 사명인은 레이저 같은 파괴력이 계속 흘러나온다. 사명을 제대로 알아야 집중할 줄 안다. 무엇을 할지를 알기 때문에 자기 삶에 헌신하게 되는 것이다. 사명을 발견하는 것은 인생의 나침반을 소유하는 것이며 사명은 인생의 등대와 같은 역할을 해준다. 사명은 가치 있는 삶을 살게 해주는 것이다. 당신의 사명은 무엇인가?

하루를 살더라도 깨닫고 살아라

朝聞道 夕死(조문도 석사)

◆
◆
◆

짐승들은 희망을 품을 줄을 모르고 상상도 하지 못한다. 그러나 사람은 희망을 가질 줄 알며 상상력의 세계로 새로운 세상을 만들어 낼 수 있다. 인간은 활동이 정지되면 죽는 것처럼 생각도 정지되면 죽는다. 사람은 생각하는 동물이므로 끊임없이 생각하며 살지 않으면 안 된다. 우리가 살면서 배운다는 것은 지혜를 얻고 깨달음을 갖고 더 많은 생각을 하기 위해서이다. 지식(知識) 만개는 지혜 하나만 못하고, 지혜(智慧) 만개는 하나의 깨달음만 못한 것이다. 깨달음이란 이처럼 중요한 것이다.

공자는 "朝聞道 夕死可矣(조문도 석사가이) ― 아침에 도를 깨달으면 저녁에 죽어도 좋다."라고 말씀하셨다. 사람이 태어나서 잘 먹고 잘 사는 일도 중요하다. 하지만 중요한 것은 우리가 참된 도리를 깨달아 사람답게 살아가는 일이다. 사람답지 않은 삶을 유지하면서 생명만

부지하는 것처럼 어이없는 일은 없다. 단 하루를 살다가도 그 도리를 바로 깨닫고 바로 살다가는 삶이라면 얼마나 소중한 삶이 되겠는가? 동물 같은 삶을 100년 지속하는 것보다는 하루를 살아도 영혼을 아름답게 살찌우는 정신적인 삶이 훨씬 가치가 있는 것이다.

공자는 인간이 도(道)의 경지에 오르는 것은 인간으로서 살아생전에 도달하기 쉽지 않다고 설명하고 있다. 부모가 살아생전에 효도하는 것이 얼마나 소중한 일인지 부모가 이 세상을 떠난 후에야 비로서 후회하며 깨닫는다. 논어의 시편에는 "천 년도 당신 눈에는 지나간 어제 같고, 마치 한 토막 밤과도 비슷하나이다."라고 하였다. 또한 **장자**는 인생을 "여백구지과극(如白駒之過隙) — 말이 휙 문틈을 빠르게 지나가는 것과 같다."라고 말했다. 이와 같이 시간적 공간적 개념으로 인생이라는 것이 짧다는 말이다. 인간이 살면서 삶의 본질이 어디에 있는지를 깨달은 공자는 인간이 얼마나 오래 사느냐가 중요한 것이 아니라 하루를 살아도 인간에게 주어진 본연의 삶을 사는 것이 더 중요하다는 것을 말하고 있다. 공자는 "아침에 도를 깨달으면 저녁에 죽어도 좋다."고 했다. 도에 이르는 것이 참으로 어렵다는 의미다. 석가도 인생의 도를 깨닫기 위해 왕자의 신분을 버리고 고행의 길을 나섰다. 이처럼 도를 깨닫는 것이 힘든 여정이다. 많은 선생들이 학교에서 진리를 가르친다. 그러나 선생들은 진리에 관해서 가르칠 뿐이지 자신이 진리가 되지는 못한다. 공자는 일생동안 도를 얻기 위해 힘썼다. 공자는 도를 얻기 위해 수많은 제자들을 가르쳤다. 공자는 자신이 추구하는 도의 가치를 자신의 목숨과 바꿀 수 있는 소중한 것으로 생각했다. 인간이 살아가면서 도(道)란 인(仁)과 예(禮)를 포함하고 있으며 도의 경지에 이르는 길이 그만큼 험난하다는 것이다.

　맹자(孟子) 삼락 "부모구존 형제무고(父母俱存 兄弟無故) ― 부모가 다 생존해 계시며, 형제가 무고한 것이 첫째 즐거움이요.", "앙부괴어천 부부작어인(仰不愧於天 俯不怍於人) ― 우러러 보아서 하늘에 부끄럽지 않으며, 굽어보아서 부끄럽지 않은 것이 둘째 즐거움이요.", "득천하 지영재 교육지(得天下之英才 敎育之) ― 천하의 영재를 얻어 교육하는 것이 셋째 즐거움이니라."라고 하였다. 맹자는 삼락(三樂) 가운데 부모구존(父母俱存), 형제무고(兄弟無故)를 으뜸으로 꼽았다. 부모가 건강하게 살아계시고 , 형제들이 별 탈 없이 지낼 수 있다는 것을 으뜸으로 꼽았다.

　부모는 자식들이 장성하여 제 몫을 다하면서 살아가기를 원하고, 독립투사는 나라가 독립되기까지는 눈을 감을 수 없다고 생각하여 목숨을 아까워하지 않는다. 도를 깨우치는 사람은 자기 목숨을 희생하더라도 나라를 위해 더 큰 가치를 이루는 것이 더 가치 있다고 생각하고 희생을 두려워하지 않는다. 말의 중요성을 깨우친 사람은 말 속에는 향기가 배여 있음을 느끼게 한다. 깨우친 사람은 말을 함부로 하여 남의 가슴에 상처를 남기는 어리석은 짓은 하지 않는다. 우리는 가능한 향기 있는 말, 기쁨과 행복을 주는 말을 하자. 향기 나는 말은 하는 사람이나 듣는 사람이 기쁨과 행복이 된다.

　소크라테스 철학의 목적은 진리 탐구를 통해 실천적인 덕을 쌓고 모든 인간을 조화롭게 완성시키는 것이라 할 수 있다. 소크라테스의 지행합일설은 누구도 고의적으로 악을 행하지 않는다는 것이다. 악의 근본 원인은 무지에서 생긴다. 선이란 덕이며, 덕은 앎의 결과로 표출된다고 했다. 도덕적인 삶을 살기 위해서는 무지로부터 해방되어야 하며, 그러기 위해서는 진리의 탐구가 필요하다고 주장했다. **노자**도 도덕경에서 말하길, "자신을 수양하여 도를 따라서 거듭 덕을 쌓으면 우리 인생이 원래 없던 도가 보이지는 않지만 도와 더불어 살아가면 결국 도를 터득하게 된다."라고 말했다. 자신을 수양한다는 것은 철학의 시작이며 그 철학의 결과로 덕이 쌓임을 강조했다.

　석가모니 역시 '자신을 비우고 지혜의 철학을 갈구하여 시간의 개념이 없어질 때 그것이 바로 깨달음으로 가는 길'임을 말했다. 세상의 시작도 끝도 없는 것을 깨치게 되는 것 그것이 바로 지혜이며 깨달음의 세계로 들어감이 아닌가라는 생각을 해보게 된다.

　한국 스님으로는 미국에서 최초로 교수가 된 **혜민**(36세-2010년) 스님 이야기가 흥미롭다. 혜민 스님은 미국 버클리캘리포니아대(UC버클리)에서 종교학을 전공하고 하버드대 대학원에서 비교종교학 석사를 수학하던 중 출가를 결심, 지난 2000년 해인사에서 사미계를 받으며 조계종 승려가 됐다. 박사 학위를 받은 후 2007년부터 미국 매사추세츠주 햄프셔 대학에서 비교종교학 전공 정식교수로 임용돼 화제를 모았던 인물이다. 그의 저서에서 한국 불교가 외국에 제대로 소개되지 않은 것에 대한 아쉬움을 털어내고 있다. 특히 미국에서는 10여 년 전부터 티베트 불교가 붐을 일으키고 있고, 동북 아시아권에서는 일본 불교가 정통인 것처럼 여겨지고 있는 것을 바로 잡기 위해서는 한국 불교를 배우려고 방한하는 외국인들을 잘 교육시켜 그들의 고국으로 되돌려 보내는 것이 가장 효과적이라고 제시하고 있다. 이를 위해서는 템플스테이 제도를 개선해 외국 대학생 등 청년층을 단기 연수시키는 프로그램을 마련하는 한편 외국에 진출해 있는 한국 사찰들은 교민에만 치중하지 말고 현지인 위주로 포교 방향을 전환해야 한다고 주장하고 있다. 미국에서 다양한 종교 연구자들과의 교류를 통해 느낀 종교 간의 교류와 이해, 화합의 필요성이 중요하다는 것을 강조하고 있다. 자기가 좋아하는 종교만 빠져있고 타종교를 이해하지 못하면 자기가 좋아하는 종교도 제대로 알지 못하고 있는 거나 다를 바 없다. 깨달음이라는 것은 어리석음에 벗어나 현상과 현실을 바르게 통찰하고 바르게 행하는 일이다. 깨우쳐 사람답게 삶을 사는 것이 중요하다는 것을 공자는 강조하셨다.

아름다운 사람은 마음 씀씀이가 있고, 생각의 깊이가 있으며 실천을 잘 해내는 사람이다. 도란 혼자 살게 되면 필요 없다. 공동체로 살아가는 데 필요한 것이 질서를 이루는 도가 필요한 것이다. 도는 건강한 사회를 이루는 뿌리가 되고 이상적인 인간이 되기 위한 등불이다. 마음이 맑고 지혜로우며 따뜻한 마음이 느껴지게 하는 사람은 도를 깨달은 사람이다. 도를 깨달은 사람은 만나는 사람, 발길이 머무는 곳에 은혜로움이 넘쳐나는 것을 느끼게 한다. 앞으로 경영도 미래, 지식경영을 초월하여 깨달음 경영이 필요한 시대다. 내적, 외적 능력의 통합력과 영감비전, 집단적 창조성에 미래가치와 공공조직의 미래가 달려있기 때문에 깨달음 비전도 더욱 요구될 것이다.

진정한 깨달음은 사랑으로 세상을 치유하고 지구를 살리는 일이 중요하다. 한 사람의 깨달음은 언젠가 백만 송이 천만 송이로 피어날수 있다. 깨달음으로 우리 영혼을 아름답게 가꾸자.

가치관의 차이

君子懷德(군자회덕)

가치관이 미래를 만든다. 사람은 가치관에 따라 생각과 행동이 다르다. 우리는 자기가 가장 소중하게 여기는 가치관이 무엇인지를 알아야 한다. 가치관이 명확한 사람은 함부로 허튼 짓을 하지 않는다. 리더다운 리더는 옳은 일을 생각하나, 보통사람은 남이야 어떠하던 나만 좋으면 된다는 자기중심적인 생각을 한다. 큰 사람이란 공익을 생각하는 마음을 기본으로 삼는다. 자기를 먼저 생각하는 사람은 지도자로서의 자질에 결함이 있다. 그런 사람을 소인이라고 말할 수 있다.

공자는 "君子懷德, 小人懷土, 君子懷刑, 小人懷惠(군자회덕, 소인회토, 군자회형, 소인회혜) ─ 군자는 덕을 생각하고, 소인은 땅을 생각하고, 군자는 법을 따르는 것을 생각하고, 소인은 은혜받기를 생각한다."라고 말씀하셨다.

위정자들이 덕치를 하면 국민이 편안한 마음으로 살 수 있어 우리 나라를 떠날 생각을 하지 않으나 위정자들이 덕치로 다스리지 않으면 백성들 마음은 편안하지 않게 된다. 이렇게 되면 의분을 느끼는 사람이 생기기 마련이고 정든 고국을 버리고 다른 나라로 떠나려 하는 사람들도 생겨나게 된다. 계강자가 공자에게 정사(政)를 물었다. "만일 무고한 사람을 죽여(나머지 다른 백성을)도 있는 쪽으로 나아가게 하는 것을 어떻게 생각하십니까?" 공자는 그에 대해 "그대는 어찌하여 사형의 방법으로 정사를 도모하는가? 그대가 선하게 행하면 백성도 선하게 될 것이다. 군자의 덕(통치 행위)은 바람이요 소인의 덕(삶)은 풀이다. 풀 위에 바람이 불면 풀은 반드시 (바람의 방향을 따라) 눕는다."라고 대답하셨다. 백성들은 무지한 것이 아니다 무지하다면 통치자나 위정자들이 무지하다고 할 수 있다. 백성들은 위정자들이 잘하고 있는지 못하고 있는지 거울 보듯 알고 있다. 덕을 베푸는 지도자에게는 사랑과 존경심을 느끼게 되지만, 소인 같은 사람에게는 미운 마음만 생긴다.

사람은 생각이 마음을 이끌게 되며 마음이 가는 곳에 행동이 따르게 된다. 행동을 하게 되면 자연 그에 대한 책임도 따르게 되는 것이다. 군자는 무슨 일을 할 때 그 일이 의로운 일인가를 생각하지만 소인은 의보다는 자기중심적으로 생각하여 나에게 이로운 것인가만 생각하며 행동한다. 군자와 소인은 매사 하는 일에 관점이 다르다. 군자는 자기의 사명이 무엇인지를 알고 있지만 소인은 자기의 사명이 무엇인지 모르고 삶을 살아간다. 사명을 아는 사람은 함부로 삶을 살아갈 수가 없다. 군자는 위로 통달하고 소인은 아래로 통달을 한다. 군자는 남의 장점을 발견하여 꿈을 이루게 하지만, 소인은 남의 단점을 이용하여 뜻을 이루게 한다. 군자는 세상이 돌아가는 도덕을 생각하고, 소인은 먹고 입는 것에 중점을 두기 때문에 쉽게 돈을 버는 것에 집착하게 된다. 말하자면 군자는 의(義)에 밝고, 소인은 이(利)에 밝다는 것이다. 군자는 열심히 벌은 것을 나누는 데 힘쓰지만 소인은 베풀 줄을 모르고 국가나 남한테 혜택만 보려고 노력한다. 자기가 군자라고 생각하는 사람만이 정치가가 되려고 노력하여야 한다. 그런 사람들이 정계에 진출을 많이 해야 장래희망이 있게 될 것이다. 소인 정치인들이 많으면 많을수록 뇌물수수로 감옥에 가거나 국민들 정서를 어지럽히게 된다. 군자는 뇌물을 갖다 주는 것을 단호하게 거절해야 된다. 갖다 주는 사람을 지상에 알려야 한다. 갖다 주는 사람은 갖다 주는 것보다 더 많은 그 무엇을 챙기기 위해 헛된 짓을 하려는 것이다. 앞으로는 군자 같은 사람은 사랑받고 존경받는 사회가 될 것이다. 정치가든 선생님이든 사회의 지도자들은 어느 누구 막론하고 군자 같은 사람만이 존경받는 시대에 살고 있다는 것을 명심하고 군자의 격에 맞게 행동을 하여야 한다. 기업인들이 정당하게 버는 돈은 존경받을 만한 일로 그런 사람은 존경해 주는 풍토가 되어야 한다. 많이 번 돈을 남에게 베풀며 사는 사람은 더욱더 갈채를 받아야 한다. 군자는 어울릴 줄 알지만 똑같아 지는 것을 경계할 줄 알고, 소인은 쉽게 같아지지만 조화를 이루는 일은 아주 서툴다. 군자는 자기가 한 일에 대하여 스스로 책임을 추궁할 줄 알지만, 소인은 책임을 남에게 추궁하거나 전가하려 한다. 공자의 말씀은 도덕적이면서 어느 쪽으로도 치우치지 않는 오묘함이 있어 오늘날에도 통용되는 데 문제가 되지 않는다. 거기에는 평범함 속에 오묘한 섭리가 자리 잡고 있기 때문이다. 기독교나 불교의 가르침에는 신성한 것이 있으나 종교와는 달리 공자는 우리 인간들이 살아가는 이치와 가치를 알려줄 뿐만아니라 인간의 모습을 바탕으로 인간다운 정을 느끼게 한다. 공자의 말은 예나 지금이나 한결같이 참고가 되고 교훈을 삼아야 되는 말로써 공자는 영원히 살아 숨 쉬게 될 것이다.

집안의 편안과 행복은 바람과 불같은 조화가 잘 이루어져야 한다. 주역 가인궤에 "가인이여정(家人利女貞)"이라는 말이 있다. 위에는 바람이 아래에는 불이 있다. 바람은 여자를 상징하고 불은 남자를 상징한다. 바람이 어떻게 부느냐에 따라 불씨가 화재를 일으킬 수도 있고 바람이 조용하면 평화로움을 유지시켜줄 수 있다. 불이 나면 바람을 일으키게 된다. 가정이 평안해야 남자가 밖에 나가 큰일을 제대로 하게 되는 것이다. 가정에 부부는 바람과 불과 같은 존재이므로 조화가 잘 이루어질 때 화목하고 행복을 누리게 되는 것이다.

나라를 이끌어 가는 지도자와 사회 각계각층의 지도자는 더욱더 윤리적이고 도덕적이어야 한다. 그렇지 않고는 리더십을 온전하게 발휘해 나가기가 어려워지는 세상이 되었다. 우리나라 총리로 임명된 사람과 장관으로 임명된 사람들(2010년 8월)이 도덕적으로 문제가 많아 국회 청문회를 통과하지 못하고 낙마하는 일이 있었다. 그동안 우리나라 사회구조가 얼마나 도덕적으로 문제가 있었는지를 되돌아보게 한다. 군자는 덕을 생각해야 되는데 소인처럼 다들 땅만 생각하고 어떻게 하든 부자만 되고자 노력한 사람들이 그만큼 많다는 뜻일 게다. 이제부터라도 이 나라를 짊어지고 나가겠다고 다짐한 미래의 일꾼들은 자기의 청렴도를 한층 더 높이고 공공이익을 위해 헌신하는 사람이 되어야 한다. 그렇지 않으면 사회에 나가 리더십을 제대로 발휘할 수 없다. 지도자는 더욱더 윤리적이고 도덕적이어야 이 나라의 미래가 더욱 건강해지고 아름다운 나라, 일류국가로 발돋움하게 될 것이다. 그동안 우리나라는 6·25 전쟁 이후 너무나 가난했고, 도덕이나 윤리에 열악했다. 짧은 기간에 경제가 고속성장 하는 과정에서 발생한 부작용들로 인해 군자의 자격을 제대로 갖춘 사람들이 절대적으로 부족해졌다. 군자는 법을 준수해야 된다고 공자가 말했다. 우리나라는 "유전 무죄요, 무전 유죄"라는 말이 유행하듯이 힘이 있는 사람, 돈이 많은 자들은 법을 어기는 경우가 여전히 많은 것 같다. 소인처럼 은혜받기만 좋아해서 그런 것인지 소인들이 판을 치는 나라의 미래는 어둡다. 나라의 위정자가 되고 싶다면 도덕적으로 흠결이 없어야 할 것이다. 그렇지 않으면 출마를 포기해야 할 것이다. 국민이 충분한 수준을 갖추어 제대로 된 지도자를 뽑지 않고, 지도자만 나무라는 것은 어리석은 짓이다. 남의 탓만 해서 문제 해결되는 것은 결코 아니다. 당신은 인생에 가장 소중한 가치관은 무엇에 두고 있는가?

공자는 "등태산 소천하(登泰山 小天下) ─ 태산에 오르니 천하가 작다."라고 말씀하셨다. 이는 보는 위치와 관점에 따라 가치관이 달라진다는 뜻이다. 당신도 군자가 되고 싶은가? 당신이 죽은 후 리더로서 대접을 받으려면 어떻게 해야 되는가를 항상 새기고 살면, 당신도 군자가 될 수 있으며 영혼을 살찌우는 삶이 될 것이다.

모든 만물이 진화하려고 노력하는데 사람만이 변하지 않으려고 발버둥을
친다. 변하지 않으면 그는 죽은 자와 같다. 변화만이 우리의 살 길이다.

−공한수

◆ 3 ◆

변화와 혁신

좋아하는 일을 하라 知之者 不如好之者 好之者 不如樂之者

질문은 성장시킨다 敏而好學 不恥下問

성과는 몰입에 달려있다 發憤忘食 樂以忘憂

우선순위가 중요하다 工欲善其事 必先利其器

변화는 자발적인 분발 不憤不啓

믿음만 한 행복도 없다 人而無信 不知其可也

平生學習

청년에 배우면 장년에 이루고
장년에 배우면 노년에 이루고
노년에 배우면 쇠하지 않는다

열림 강권진 書

좋아하는 일을 하라

知之者 不如好之者 好之者 不如樂之者
(지지자 불여호지자 호지자 불여낙지자)

자기 일에 재미를 느껴 즐겁게 일하는 사람이 크게 성공한다. **데일 카네기**도 트럭판매 일이 적성에도 맞지 않았고 흥미도 없었다. 성공하려면 자기가 싫어하는 일을 그만두고 좋아하는 일을 해야 된다는 것을 깨닫고 자기가 좋아하는 일을 찾았다. 그는 1912년 미국 YMCA에서 대화 및 연설에 대한 기술을 강연하기 시작했다. 그는 카네기 연구소를 설립하고 인간경영과 자기계발 분야의 최고의 컨설턴트가 되어, 인간 경영분야에 탁월한 업적을 남기게 되었다.

공자는 "知之者 不如好之者 好之者 不如樂之者(지지자 불여호지자 호지자 불여낙지자) — 아는 사람은 좋아하는 사람만 못하고 좋아하는 사람은 즐기는 사람만 못하다."라고 말씀하셨다. 성과는 즐거운 마음으로 노는 것처럼 일할 때 높아진다. 재미는 인간의 본성이다. 갓난아이한테도 어머니는 노는 것을 먼저 가르친다. 같이 즐거움을 나눌 때 아이도 어머니도 행복하다.

세계적인 음악가 정명화 정경화 정명훈, 세 자녀를 길러낸 이원순 여사는 즐거움의 중요성을 강조한다. 그녀는 사업할 때 일하는 것이 즐거웠기 때문에 몇 날 며칠을 밤을 새고도 피곤치 않았다고 한다. 자녀 교육에 있어서도 마찬가지였다. 그녀는 자녀들에게 스스로 알아서 좋아하는 것을 찾게 했고 즐겁게 할 수 있도록 도왔다. 그녀의 이런 교육 방식이 오늘 날 자녀들을 세계적인 음악가로 만든 것이다. 이와 같이 자기가 좋아하는 일을 하면 찌증이 나지 않고 계속해도 열정의 에너지가 끊임없이 솟구쳐 오른다.

반기문 유엔사무총장이 된 것은 그의 실력과 대한민국 경제와 국력이 뒷받침이 되었다. 반기문은 1944년 음성 행치마을에서 태어났다. 충주고 재학 시절부터 영어실력이 뛰어나 미국정부가 주최하는 영어웅변대회 입상 후 미국을 방문하게 되었다. 또한 미국 적십자 주선으로 **존 F. 케네디** 당시 미국대통령을 접견하게 되었는데, 그 자리에서 자기의 장래 꿈이 외교관이라고 했다. 케네디 대통령을 만난 후 새로운 세상을 보는 안목이 움텄다. 서울대 외교학과를 졸업한 뒤 제3회 외무고시에 합격, 1970년부터 외교관 생활이 시작되었다. 외교관 연수를 마칠 때 수석한 반기문은 첫 임지를 누구나 선망하는 워싱턴으로 하지 않고 의외로 인도 뉴델리로 선택했다. 위험지에 가서 근무하면 특별수당을 받게 되어 돈을 모아 어머님께 집을 사드리기 위한 일이라고 밝혔다. 그 당시 **노신영**이 인도대사였다. 노신영 대사는 반기문을 평하기를 "인도 공관에는 나와 반기문만 있으면 된다."라고 신임을 보냈다. 노신영이 총리가 되면서 반기문은 의전비서관으로 임명되는 행운을 얻었다. 출세하려면 인간관계가 좋아야 한다. 특히 UN사무총장이 되기 위해서는 거쳐야 되는 관문들이 많다. 유엔 사무총장은 당선은 UN 안전보장이사회 멤버국가들이 반기문을 지지했기 때문에 가능하게 되었다. 특히 그 당시 흑인여성으로 미국 외교 사령탑으로 있던 **라이스** 미국국무장관이 적극적으로 부시행정부 지지를 받아내 반기문이 사무총장 되도록 하는 데 결정적인 역할을 했다. 반기문 사무총장은 인생 최대의 지혜는 친절이다. 베푸는 것은 얻는 것이다. 세계역사를 바꿀 수 있는 리더십을 배워라. 세계는 멀티 플레어를 원한다. 대화로 승리하는 법을 배워라. 당신의 생각이 옳다면 굽히지 마라. 유머감각은 큰 자산이다. 잠들어있는 DNA를 깨우라고 그의 책은 전하고 있다.

서양 사람들은 퇴근시간이 되면 칼같이 퇴근한다. 우리나라도 퇴근시간이 되면 일손을 놓고 퇴근하기가 바쁘다. 마치 무서운 밀림지대에서 '아휴' 하며 가까스로 빠져 나오는 사람처럼 말이다. 무엇이 그토록 빨리 발걸음을 재촉하는 것 일가? 하는 일이 그만큼 재미가 없어서 그럴 수도 있을 것이다. 그러나 자기가 하는 직장일이 재미가 있다면 무서움에서 해방이라도 되듯 일을 팽개치듯 회사를 나올 수 없는 일이 아닌가? 일이란 돈 이상의 가치가 있고 성스러운 것이다. 영어로 직업을 말할 때 Calling이란 말이 있다. 직업 즉 일하는 것은 성스럽다는 의미다. 스코틀랜드 역사가 **토머스 칼라힐**은 "자기 일을 발견한 사람은 이미 큰 은혜를 입은 사람들이다. 그 이상의 기쁨을 바라서는 안 된다. 아무리 사소한 노동이라도 열심히 집중하면 자신의 전 영혼은 순식간에 조화로워진다."고 했다. 자기 직업이 하는 일에 맞지 않으면 그 일을 통하여 기쁨이나 보람을 얻을 수 없고 능률도 떨어지기 마련이다. 기쁜 마음으로 일을 할 수 없다면 그 일을 그만 두어야한다. 자기가 좋아하는 일을 해야 그 일에 집중할 수 있고 희망이 있어 성장을 하게 된다. 러시아의 대문호 **톨스토이**는 "인간의 행복은 자기가 좋아하는 일에 몰두하고 있을 때." 라고 말했다. 그것은 진리라고 생각한다.

엄홍길 산악 대장의 인생은 드라마틱하다. 세계 최초로 히말라야 16개의 봉우리와 세계 7대륙 최고봉을 모두 정복한 산악인이다. 이는 보통 산악인은 할 수 없는 업적이다. 목숨 걸고 인간의 한계에 도전한 그는 "나에게는 정한 목표가 있고, 꿈이 있다. 성공은 실패가 있었기 때문에 가능했다."고 말했다. 엄홍길 산악 대장이 성공할 수 있었던 이유는 자기가 좋아하는 일이요, 취미였기에 등반할 때 어떤 고난을 당해도 극복해낸다. 그의 일화 중에 하나다. 안나푸르나를 오르던 중에 7,600M 지점에서 오른쪽 발목이 180도 돌아가는 부상을 당했다. 그러나 그는 그런 심각한 상황에서도 억지로 발목을 돌려놓은 후 걸을 수 없어 무릎과 팔꿈치를 이용하여 2박 3일 만에 밑에까지 내려오는 기적 같은 일을 해냈다. 그 사고로 동상에 걸린 엄지발가락을 자르는 고통도 겪었다. 엄홍길 대장은 8,000M 넘는 히말라야 등반을 2008년까지 20번이나 성공을 했다. 좋아하는 일에 푹 빠지다 보면 상상할 수 없는 힘이 발휘되어 기적 같은 일도 해내게 된다.

파블로 피카소 (Pablo Ruiz y Picasso, 1881.10.25~1973.4.8) 또한 자기 일을 즐기며 빠져있던 사람 중에 한 명이다. 그는 입체주의 미술양식을 창조하였고 20세기 최고의 거장으로 불린다. 「게르니카」, 「아비뇽의 처녀들」 등의 작품이 유명하다. 피카소 아버지는 미술교사였다. 피카소는 말을 배우기 시작할 때부터 그림 그리기를 좋아했고 재능을 보여 미술학교에 입학하여 미술공부를 시작했다. 하지만 그는 다른 것들에는 서툴렀다. 학교에 적응하지 못했고 아드리드에 있는 왕립미술학교 다시 다녔지만 공부에는 별 흥미를 못 느껴 학업을 포기했다. 하지만 그에겐 재능과 열정이 있었다. 불과 14살 때는 왕립 미술학교 선생들이 놀랄 정도로 그림을 잘 그렸다. 그런 천부적인 재능을 가지고 있음에도 피카소는 매일같이 녹초가 될 정도로 그림 그리는 것에 푹 빠졌다. 피카소는 눈떠 있는 시간에는 그림을 그리고 또 그렸다. 어느 때는 아침 6시까지 그리고 잠깐 자고 일어나서 그림을 그렸다. 좋아하는 일이기에 매일같이 10시간 이상씩 그림을 그렸다. 그는 74세의 늙은 나이에도 불구하고 다른 화가들이 100일 동안 그려야 하는 분량을 불과 며칠 만에 그렸다고 한다. 그가 즐겼고 미쳐 있었기에 가능한 일이었다.

과학소설의 달인이라고 불리는 **아이작 아시모프**(1920~1992)는 SF소설 부분 세계 1인자로 불리는 사람이다. 그는 글 쓰는 일에 심취해 평생 동안 여행 한 번 가지 않았을 정도로 시간만 나면 글을 쓰고 또 썼다. 그 결과 매달 한 권의 책을 내는 경지에 올라 지난 50년 동안 무려 500권이 넘는 책을 썼다. 그는 이런 말을 하였다. "나는 내 일을 사랑

합니다. 일을 하고 있을 때 나는 세상에서 가장 행복합니다."

쇼펜하우어는 "천재는 광기가 있고, 위인은 고독하고, 예술가는 배고프다."라고 했다. 이런 상태가 되어야 진맛이 울어난다. 자기가 좋아하는 일에는 미칠 수가 있다. 미쳐야 미치는 것이다.

질문은 성장시킨다

敏而好學 不恥下問(민이호학 불치하문)

질문이 인생을 만든다. 위대한 지도자는 질문을 잘한다. 모르는 것을 어정쩡하게 넘어가는 법이 없다. 반드시 본질을 파악하는 기본정신이 잘 훈련이 된 사람들이다. 각 분야에서 최고의 전문가에게 정확한 지식과 업의 본질을 파악하기 위해 철저하게 질문을 하고 벤치마킹을 하는 자세를 가지고 실천에 옮기는 장점을 가지고 있다. 문제의 핵심을 파악하기 위해서는 질문을 잘할 줄 알아야 한다. GE 전회장인 잭 웰치는 이렇게 말했다. "진실(본질)을 알기 위해서는 끊임없이 질문해야 한다. 나는 한자리에서 1만 8천 번이나 질문하고, 그래도 일어서지 않고 끈질기게 버틴 적이 있다. 또한 나에게는 창조성은 별로 없지만 그것을 간파하는 능력은 있다. 훌륭한 지도자와 성공하는 사람은 질문하는 것도 선수다.

不恥下問(불치하문) — 아랫사람에게 묻는 것을 부끄러워하지 않는다. 이 이야기는 공자의 제자 중 자공(子貢)이라는 제자가 "위나라의 대부 공문자(孔文子)에게 어찌하여 문(文)자 시호를 주셨습니까."라고 공자에게 질문했다. 공자는 "敏而好學 不恥下問(민이호학 불치하문) — 그는 총명하고 학문을 좋아하며, 윗자리에 있으면서도 아랫사람에게 묻기를 부끄러워하지 않기 때문에 '문(文)'이라는 시호를 준 것이다." 라고 대답해주셨다. 춘추시대 위나라에 공어(孔圉)라는 사람이 있었는데 그의 시호가 문(文)이었다. 사람들은 그를 공문자(孔文子)라고 하였다. 공문자(公文子)는 위나라의 중신이었다. 그의 성이 공(孔), 이름은 어(圉), 문자(文子)라는 것은 사후에 붙여진 시호다. 시호라는 것은 한 사람의 생전의 업적을 평가하여 붙여지는데, 훌륭한 사람에게는 훌륭한 시호가, 바르지 못한 사람에게는 좋지 않은 시호가 붙여진다. '문(文)'이라는 시호는 최상의 시호에 속한다. 이러한 최고의 시호를 받은 공어(孔圉)라는 사람은 공자와 같은 시대의 인물이다.

요즈음 사람들은 머리 좋고, 똑똑하고, 학문을 좋아하는 사람들이 많다. 그러나 남에게 질문하기란 쉽지 않은 이유는 다른 사람이 "이런 것도 모르고 묻는 거야?" 라고 생각할까 봐 꺼리는 것이다. 그러나 공문자는 그런 것 가리지 않고 모르는 것은 밑에 사람한테 묻는 것을 서슴지 않았다고 한다. 우리나라나 일본사람들도 묻는 것을 수치스럽게 생각하는 사람들이 많다. 하지만 물어야 되는 것을 묻지 않으면 그것은 일시적인 수치가 되지만, 묻지 않는 것은 영원히 모르는 수치가 될 수 있기에 물어서 배워야 하는 것이다. 『논어』, [태백]에서는 증자가 "유능하면서도 무능한 사람에게 묻고 많이 알면서도 적게 아는 사람에게 묻는다."고 말하였듯이, 공자는 실제로 자기만 못한 사람도 찾아가 묻고 공부하였다.

『춘추좌씨전』 소공(昭公) 17년 (B. C 525, 공자 27세)의 기록에는 담자(子)가 노나라를 방문했을 때 공자는 그가 중국 고대의 관제에 대하여 잘 알고 있다는 말을 듣고 그를 찾아가 관제에 대하여 묻고 배웠다. 담자는 노나라보다도 문화 정도가 훨씬 낮은 조그만 담나라의 제후였음에도 옛 관제에 대하여 아는 것이 많다는 말을 듣고 찾아갔던 것이다. 이밖에 『사기』, [공자세가]에는 공자가 사양자(師襄子)에게 가서 금(琴)을 배웠으며, 또 [노장신한열전]에는 공자가 노자를 찾아가 예에 대하여 물었다는 기록도 있으며, 『공총자』에는 주나라로 가서 장홍에게서 음악을 공부하였다는 기록이 있다.

일반적으로 사람들은 질문할 내용을 충분히 생각하고 나서 질문하는 것이 익숙하지 않다. 대답을 하는 경우에는 신중하게 생각을 하면서 대답하지 않으면 안 된다. 각종 세미나에서 사람들은 질문을 아무렇게나 생각 없이 한다. 질문하는 것을 들어 보면 그 맥락을 어느 정도 이해하고 숙지하였는지 가늠하게 한다. 동양 사람들의 질문능력은 서양 사람에 비해 많이 낮다고 한다. 비평능력도 형편이 없는 수준이다. 서양 사람들은 커뮤니케이션을 대학에서 필수로 배우고 있기 때문이다. 질문을 통해 상대방의 경험, 지식, 흥미, 관심이나 전문적인 것을 이끌어 내는 기술이 필요하다. 상대방으로부터 속마음을 끌어내는 능력 있는 질문을 할 때 의외의 수학을 건질 것이 많다.

제자 중 한 명이 "비슷한 질문을 하는데도 대답이 다른 이유는 무엇입니까?"라고 물었다. 이에 공자는 "그 이유는 각자 삶의 능력이 틀리기 때문에 수준을 살펴서 대답한다."라고 말씀하셨다. 공자의 제자들 역시 능력이 있어 질문을 잘한다. 제자 중 자공이 "저희는 어떻습니까?" 여쭙자 공자는 답하기를 "너희는 그릇이다." "어떤 그릇 입니까?"라고 다시 질문하자, "호련 그릇이다."라고 하셨다. 그릇의 용도, 크기가 다르듯 인간의 능력도 그릇처럼 다름의 비유설명이다.

소크라테스는 질문의 명수라고 평가되고 있다. 제자들을 직접 가르치기도 했고 질문을 통해서 자신이 진리를 말하지 않고 상대가 직접 깨닫게 하였다. 그는 질문의 가치와 질문의 힘을 알게 한 사람이다. 우리도 핵심을 찌르는 질문 요령을 터득하여 알짜배기 정보를 얻어내는 힘을 가져야 한다. 당신도 상대방에게 질문을 통해 영감을 불러일으키는 수준 높은 질문으로 커뮤니케이터가 되어 보라.

현명하게 질문하려면 그것은 항상 의문을 가지고 질문하는 일이다. 훌륭한 질문은 훌륭한 답을 이끌어 내는 것이다. 질문이란 남에게 묻는 것만 있는 질문의 다가 아니다. 사람들이 진리라고 하는 명제도 의문을 가지고 스스로에게 질문할 수도 있다. 그런 질문이 경우에 따라서는 세상을 바꾸게 되는 것이다. 인류의 가장 위대한 혁명은 세상에서 널리 인정받는 주장과 믿음에 의문을 제기한 위대한 사상가들로부터 시작되었으며 그들에 의해 수정되었다. **코페르니쿠스**는 태양이 지구를 돈다는 패러다임에 반기를 들었다. 옛날에는 군주통치가 나라를 다스리는 유일한 방법으로 알고 있었는데 그것을 깬 것은 미국 건국헌법을 만든 사람들이었다. 자동차는 대량생산하면 안 된다고들 생각을 하고 있었으나 **헨리 포드**는 자동차도 대량생산이 가능하다는 것을 보여주었다. **에드랜드**는 사진을 찍은 다음 바로 인화해서 볼 수는 없는 것인가 하는데 의문을 품어 폴라로이드를 개발했다. **빌 게이츠**는 큰 조직에서만 사용하던 컴퓨터를 일반인에게 널리 보급함으로써 세상을 변화시킬 수 있다고 믿고 그렇게 되도록 하였다. **에드워드 제너**는 '왜 사람들은 천연두에 걸리지?'라는 평범하기 짝이 없는 질문을 '왜 소젖을 짜는 여자들은 천연두에 안 걸리지?'라고 바꿈으로써 천연두 백신을 찾아냈다. 이들 모두 당연하게 여겼던 지식에 의심을 가지고 스스로에게 질문을 던져 세상을 바꾼 것이다. 세계의 대문호인 **톨스토이**는 늘 3가지 질문에 대한 물음을 가슴에 담고 살았다고 전해진다. "첫째 ,이 세상에서 가장 중요한 시간은 언제인가? 둘째, 이 세상에서 가장 중요한 사람은 누구인가? 셋째, 그리고 이 세상에서 가장 중요한 일은 무엇인가?" 그의 대답은 "바로 지금 이 순간이고, 지금 나와 함께 있는 사람, 지금 내 곁에 있는 사람을 위해 좋은 일을 하는 것"이라고 하였다.

"아름다운 질문을 하는 사람은 언제나 아름다운 대답을 얻는다."라고 E. X. **커밍스**는 말했다. 사람들 간의 차이는 지속적으로 묻는 질문의 힘에 의하여 운명이 갈리기도 한다. **아인슈타인**을 만들어 낸 가장 큰 요인은 질문하는 능력이다. 간단한 것이라 하더라도 큰 질문을 계속해 나가면 그 질문이 우리 마음속에 있는 잠재 능력을 깨우는 마술을 부리게 된다.

가치 있는 삶을 살고자 하면 자기 자신에게 가치 있는 질문을 꾸준히 던져야 되며, 좋은 선생을 만나면 건강한 질문을 하라. 그러면 상상할 수 없는 소망을 이루는 기쁨도 누리게 된다. 질문이라고 하는 것은 마치 인간 의식면에서 레이져 같은 역할을 해준다. 질문을 통하여 집중할 줄 알게 하며, 행동을 하게 만들어 준다. 질문은 문제를 해결해주며 꿈을 실현시켜 나가는 촉매제 역할을 해준다. **피터 드러커**가 13세된 해 종교수업 시간에 **필리글러 신부**는 학생들에게 "너는 죽은 후에 어떤 사람으로 기억되고 싶으냐?"는 충격적인 질문이 피터 드러커의 영혼을 뒤흔들었고, 그 질문이 훗날 피터 드러커를 위대한 학자로 변화시켰다. 그는 질문을 잘하는 사람으로 평가받고 있다. GE **잭 웰치**도 피터 드러커한테 GE 구조조정에 대한 조언해줄 것을 부탁하기도 했다. "만약 당신이 옛날부터 이사업을 안 하고 있었다고 합시다. 그래도 지금 이 사업을 새로 시작하겠습니까?" 이 질문은 'GE의 여러 사업부문들 중 1, 2위를 하지 못하는 부문은 포기한다.'는 유명한 정책에 위력을 발휘하게 되었다고 한다.

　제대로 된 질문 하나는 세상을 바꾸고 인생을 바꾸게 되는 것이다. 이처럼 질문의 위력은 대단한 것이다. 당신도 현명한 질문자가 되어 인생을 바꾸어 보라.

성과는 몰입에 달려있다

發憤忘食 樂以忘憂(발분망식 낙이망우)

❖❖❖

자기 일에 몰입할 수 있는 사람은 행복한 사람이다. 몰입에 빠져있으면 우리에게 영감을 주고 내면에 숨어있는 위대한 아이디어도 터져 나온다. 마리온 더글라스라는 사람은 5살짜리 딸이 죽고 10개월 후에 태어난 딸마저 5일 후에 죽었다. 그는 매일을 슬픔 속에 시달렸는데 하루는 어린 아들이 장난감 보트를 만들어 달라고 조르는 바람에 그 보트를 만드는 데 3시간을 쓰게 되었다. 그가 아들의 보트는 만드는 3시간 동안 모든 번민과 고통이 사라졌고, 진정한 휴식과 평화만 있었다는 사실을 깨달았다. 그는 보트를 만드는 데 정신을 집중한 결과 고통을 잊었던 것이다. 집중은 이런 위력이 있다.

"發憤忘食 樂以忘憂(발분망식 낙이망우)"

어느 날 초(楚)나라 섭현(葉縣)의 장관 심제량(沈諸梁)이 공자(孔子)의 제자 자로(子路 : BC 543~BC 480)에게 "너의 스승은 도대체 어떤 인물인가?"라고 물었다. 자로는 심제량의 질문에 스승의 인품이 일반인과는 다른, 탁월한 인물이기 때문에 어떻게 정의해야 할지 몰라서 결국 대답하지 못하였다. 이 사실을 나중에 들은 공자가 자로에게 말했다. "너는 왜 그때 나를 설명하지 못했느냐? '무엇을 알려고 애쓸 때에는 먹는 것도 잊고, 알고 나면 즐거워서 근심을 잊어버리며, 늙어가는 것도 모른다.(發憤忘食 樂以忘憂 不知老之將至)'라고 왜 말하지 않았느냐." 후에 자공은 발분망식(發憤忘食)이라는 말을 가슴에 깊이 새겼다.

'발분망식(發憤忘食)'은 공자가 학문을 몹시 좋아하는 것을 말한다. 자기가 하는 일에 문제가 있으면 그것을 해결하는 데에 뜻을 두는 것이 발분(發憤)이다. 공자는 학문을 좋아하여 먹는 것도 잊고, 걱정도 잊었다고 한다. 지금 하고 있는 일에 성과가 나지 않는다든가, 실력이 생각보다 나타나지 않을 경우에 주먹을 불끈 쥐고 다시 일어서겠다는 마음의 불씨를 활활 타오르게 해야 된다. 단체경기에서 상대팀한테 패하면 분하다. 전 팀원이 상대 팀을 반드시 이기고 말겠다는 각오로 분발하는 공동목표가 있으면 승리는 시간문제일 뿐이다. **공자**, **석가**나 **예수**는 원대한 뜻을 세우고 발분망식한 성현들이다. 우리는 그러한 큰 인물이 되지 않는다 하여도 큰 꿈을 가지고 목표를 향하여 발문망식 하는 사람이 되면 그 꿈을 이루는 사람이 될 수 있다. 목표를 이루기 위해서는 명료한 생각으로 명료한 목표가 우선하여 그 목표를 반드시 달성하고 말겠다는 다짐이 수반되어야 한다. 우리의 미래는 지금이다. 그러나 사람들은 오늘 못해도 '내일이 있으니까.'라고 가볍게 오늘을 보내버린다. 그런 사람에게는 얻어지는 것이 없다. 성과를 내기 위해서는 유태인 속담 "오늘이 네 인생에 마지막

날이라고 생각하고 열심히 살아라."라는 말처럼 우리는 살아야 된다.

미켈란젤로는 **레오나르도 다빈치**, **라파엘로**와 함께 3대 화가 로 불리는 사람 중에 한 명이다. 1475년에 태어나 1564년에 작고, 수많은 예술적인 작품을 남겼다. 미켈란젤로가 로마 바티칸 내의 시스티나 성당의 천정화로 그린 '미켈란젤로의 최후의 심판'은 우리 삶의 종착역인 죽음에 이르러서 심판을 받는 그림이다. 이 대형 그림을 그는 누워서 그렸다고 한다. 그는 쉬지도 못하고 몸도 쇠약해지면서까지 너무나 열심히 그림을 그렸다. 그 모습을 보고 시중드는 하인이 "선생님 누가 본다고 이렇게 열심히 그리십니까?"라고 물었다. 이때 미켈란젤로는 "누가 보기는 누가 봐. 내가 보지."라고 대답을 했다고 한다. 자기가 하는 일에 얼마나 충실히 하는가를 보여주는 일화다. 미켈란젤로는 80 평생을 독신으로 살면서 오직 예술세계에 빠졌다. 그는 시인이고 화가이며, 조각가이며 건축가이다. 그리고 그는 한밤중에 묘지에 가서 시신을 파헤쳐 그 시신을 해부하고 인체의 오묘함을 기록에 남기기도 한 의학자이기도 했다. 그는 인생의 재미라는 것은 바로 탐구하고 노력하는 데 있다는 것을 터득한 사람이었다.

에디슨(Edison, 1847~1931)은 학교 교육은 3개월이 전부다. 독학자습(獨學自習)과 악전고투의 피눈물 나는 노력으로 세계의 발명왕이 되었다. 축음기, 영사기, 전신기, 축전기 등 일생에 1,300여 종의 발명과 특허를 받았다. 에디슨은 일화가 많다. 집안이 가난하여 12살 때 철도 신문팔이, 과자 등을 팔면서 돈을 벌었다. 시간을 절약하기 위해

화물차 안으로 실험실을 옮겨 실험을 하다가 화재를 일으켜 차장에게 얻어맞아 청각장애를 갖게 되기도 했다. 그는 발명품 생각에 몰입한 나머지 식사를 하다가 시계를 먹을 뻔했던 일화도 있다. 에디슨은 엉뚱한 질문을 하기도 했다. "왜 1+1=2가 되어야 하느냐."고 질문을 하는 바람에 선생과 아이들을 혼란에 빠트리기도 하였다. "두개의 물방울을 합하면 하나의 물방울이 되고, 호랑이 한 마리에 토끼 한 마리를 합하면 호랑이가 토끼를 잡아먹게 되어 결국에 1마리가 되듯이 1+1 은 2가 아니고 1이 된다."고 생각하는 학생을 선생과 아이들은 바보 취급했던 것이다.

"천재는 99퍼센트의 땀과 1퍼센트의 영감으로 구성된다."고 에디슨은 말했다. 끊임없는 몰입과 노력으로 그는 오늘날 인류의 은인, 현대문명의 어머니라는 칭호를 듣고 있다. 그는 젊은이들에게 시계를 보지 말라는 계명을 남겼다. 퇴근시간만 기다리면서 시간만 들여다보는 젊은이가 되지 말라는 것이다. 자기의 일을 사랑하고 몰입을 했을 때 천재가 될 수 있고 자기 발전이 될 수 있는 것이다.

주은래(周恩來 : 1898.3.5~1976.1.8)는 중국통일의 기초를 닦고 근대 중국의 뼈대를 만든 사람으로 중국 인민들이 가장 존경하는 사람으로 꼽힌다. 그는 국공합장을 이끌어내 독립투쟁을 지휘했고 중국에 공산정권을 수립시켰다. 지루한 월남전을 파리회담에서 종식시킨 사람이기도 하다. 그는 지주, 학자의 집안에서 태어나 중국에서 공부하고 나중에 일본으로 건너가 와세다 대학(早稻田大學) 등에서 청강하였다. 그 후에는 프랑스로 건너가 파리 대학에서 정치학을 공부하였다. 그는 평생을 하루 18시간을 일했을 정도로 부지런하게 노력한 끝에 중국의 지도자가 될 수 있었다.

피카소로부터 "그는 나의 유일한 스승이다."는 칭송을 받은 **세잔**은 세계적인 명성을 얻은 뒤에도 정물화 하나를 완성하기 위해서 같은 그림을 무려 100번 이상씩을 그리고 그렸다. 심지어는 자기 어머니 장례를 치른 날에도 밤새도록 그림을 그렸다고 한다. 발전하고 업적을 만들어 내는 사람들은 죽기 직전까지도 자기가 하는 일에 흠뻑 취해 끊임없이 노력하는 사람들이다.

오늘은 우리 인생에서 남은 날의 첫날이다. 첫날을 열심히 살아야 한다. 첫날부터 어영부영 살면 안 된다. 오늘이란 열심히 살든, 대충대충 살아가든 간에 우리에게 영원히 다시는 오지 않는다. 하루는 한 번 흘러간 강물과 같은 것이다. 사람은 이 세상에 빈손으로 왔다가 그냥 빈손으로 가는 존재가 아니다. 사람은 누구나 다 사명을 가지고 태어나는 것이다. 성공하는 사람들은 자기가 하는 일에 광적으로 몰입하는 사람들이다. 일을 하면서 자기가 하는 일만 집중할 뿐 다른 어느 것을 생각하며 정신을 흐트러트리지 않는다. 그들은 꿈속에서조차 일을 하는 사람들이다.

루이스 마이 라모르는 100편이 넘는 서부 소설을 쓴 베스트셀러 작가이지만 첫 원고의 출판을 하기까지 350번이나 거절을 당했다. 그럼에도 불구하고 굴하지 않고 계속 문을 두들겼다. 그는 훗날 미국작가로서는 최초로 의회가 주는 특별훈장을 받게 되었다. **잭 캔필드**와 **마크 한센**의 『영혼을 위한 닭고기 수프』의 원고는 출판되기까지 서른

세 곳의 출판사에서 출간을 거절당했다. 출판사에서는 아무도 읽지 않을 것이라며 매몰차게 거절을 당했다. 성공하는 사람은 그런 것에 쉽게 굴하지 않는다. 성공을 확신하고 있기 때문에 때에 따라서는 굴욕을 당하고 무시를 당해도 저편에 햇빛이 있음을 알기 때문에 끈기 있게 밀고 나가는 힘을 주저하지 않는다. 그 결과로 이 책은 전세계 언어로 번역되어 1천만 부 이상 팔려 나갔다. 당신도 가장 좋아하는 일에 집중해보라. 그 좋은 머리로 새로운 세상을 맛보게 될 것이다.

우선순위가 중요하다

工欲善其事 必先利其器(공욕선기사 필선이기기)

◆◆◆

성과는 우선순위에 달려있다. 목표의 우선순위는 가치관에 따라 달라진다. 가치관이 물질에 둔 사람은 물질이 우선순위가 되고, 명예에 가치를 둔 사람은 명예가 우선순위일 것이며, 봉사에 가치를 둔 사람은 우선순위가 봉사하는 일일 것이다. 우선순위를 정하여 노력하는 사람은 그렇지 않은 사람보다 많은 성과를 낸다. 에이브라함 링컨은 "나무를 베는 일이 8시간 걸린다고 하면, 톱을 가는 일에 6시간을 쓰겠다."고 하였다. 옷을 입을 때 첫 단추가 잘못 채워지면 마지막 단추까지 잘못 채워지게 되어 옷을 제대로 입을 수 없게 된다. 꿈을 이루는 일도 우선순위가 잘못되면 많은 시간과 노력만 낭비할 뿐 좀처럼 성과가 나지 않는다. 모든 성과는 중요한 일을 우선순위에 따라 하는 것이다.

공자는 "工欲善其事 必先利其器(공욕선기사 필선이기기) ─ 장인이 일을 잘하려면 반드시 먼저 그 기구를 예리하게 해야 한다."라고 말씀하셨다. 장인이 도구를 이용하여 일을 해야 되는 경우라면 그 도구를 먼저 잘 들게 가는 일을 우선으로 하여야 한다. 도구가 무디면 일을 제대로 할 수가 없고 헛된 힘만 많이 써야하기 때문이다.

　마음으로 간절히 소망하는 꿈들은 이루어진다. 갈망하는 목표를 이루기 위해 매일 목록을 만들어야 한다. 할 일 목록을 만든 다음에 가장 중요한 일부터 순서대로 정하여 행동을 해야 한다. 성과는 가장 중요한 일부터 정한 순서대로 일을 처리하는 것이다. 중요한 일도 아닌데 긴급하다고 하여 시간을 함부로 사용하게 되면 시간만 낭비할 뿐 남는 결과는 없다. 나에게 가치 있고 명확한 목표, 꿈, 비전과 함께 그것을 실현하기 위해 매일 무엇을 얼마만큼 시간을 사용하면 되는지 적어 놓고 우선순위를 정하여 실천을 해나가면 높은 성과가 발생된다. 인생의 목표를 단기, 중기와 장기로 나누어 나열을 해보라. 목표의 중요도에 따라 A 그룹에 가장 중요한 것, B 그룹에는 그 다음으로 중요한 것, 그리고 C 그룹에는 그 밖의 목표를 목록화하는 것이다. 각 목표에 따라 그 목표를 달성하기 위해 필요한 구체적인 행동계획서를 적어 놓아야 한다. 그 구체적인 행동계획서에 따라 매일 같이 실천을 잘하고 있는지 매일 점검표를 만들어 확인해야 된다. 인생이란 유한한 삶이다. 나에게 가장 소중한 꿈들이 무엇인지에 대하 글로 써서 목록을 만들고, 우선순위를 정하여 그에 따라 하나하나 실천을 해나가면 의미 있는 삶을 살아가게 된다. 모래, 우유와 돌을 용기에 넣는 실험을 할 경우 순서가 뒤바뀌면 같은 양을 집어넣을 수가 없게 된다. 그만큼 성과를 내는 데는 우선순위가 중요한 것이다. 목표가 명확하고 우선순위대로 실행하면 성과가 자연적으로 크게 나타난다. 나는 누구인가? 나는 어떻게 살아가는 것이 좋은가? 무엇을 어떻게 하여야 변화하는 삶을 살 수 있을까? 변화는 오로지 자기 자신만이 할 수 있는 일이다. '과연 문제 인식을 정확히 하면서 변화하려고 시도를 하고 있는 것인가?' 스스로 질문을 하면서 그에 반응해서 행동을 하면 변화가 일어날 수밖에 없다. 유명한 궁사도 과녁이 없으면 명중시킬 수 없듯이 인생도 뚜렷한 목표가 없으면 흐릿한 인생을 살아갈 수밖에 없는 노릇이다. 성공하는 사람들을 보면 진정으로 원하는 삶을 알고 있으며 그 목표가 달성이 되면 어떤 모습으로 변하게 되는지 명확히 알고 있다. 뚜렷하게 보이는 비전이 있기에 목표를 향해 열심히 달려가는 동력이 생긴다. 그 비전을 달성하기 위해 무슨 일을 먼저 하고 어떻게 하는 것이 보다 빨리 꿈을 이루어 내게 되는지 우선순위를 정하여 행동하면 된다. 필요가 발명의 어머니란 말이 있고 고통은 성공의 지름길이듯이 어렵고 힘든 일에 자극 받고 의롭게 일어설 수 있는 용기가 필요하다. 미래를 위해서 어떤 것을 배워서 채워야 하고 어떤 것은 알고 있는 것을 덜어내서 버려야 된다. 그렇게 하지 않으면 스스로 속박을 당하게 되어 전진하기가 어렵다. 성과란 해야 할 일에 대하여 행동하고 실천하지 안 해도 되는 일에 시간을 낭비하지 말아야 한다. 중요한 일에 집중적으로 시간을 투자해야 된다.

역사적인 예술가 **미켈란젤로**에게는 **보톨드 지오바니**라는 스승이 있었다. 그는 미켈란젤로의 놀라운 재능을 일찍 발견하고 미켈란젤로에게 물었다. "너는 위대한 조각가가 되고 싶으냐?" "그렇습니다. 위대한 조각가가 되고 싶습니다. 선생님." "위대한 조각가가 되려면 어떻게 해야 한다고 생각하느냐?" "제가 가진 재능과 기술을 더 닦아야 한다고 생각합니다." "네 기술만 가지고는 안 된다. 먼저 네가 기술을 무엇을 위해 사용할 것인지 분명히 결정해야 된다." 선생은 미켈란젤로를 데리고 술집과 성당을 같이 다니며 같은 조각 작품을 보여주며 설명했다. "똑같은 작품이지만 하나는 술 마시는 사람들의 쾌락을 위해 쓰이고, 하나는 하나님의 영광을 위해 쓰였다. 너는 네 기술과 재능을 어디에 쓰기를 원하느냐?" 스승의 물음에 미켈란젤로는 주저 없이 "하나님을 위해 쓰겠습니다."라고 대답했다. 미켈란젤로는 가치관이 하나님을 위한 작품으로 두겠다는 생각으로 우선순위를 정하고 노력했기 때문에 불후의 명작을 남길 수 있었다. 목표를 이루어 나가기위해서는 중요한 일이 무엇인지 먼저 알아야 한다.

피터 드러커는 13살 때, 어느 수업시간에 신부님으로부터 "너는 어떤 사람으로 기억되고 싶으냐?" 라는 질문을 받은 적이 있다. 그로부터 피터드러커는 매일 아침 스스로에게 이 질문을 하며 진심으로 되고 싶은 자신의 모습이 떠올렸다. 그는 매일 무엇을 할 것인가(To Do List)에 앞서 왜 그것을 해야 하는가(To Be List)를 확인했다고 한다. 가치 있는 일을 하기 위해서는 자기 자신에게 항상 물어보는 습관을 가져야 한다. 나에게 지금 가치 있는 일은 무엇이며, 지금 가치 있는 일에 시간을 쓰고 있는지 점검해야 한다. 유한한 인생을 살면서 시간과 자원을 쓰는 데 정확하게 우선순위를 정하는 것은 대단히 중요한 일이다. 인생은 그에 따라 크게 달라진다. 지금이라도 우선순위 목록을 만들고 실천해보자.

　나는 누구인가? 나는 어떻게 살아가는 것이 좋은가? 무엇을 어떻게 해야 변화하는 삶을 살 수 있을까? 변화의 주체는 오로지 자기 자신만이 할 수 있는 일이다. 과연 문제 인식을 정확히 하면서 변화하려고 시도를 하고 있는 것인가? 유명한 궁사도 과녁이 없으면 명중시킬 수 없듯이 인생도 뚜렷한 목표가 없으면 흐릿한 인생을 살아갈 수밖에 없는 노릇이다. 성공하는 사람들을 보면 진정으로 원하는 삶을 알고 있으며 그 목표가 달성이 되면 어떤 모습으로 변하게 되는지 명확히 알고 있다. 뚜렷하게 보여 지는 비전이 있기에 목표를 향해 열심히 달려가는 동력이 생긴다. 그 비전을 달성하기 위해 무슨 일을 먼저하고 어떻게 하는 것이 보다 빨리 꿈을 이루어 내게 되는지 우선순위를 정하여 행동하면 된다. 필요가 발명의 어머니란 말이 있고 고통은 성공의 지름길이듯이 어렵고 힘든 일에 자극받고 의롭게 일어설 수 있는 용기가 필요하다. 우리는 미래를 위해서는 어떤 것을 배워서 채워야 하고 어떤 것은 알고 있는 것을 덜어내서 버려야 된다. 그렇게 하지 않으면 스스로 속박을 당하게 되어 전진하기가 어렵다. 성과란 해야 할 일에 대하여 행동하고 실천하지 않아도 되는 일에 시간을 낭비하지 말아야 한다. 중요한 일에 집중적으로 시간을 투자해야 된다.

　우리나라의 자랑스러운 **김연아** 피겨선수는 2010년 2월 밴쿠버 동계 올림픽에서 세계 피겨사상 유례가 없는 완벽한 연기로 금메달을 따냈다. 우리나라 역사로 보면 100년 동안 변변한 실적이 없는 연속의 역사였다고 한다. 김연아의 영광은 그동안 어느 선수보다도 피와 땀을 많이 흘렸고 수많은 역경을 잘 이겨낸 산물이다. 김연아의 수준 높은 피겨 연기로 금메달을 따낸 후 세계 각국언론에서는 "피겨 역사상 가장 위대한 연기(연합뉴스)" "오 신이시여! 올림픽사상 단연 최고(미 NBC)", "마법에 홀린 것처럼(AFP)", "감히 범접하지 못할(뉴욕타임즈)", "단 하나의 흠결도 없는(영국 더 타임즈)", "상상할 수 있는 그 이상(CNN)", "역사에 남을 가장 위대한 연기(AP)", "눈 달린 생명체라면 시선 거둘 수 없는 장면" 등 이루 형용 할 수 없는 찬사를 쏟아냈다. 우리 국민들의 자긍심과 국가 브랜드 가치를 한층 드높여준 김연아 선수가 자랑스럽다. 선수의 최고의 기량은 선수가 스스로 즐기면서 운동을 하며 그동안 훈련하여 축적된 기량이 자연스럽게 표현될 때이다. 참된 영광은 거저 쉽게 얻어지는 법이 없는 것이다. 우리는 리더로서 자신을 성찰할 줄 알아야 한다. 당신도 오늘 자신의 시간과 돈과 에너지를 무엇에 투자하고 하루를 바쁘게 보냈는지 살펴보아야 한다. 하루를 보내고 결산도 없이 내일을 그냥 손님맞이 하듯 하면 우리에게 무엇이 남겠는가?

변화는 자발적인 분발

不憤不啓(불분불계)

···

　보통 사람들은 성공한 사람들이 그들의 꿈을 이루기 위해 얼마나 노력했는가를 생각하지 않는다. 그들은 다른 사람들보다 나은 생활을 하기 위해 피와 땀과 눈물을 작게는 몇 배에서 크게는 수십 배 내지 수백 배를 더 흘린 산물이라는 것을 모른다. 그들은 호기심과 강한 신념으로 수많은 희생을 지불하며 끈질기게 노력을 지속적으로 한 사람들이다. 발전과 큰 성과물은 그저 쉽게 얻어지는 것이 아니다. 스스로 하고자 할 때 열정이 생기고, 신이 나서 얻어지는 성과가 많고 변화가 빨리 진행된다. 하기 싫은 일을 억지로 하게 되면 시간과 에너지가 많이 낭비될 뿐이다. 무슨 일이든 자기가 하고 싶어 못 견딜 정도로 흥미를 느끼는 일은 적극성을 띤다. 발명왕 에디슨의 경이적인 업적도 자발적인 동기부여(PMA)의 산물이다.

　공자는 "不憤不啓, 不悱不發 ; 擧一隅不以三隅反, 則不復也(불분불

계, 불비불발 거일우불이삼우반, 즉불부야) — **나는 배우는 자가 스스로 알려고 분발하지 않으면 깨닫게 가르쳐주지 않고, 표현하려 해도 잘되지 않아 답답해하지 않으면 일깨워주지 않으며, 한 모퉁이를 들어주어 다른 세 모퉁이를 알지 않으면 되풀이하지 않는다.**"라고 말씀하셨다.

무슨 일이던 흥미를 가지고 자발적으로 배우려고 하는 사람은 발전이 빠르고 성취하는 것도 많다. 하지만, 별로 흥미도 없고 그냥 되는 대로 쉽게 넘어가려는 사람은 얻는 것이 별로 없다. 사람도 세 종류의 사람이 있다. 첫 번째로 회사에 있으면 해가 되는 사람, 두 번째는 있으나 마나 한 사람, 세 번째는 있으면 회사에 도움이 되는 사람이 있다. 첫 번째, 두 번째 사람은 수동적인 삶의 태도를 가지고 있는 사람일 것이다. 내가 스스로 적극적으로 나서지 않으려 하기에 발전이 없고 서로 도움이 되지 못하는 것이다. 반면에 회사에 도움이 되는 사람은 적극적인 태도로 회사생활을 한다. 자신도 발전을 하려고 생각하기에 회사에 도움이 되는 것이다. 이렇게 자발적인 동기부여를 하는 사람은 본인뿐만 아니라 사회도 발전시킨다.

베토벤(Beethoven, Ludwig Van : 1770.12.17~1827.3.26)은 독일 본 출생으로 할아버지 루트비히와 아버지 요한도 음악가 집안에서 태어났다. 그럼에도 어렸을 때는 음악적 소질을 전혀 볼 수가 없었다는 말을 들었다. 그는 바이올린을 다루는 데 매우 서툴렀으며, 자신의 연주 실력을 향상시키기 위하여 노력하기보다는 스스로 작곡을 해서 연주하기를 더 좋아했다. 베토벤을 가르쳤던 음악선생은 베토벤의 연주를 들고 작곡가의 소질이 전혀 없다는 평가를 내리기도 했다. 그러나 베토벤 아버지는 아들이 음악에 천재적 소질이 있다고 보고 4세 때부터 베토벤에게 과도한 연습을 시켰다. 7세 때에는 피아노 연주회까지 열어주었으며 베토벤에게 몇몇 선생의 지도를 받으며 연주자로 인정받기 시작했다. 모차르트에게서 극찬을 받기까지 이르렀다. 어머니를 여의는 바람에 아버지의 시중을 들기 위해 잠시 고향으로 돌아갔다가 친구들의 도움으로 다시 빈에서 유학을 할 수 있게 됐다. 베토벤은 빈에 자리 잡고 귀족들의 보호를 받으며 음악가로서 날로 성장했다. 하지만 잘나가던 베토벤은 귓병이 난후 점차 악화되어 결국에는 듣지 못하게 되었다. 작곡가로서 듣지 못하는 청각 장애는 치명적이었다. 절망한 그는 1802년 〈하일리겐슈타트의 유서〉를 쓰고 죽으려고 자살시도까지 하였다. 그러던 베토벤은 자기 운명과 싸워서 이기겠다고 운명에 도전하였다. 필사적인 노력 끝에 그는 장애를 극복하고 불후의 명곡들을 남긴 위대한 작곡가가 되었다.

서진규 박사 또한 적극적으로 삶을 개척한 인물이다. 고등학교를 졸업하고 그녀는 가발공장과 골프장 식당에서 일하다가, 1971년 미국 개신교 선교사가 가정부를 구한다는 모집광고를 보고 미국으로 떠났다. 그 후 미국에서 일을 하다가 결혼하였으나 결혼생활이 원만하지 않아 이혼을 하고 육군에 입대를 하였다. 그녀는 어려운 역경 속에서 포기하지 않고 삶을 개척했다. 그녀는 근무지를 옮겨 다녀 학업이 쉽지 않은 와중에도 포기하지 않고 공부해 대학에 입학한 지 15년 후에 메릴랜드 경영학과를 졸업했다. 그녀는 거기에 그치지 않고 마흔세 살에 하버드 석사과정 입학하여 군생활과 학업을 병행하면서 1996년 미 육군소령으로 예편을 하였다. 배움에 갈증을 느낀 그녀는 거기에서 그치지 않고 하버드에 입학한 지 16년 만에 박사학위까지 받는 쾌거를 이뤘다. 그녀는 힘든 상황 속에서도 굴하지 않고 자발적인 동기부여를 하며 역경을 극복했다. 서진규 박사는 미국 국무장관이 되는 꿈을 꾸고 있다. 현재 그녀는 그 꿈을 실현하기 위해 미국과 한국을 오가며 열심히 준비하고 있다. 장차 그녀가 그 꿈을 이루는 날이 왔으면 한다.

스티브 잡스는 젊은 미혼모 대학원생에게서 태어났다. 그는 어느 가난한 가정에 입양을 가서 자라게 되었다. 일주일에 단 한 번이라도 제대로 먹어 보려고 7마일이나 떨어진 교회 예배에 참석하기도 했다. 스티브 잡스는 어려운 환경을 딛고 자기만의 독창성과 끊임없는 열정으로 자수성가한 사람이다. 대학에 들어간 지 6개월 만에 자퇴를 하고 21살의 나이에 그의 동료 **워즈니악**과 함께 부모님 차고에서 애플사를 설립했다. 2명으로 시작한 회사는 10년 후에 4,000명의 직원을 가진 2백억 달러 가치의 기업으로 성장시켰다. 그는 승승장구하던 중에 자기가 설립한 회사에서 30살에 해고당하기도 했다. 시련의 시간을 겪은 그는 초심으로 돌아가 '넥스트', '픽사'를 만들었다. 픽사는 세계최초의 3D 애니메이션 '토이 스토리'를 시작하여 성공한 에니메이션 제작사가 되었다. 그리고 그는 다시 자신이 창업한 애플로 화려하게 복귀했다. 잡스는 "어려워도 주저하지 않고, 포기하지 않고 전심을 다하여 하루 인생을 마지막 날처럼 산다면, 언젠가는 바른 길로 들어서 있을 것이다."라는 확고한 신념을 가지고 일어섰다.

2010년 7월 미국경제신문 포춘이 글로벌 IT업계 최고경영자(CEO)로 미국 애플의 스티브 잡스를 선정했다. 스티븐 잡스는 좌절하지 않고 스스로 분발하여 성공을 이룬 좋은 사례이다.

T. **플러**는 "희망이 결여되어 있는 자는 살아 있는 가장 가련한 인간이다."라고 하였으며 **라이스** 전 장관은 "희망은 질병, 재앙, 죄악을 고치는 특효약."이라고 하였다. 희망은 모든 것을 치유하는 힘을 가지고 있다. 희망은 인간을 성공으로 인도하는 위력을 발휘한다. 이순신이 선조와 나눈 대화에 "신에게는 아직 12척의 배가 남아 있습니다. 신의 몸이 살아 있는 한 적은 이 바다를 넘보지 못할 것입니다."라고 하였다. 이순신 장군은 절망 속에서도 희망으로 참다운 용맹을 발휘하여 왜적을 물리쳤다.

당신은 진정으로 그 꿈을 이루지 않으면 잠을 이룰 수 없는 그런 꿈을 가지고 있는가? 자발적 동기부여로 적극적인 태도로 임한다면 무슨 일이든 당신도 원하는 꿈을 반드시 이룰 수 있을 것이다.

믿음만 한 행복도 없다

人而無信 不知其可也(인이무신 부지기가야)

마음으로 믿지 않으면 좋은 일은 일어나지 않는다. 이루고자 하는 것이 무엇이든 생각이란 씨앗을 계속 뿌려야 한다. 그 뿌려지는 씨앗은 믿음이란 토양에서 뿌리를 내리고 싹을 틔워 자라나게 되는 것이다. 믿음은 모든 것을 가능하게 하는 원동력이다. 세상의 문제들을 들여다보면 서로가 불신하는 데에서 근원적인 문제들이 발생된다. 우리의 발전은 모든 믿음을 바탕으로 한다. 믿음이 없다면 태풍에 흔들리는 나무 신세와 같다. 우리 일상의 생활도 서로 믿어줄 때 활력이 넘쳐나게 된다. 믿음만이 성공과 행복을 날라 준다.

공자는 "人而無信(인이무신) 不知其可也(불지기가야) 大車無輗(대거무예) 小車無軏(소거무월) 其何以行之哉(기하이행지재) — 사람에게 믿음이 없으면, 무엇으로 세상을 살아가리. 믿음이 없는 사람은 짐 싣는 큰 수레에, 멍에와 수레를 이어줄 튼튼한 가로목(橫木)이 없는 것과 같고, 전쟁에 나아갈 병거(兵車)에 말을 부릴 멍에 장치가 없음과 같으니, 무엇으로 멍에 삼아 거친 세상을 걸어갈 수 있으리."라고 말씀하셨다. 공자는 "사람으로서 성실함이 없다면, 그 사람됨을 도무지 알 길이 없다. 큰 수레에 큰 멍에가 없고, 작은 수레에 작은 멍에가 없다면, 도대체 무엇으로 그 수레를 가게 할 것인가?" 인간으로서 신(信)이 없다면, 나는 그 가(可)함을 알 수가 없다. 그 가함이란 무엇인가? 그것은 바로 인간으로서의 가능성이다. 신(信)이 없는 인간, 성실함이 결여되어 있는 인간에게는 한 인간으로서의 가능성을 전혀 기대할 수 없다는 뜻이다. 신(信)이 없는 인간은 예측불가능하다. 그래서 우리는 그런 인간은 믿을 수 없다. 이러한 인격의 기본이 형성되지 않는 인간은 그 재능이 아무리 출중하다 하더라도 아무 쓸모가 없는 것이다. 예나 월은 수레와 마차를 연결시키는 어떤 장치로 이해하면 된다. 따라서 수레와 소는 본래 두 개의 다른 물건일 뿐이다. 그 몸뚱이가 각기 별개라서 서로 연접하지 않는 것이다. 오직 예나 월로써 단단히 묶어 연접시킨 연후에나 수레와 소, 말은 한 몸이 되어 소가 가면 수레 또한 가게 되는 것이다. 공자는 이를 가지고서 믿음(信)에 비유한 것이다. 나와 타인은 본래 두 개의 사람일 뿐이다. 믿음으로 굳게 결속됨이 없다면 같이 걸어갈 수가 없는 것이다. 자공(子貢)이 문정(問政)한테, "공자(子曰), 족식(足食), 족병(足兵)이면, 민(民)이 신지(信之)이리라." 자공이 공자한테 정치에 관하여 질문을 하였다. 공자가 말씀하기를 "먹을 것을 충족시키고 군비를 충실하게 하며 백성이 신의를 갖도록 하는 것 이니라." 자공이 또 여쭈었다. "만약 부득이한 사정이 있어서 이 셋 중에 하나를 버려야 하다면, 어느 것을 먼저 버려야 합니까?" 공자가 대답했다. "군비이지." 자공이 다시 여쭈어 보았다. "부득이한 사정으로 나머지 둘 중 하나를 더 버린다면 , 어느 것을 버려야 합니까?" 공자가 대답했다. "식량을 버려야지, 사람은 예로부터 언젠가는 모두 죽게 되어있다. 그러나 백성들에게 신의가 없으면, 나라와 사회가 바로 설수가 없다. 이는 '치국삼요(治國三要)'라 하여 공자는 정치가가 가져야 할 마음가짐을 단적으로 잘 말해주고 있다. 공자는 식량이나 군대보다도 정치가에 대한 국민의 신뢰가 더 중요하다는 것을 잘 설명해주고 있다. 믿음이란 정신적으로 삶을 지탱해주는 것이다. 믿음이 없는 세계는 정신적으로 죽은 것이다. 식량이 있고 군대가 있어도 믿음이 없으면 의미가 없다고 한 공자의 말은 영원히 살아 숨 쉬리라. 오늘날에 이르기까지 정치가, 사회지도층과 대통령에 이르기까지 국민들의 믿음을 사지 못하면 리더십이 전혀 발휘가 될 수 없게 된다.

미국역사상 가장 위대한 대통령으로 추앙받는 **에이브라함 링컨**. 그는 혹독한 비평을 받기도하고 믿었던 사람들에게 배신을 당하기도 했다. 링컨은 대통령이 된 후에 자신이 임명한 각료들로부터 탄핵을 당할 위기에 처하기도 했다. 하지만 링컨은 자신의 정적은 물론 자신에게 반감을 가진 인물이라고 해서 인사에 부당하게 반영한 적이 없다고 한다. 자신에게 악의를 품고 부당한 행동을 했던 사람이라도 합당한 인물이라고 생각되면 등용했다. 사람에 대한 확고한 믿음이 바탕이 되지 않고서는 절대 할 수 없는 일이다. 링컨은 "사람은 예전에 한 일로 인해 칭찬받을 이유도 없고, 예전에 한 일로 비난받을 이유도 없다. 왜냐하면 사람은 조건이나 환경이나 교육과 습관에 따라 현재와 미래에도 인성이 바뀌는 유전자를 갖고 있기 때문이다."라고 하였다. 여기에서 **스탠튼** 국방장관 예를 들어본다. 미국의 역사적 대통령으로 유명한 링컨이 젊은 시절에 있었던 일로 일리노이주에서 애송이 변호사로 일할 때였다. 스탠튼이라는 유명한 변호사와 함께 사건을 맡게 되었다. 링컨은 스탠튼이라는 유명한 변호사와 같이 일할 생각에 들떴지만 스탠튼은 링컨을 무시했다. "저런 촌뜨기 애송이와 어떻게 일을 함께하란 말인가 난 못 합니다." 스탠튼은 큰 소리를 치며 법정 밖으로 휑 나가 버렸다. 마음이 들떠 있던 링컨은 갑작스러운 사태에 몹시 당황했다. 그런 모독은 세상 나고 처음이었다. 그 후 링컨은 미국의 대통령이 되고 국방장관을 누굴 택할까 고민하다 스탠튼을 국방장관에 임명했다. 참모들은 깜짝 놀랐다. "각하, 몇 년 전 그 일을 잊으셨습니까? 스탠튼의 무례한 행동을 벌써 잊은 것은 아니지요?" 참모들이 일제히 임명 반대를 하고 나서자 링컨은 천천히 입을 열었다. "나는 수백 번 무시당해도 좋아요. 다만 그 사람이 국방장관이 되어 우리 국방을 튼튼히 하고 임무 수행을 잘하기만 한다면 무엇이 문제가 되겠소? 더욱이 원만한 인간관계를 유지하며 국정을 잘 수행해 나가기 위해서 가장 좋은 방법은 모두 내 편을 만드는 것이요. 안 그렇소?" 참모진들은 링컨의 말에 고개를 끄덕였으며 스탠튼도 있는 힘을 다하여 링컨을 도와 나라 일을 열심히 했다. 링컨대통령이 저격당한 후 스탠튼은 "지금 여기 가장 위대한 분이 누워계신다."라며 통곡을 했다. 우리가 인간관계를 잘하는 것, 성공하는 것, 행복한 것도 다 믿음에서 만들어지는 것이다. 믿음이 가정을 화목하게하고 사회를 건전하게하며 나라의 국격을 바꾸어 놓고 세상을 바꾸게 한다.

야구사에 길이 빛날 **김경문** 감독은 2008년 8월 베이징 올림픽 야구경기에서 준결승에서 숙적 일본과 만나게 되었다. 일본을 만난 한국 초반 경기가 풀리지 않다가 7회 극적인 2-2 동점을 만들었다. 7회 1사 1루, 4번 타자 이승엽이 타석에 들어섰다. 이승엽은 대회기간 내내 부진에 빠져 있었다. 일각에서는 "이승엽의 타순을 조정하거나 선발에서 제외해야 하지 않냐?"는 주장을 제기했다. 이날도 이승엽은 부진했다. 그러나 김경문 감독은 이승엽을 끝까지 믿고 경기에 출전시켰다. 다른 선수들도 "언젠가는 이승엽이 해줄 것."이라며 이승엽을 믿었다. 굳은 신뢰는 강인한 결과로 나타났다. 이승엽은 8회 일본 최고 마무리 이와세의 직구를 걷어 올려 담장을 훌쩍 넘기는 투런포를 쏘아 올리며 승리를 안겼다. 김경문 감독의 믿음이 주는 감동의 역사로 한국야구가 드디어 금메달을 따게 되었다.

우리 인생은 우리가 기대하는 대로 움직인다. 사람은 스스로 기대하는 만큼 성장하게 된다. 때문에 기대수준을 높여야 한다. 긍정적인 생각을 하는 사람은 긍정적인 생각대로, 부정적인 생각을 품은 사람은 부정적인 생각대로 되는 것이다. 성공하려면, 행복하려면 마음가짐이 중요하다. 마음속에는 소망의 믿음이 있어야 된다. 우리의 생각과 기대는 우리 삶에 있어 막대한 영향을 끼친다. 누구나 밝은 미래가 있다는 것을 믿어야 된다. **에머슨**은 "자기 신뢰는 성공의 첫 번째

비밀."이라고 말했다. 누구나 갈망하는 희망과 행복은 자기 자신 속에 있다는 것을 믿는다면 더 발전하는 자신을 볼 수 있을 것이다. 믿음으로 당신의 삶을 바꾸어보라. 세상은 당신 편이 될 것이다.

믿음은 요술 방망이다.
자신의 믿음 안에 성공과 행복도 요술을 부린다.

– 공한수 –

인간은 죄짓기 쉬운 동물이므로 신념을 가지고 마음을 계속 닦지 않으면 안 된다. 정직하고 윤리적인 사람이 아니면 사회나 나라의 지도자가 될 생각을 아예 버리는 것이 좋다.

—공한수

윤리와 도덕이
세상을 살린다

九十四. 성문사과(聖門四科) - 성인 문하의 네 무리의 제자

　聖人 孔子님의 門下에서 글을 배운 제자들 가운데 學德이 뛰어난 열명을 네가지 四科에 맞춰 나누어 놓은 것이 있으니 이를 성문사과(聖門四科)라 한다. 성문사과를 열거하면 다음과 같다.

　德行으로 뛰어난 제자는 顔淵, 閔子騫, 冉伯牛 및 中弓이고, 言語로 뛰어난 제자는 宰我, 子貢이며, 政事로 뛰어난 제자는 冉有, 季路이고 文學으로 뛰어난 제자는 子游, 子夏이다.

◎ 당개원년간(唐開元年間)에 이들 열명의 제자를 성문십철(聖門十哲) 또는 공문십철(孔門十哲)이라 부르게 되었다. 여기서 言語에 뛰어났다는 것은 外交辭令같은 말을 재치있게 잘 하고 國交文書같은 글을 잘 지었다는 것을 뜻하고, 文學이란 지금의 文學개념과는 달리 典籍의 연구와 이해를 주로하는 學問임을 意味한다. 北宋의 程顥같은 사람은 曾子등이 들어있지 않다하여 孔門十哲은 世俗之論이라 했다. 그러나 曾子는 지극히 年少했고 또 長壽하였기 때문에 10弟子 가운데 포함되지 않았다고 보는 사람들도 많다. 孔子의 弟子는 3,000명을 헤아렸다고 하며 그 중에 六經(六經)에 適達한 자가 72人이나 되는데 그 名單은 孔子家語와 孔子世家에 記錄되어 있다. 또 史記의 仲尼弟子列傳에는 聖門에 入門하여 그 가르침에 통달하고 특이한 재능을 가진 이가 77인이나 된다고 하고 그들에 대한 說明이 記錄되어 있다.

베풂이 최고 행복

見利思義(견리사의)

⁑

우리는 물질만능시대에 살고 있다고 생각하고 있을지 모른다. 그러나 자기만 생각하고 사는 시대는 이미 끝난 지 오래다. 도덕과 윤리가 바탕이 된, 정당한 노력으로 얻어진 부라야 인정받는 시대이다. 정의를 무시되고 탈법 등으로 돈을 버는 기업은 살아남을 수가 없다. 본질적인 인간 도리를 다하고 참된 공익가치를 우선시하여 버는 돈일 때 부유함과 귀가 더욱 빛나게 된다. 그렇지 않은 부와 귀는 한낱 뜬구름과 같이 부질없게 되는 것이다,

논어에는 부의 윤리에 관한 교훈이 많다. 그 가운데 헌문편(憲問篇)에 보면 **견리사의**(見利思義)라는 가르침이 있다. 이(利)를 보면 의(義)를 생각하라는 교훈이다. 부(富)가 붙은 단어는 모두 좋다. 부귀(富貴), 부유(富裕), 부강(富强)은 사람이라면 모두가 원하는 것이다. 반대로 빈(貧)이 붙은 빈곤(貧困), 빈핍(貧乏)등은 우리가 바라지 않는 것들이

다. 사람이 살아가면서 누구나 가지는 공통점은 이(利)와 득(得)을 바라고 해가 되는 것은 기피한다는 것이다. 요즘에는 도덕과 윤리, 정의가 무시하면서 얻은 이득은 더욱 엄격하게 용납하지 않는다. 이(利)와 의(義)는 인생의 2대 주축(主軸)이라고 했다. 경제와 도덕은 사회의 양대 근간(根幹)이다. 인간과 사회를 움직이는 가장 중요한 원동력이 이해관계(利害關係)이다. 이(利)를 추구하고 해(害)를 기피하면서 살아가는 것은 인간관계의 필연적인 원리이지만 아무리 이해관계가 중요하다 해도 도덕과 정의가 무시되는 경우는 행복이라고 말할 수 없다. 예(古)나 지금이나 사람에게는 버리기 어려운 몇 가지 욕심(慾心)이 있다. 이기심(利己心), 물욕(物慾), 명예욕(名譽慾) 등등 인데, 명예욕이 강한 사람도 있고, 물욕이 강한 사람도 있는 등 차이는 있을지언정 누구나 다 가지고 있다. 그러나 많은 수련(修鍊)을 통하여 그런 욕심을 없애거나 줄일 수는 있다. 올바른 이득은 당당한 것이지만 옳지 못한 이득은 도둑질이나 같기에 군자는 도둑을 무서워한다. 군자는 "볼 때는 밝음을 생각하고, 들을 때는 총명한 것을 생각하며, 표정에는 온화(溫和)를, 몸가짐에는 공손함을, 말할 때는 충실함을, 일할 때는 신중함을, 의심이 날 때는 물어서, 화가 날 때는 뒤탈을 생각하며, 이득을 볼 때는 옳은 것을 생각해야 한다."고 공자는 말씀하셨다. 성경에도 돈 버는 것을 사악하게 생각하는 것은 절대 아니다. 사람이 돈을 버는 것, 엄청나게 번다고 해도 그것이 기독교 가르침에 어긋나지 않는다. 기독교에서는 탐욕을 경계하라고 강조하는 것이다. 돈이 있어야 집도 사고, 오히려 기부도 하고, 진실하고 검소하며 사려 깊은 사람이 될 수 있다. 돈 없이 제대로 굴러가는 것이 없다. 돈은 힘이다.

공자가 말씀하시는 도와 의를 넘지 않는다면 얼마든지 벌어야 하며, 선도 돈이 있어야 베풀 수 있다. 돈이 있어야 교회도 짓고 성경도 찍어 낼 수 있다. 돈을 많이 벌되, 사회적 책임, 공익가치와 의의에 부합되면 돈이 많아서 문제가 되지 않는다.

옛 어느 임금님 시절, 궁(宮) 안에서 중요한 직책(職責)을 맡고 있던 어느 사람이 한밤중에 가끔씩 은밀(隱密)한 곳에 있는 어느 건물에 홀로 들어가서는 문을 걸어 잠그고 한참을 있다가는 나오곤 했다. 그러한 행동이 이 사람 저 사람의 눈에 띄자 무엇인가 부정한 재물(財物)이라도 모으는 것 아닌가 하는 의심(疑心)을 사게 되었다. 그리고 임금님의 귀에까지 소문이 들어가게 되어 마침내 임금님의 눈앞에서 그 건물의 문을 열라는 어명(御命)이 떨어졌다. 감히 어명을 거역할 수 없었던 그 사람은 난처한 표정으로 임금님 보시는 앞에서 그 건물의 문을 열었다. 그런데 그 곳에 있었던 것은 싸리나무로 엮어 만든 낡은 궤(櫃) 하나뿐이었다. 그 궤(櫃)를 열자, 보기에도 초라한 입 낡아 빠진 헌옷 한 벌뿐이었다. 의아해진 임금님이 남들이 수상하게 여길 행동을 왜 했는지 묻자, "이런저런 유혹으로 자신의 마음이 흔들릴 때는 궁(宮)에 들어와 직책을 맡기 전 초야(草野)에서 살 때 입었던 이 옷을 바라보며 마음을 바르게 가다듬었습니다."라고 대답하여 임금님이 감동을 받았다는 이야기가 있다.

엔드류 카네기야말로 견리사의를 제대로 보여준 사람이다. 앤드루 카네기(Andrew Carnegie:1835~1919)는 1835년 11월 25일 스코틀랜드의 고도(古都) 던펌린에서 수직공(手織工)인 아버지 윌리엄 카네기와 어머니 마거릿 모리슨 사이에서 장남으로 태어나 13세 되던 1848년 미국 펜실베니아 피츠버그로 가족과 함께 이주했다. 그는 어려서부터 방적공, 전신기사, 전보 배달원, 기관사 조수 등 여러 직업에 종사했으며 정규교육은 거의 받지 못했다. 먹을 것이 없어 굶주리며 자란 카네기는 가난이 무엇인지 결코 잊지 않았다. 그는 4년 이상 제대로 된 교육을 받을 기회를 갖지 못했다는 것이 무엇을 의미하는지도 잘 알고 있었다. 그는 자신이 다른 사람들에 비해 부족한 것을 따라잡기 위해서는 평생을 숨 돌릴 틈 없이 뛰어야 한다고 생각했다. 카네기는 자수성가하여 세계 철강계를 주름잡은 엄청난 부자가 됐음에도 "부자인 채로 죽는 것은 부끄러운 일"이라고 생각했다. 그는 어느 날 자기가 평생 동안 지켜오던 철강회사에서 은퇴하고, 자신의 모든 재산을 인류 복지를 위해 교육과 문화 사업 등 자선사업에 썼다. 2,509개의 공공도서관과 카네기 공과대학(현 카네기멜론대학), 카네기 교육진흥재단, 각종 평화 재단 건립에 전 재산의 90%를 기부하였다. 항상 사회에 아무런 기여도 하지 못한 채 돈만 벌다가 죽게 될 것을 걱정했던 카네기는 인생에서 배운 교훈을 오늘 우리에게 전해주고 있다. 빈손으로 시작하여 최고의 인생을 창조해내고 성공한 CEO가 된 카네기를 다시 위대한 인간으로는 변신시킨 강철왕 카네기의 일생과 성공 철학은 오늘날 우리에게 큰 교훈이 되고 있다. 카네기는 '부의 복음'에서 이렇게 강조했다. "부자의 일생은 두 시기로 나뉘어야 한다. 전반부는 부를 획득하는 시기이고 후반부는 부를 분배하는 시기여야 한다. 재산을 가지고 죽는 것은 인간으로서 참으로 부끄러운 것이다." 이와 같은 말은 카네기의 체험에서 나온 말이기에 더 힘이 실린다. 카네기는 왕족도, 귀족도, 성직자도 아니었다. 스코틀랜드 모직공의 아들로 태어나 전신전화국 우편배달부로 출발, 철도 감독 비서를 거쳐 돈을 모은 부자일 뿐이다. 그런 그가 역사 속에서 빛나고 있는 이유는 일찍이 공자가 말한 견리사의(見利思義)의 철학을 실천하였기 때문이었다. 카네기 철강회사의 갑부였던 앤드루 카네기는 겨우 33세 되던 해인 ·1868년에 스스로에 대한 각서를 썼다. 카네기는 각서에 약속했던 것처럼 그는 1901년에 사업을 정리했고, 약 17년간의 여생 동안 자신이 모은 모든 돈을 다른 사람들을 위해 쓰며 살았다. 1901년 카네기 재산은 약 5억 달러로 추산됐는데, 그 중 3억 5천만 달러를 다양한 용도로 기부했다. 런던 타임스는 1903년에 카네기가 2,100만 달러를 기부했으며, 록펠러는 1,000만 달러를 기부했다고 보도하였다. 뉴욕 아메리칸은 **록펠러**가 1910년까지 통산 134,271,000달러를 기부한 반면 **카네기**는 179,390,000달러를 기부했다고 밝히고 있다. 뉴욕헤럴드는 카네기가 1913년까지 통산 3억3,200만 달러, 록펠러는 1억7,500만 달러를 기부했다고 보도하였다. 카네기와 록펠러는 경쟁하다시피 자신의 재산을 사회에 환원하는 아름다운 모습을 보여주었다.

세계적인 투자가 **워렌 버핏**은 부에 관해서는 그 어느 누구보다도 냉정하고 현실적인 증권 투자로 돈을 많이 벌기 때문에 투자에 "오마의 현인(賢人)"이라고 불린다. 그는 가난한 집안에서 태어나 신문배달 등을 하며 학비를 벌어야 했다. 그래서인지 그는 세계적인 백만장자이지만 검소하기로 유명하다. 지금도 고향 네브라스카주 오마하의 낡은 집에서 50년 이상 살고 있을 정도다. 2006년 370억 달러를 사회에 환원하고 아들에게는 재산을 물려주지 않겠다고 통 큰 발표를 하였다. 버핏은 지금까지 기부 총액이 한화 47조원에 이른다고 한다. 카네기, 버핏 이외에도 록펠러나 빌 게이츠 등은 '노블리스 오블리제'를 실천하는 좋은 사례들이다.

우리나라 기업가들도 도덕과 윤리에 입각하여 돈을 어떻게 벌고, 왜 벌어야 하며, 무엇을 위해 쓸 것인가를 생각하고 **카네기**, **록펠러**, **버핏**, **빌 게이츠**처럼 자산을 사회를 위해 기부하는 것을 본받을 때라고 본다.

다운사람이 최고수다

君君 臣臣 父父 子子(군군 신신 부부 자자)

✦✦✦

각 분야에서 정상에 서 있는 달인은 답다는 사람이다. 예술가는 예술가답고, 가수는 가수다워야 한다. 가수가 가수답다 함은 가수가 노래 한 곡 히트시키고 잊히는 가수가 되면 안 된다는 것이다. 가수라면 계속 히트시켜야 가수다운 것이다. 농부는 농부다워야 되고, 골프선수는 골프선수다워야 한다. 리더는 리더다운 모습이 자연스럽게 몸에서 배어 나와야 한다. 선생님이 선생님 모습다운 향기가 느껴져야 학생들에게 더 많은 영향력을 미치게 된다. 사람 품에서 하는 일이 자연스럽게 배어나오는 사람은 바로 전문가이며 최고의 수준에 올라가 있는 사람들이다.

공자는 "君君, 臣臣, 父父, 子子(군군 신신 부부 자자)"라고 말씀하셨다. 임금은 임금답게, 신하는 신하답게, 아버지는 아버지답게, 자식은 자식답게 살아야 한다는 뜻이다. 어느 날 제나라의 경공이 "도대체 정치란 무엇입니까?"라는 질문을 했을 때 공자가 한 대답이다. 모든 직위에는 저마다의 질서와 규칙이 있는 것이다. 그게 지켜지지 않을 때 세상은 혼란스러워진다. 그래서 공자는 정명사상을 주장했다. 물론 왕도 예외일 수는 없다. 맹자는 왕이 직분을 일탈하여 백성들에게 고통을 준다면 결국 죽이거나 쫓아내고 새 임금을 세워야 한다고 말했다. 맹자는 공자의 정명사상을 적극적으로 해석한 것이다. 맹지반은 노나라 군이 제나라 군에 패배하여 퇴각할 때 먼저 달아날 생각을 하지 않고 최후방에 남아서 적과 교전하며 시간을 벌었다. 자기 목숨을 아까워했다면 추격해 오는 적과 가장 가까운 위치인 군대의 후미에 남지 않았을 것이다. 그는 매우 용감하였고 전공(戰功)이 높다고 볼 수 있다. 그는 제나라 군이 성문 앞까지 추격해 오자, 그때서야 말에 채찍질을 하여 성문 안으로 들어오면서, "이놈의 말이 느려서 후방에 있었던 것이지 내가 용감해서 그런 것이 아니다." 하였다. 겸손이 이쯤 되면 지나친 것이 아닌가 할 수 있지만 리더로서 자기 직분에 충실함을 잘 보여준 예이다.

군군(君君)과 신신(臣臣)은 대통령과 공무원은 특별히 나라를 사랑하는 마음으로 대통령은 대통령답게, 공무원은 공무원답게 일하여야 한다는 뜻이다. 오늘날 같이 복잡한 세상에서는 저마다 자기 할 몫을 제대로 해야 한다. 모두가 자기가 처한 자기 직분을 제대로 이행하지 않으면 자연적으로 문제가 발생한다. 한 나라를 통치하는 지도자는 역사를 잘 알아야 한다. 자기 나라의 과거 역사와 근대역사를 꿰고 있어야 현재는 무엇이 문제이고 미래를 위해서는 어떻게 이끌어

가야 되는지를 알게 된다. 역사관이 제대로 정립되어 있지 않은 통치자는 자기 역할을 하는 데 많은 결함이 나타나게 된다. 지도자는 또한 덕성이 있어야 하며, 위기관리능력이 탁월해야 한다. 공직자는 공직자답게 투명하고 정직해야 된다. 기업은 투명하고 윤리경영을 해야 된다. 사장이 사장답고 임원은 임원다우며 사원은 사원다운 회사만이 지속적인 발전을 할 수 있다. 화목한 가정은 바로 질서가 있다. 남편은 남편답고 아내는 아내다우며 자식은 자식다운 모습을 보일 때 가정은 행복이 넘쳐난다. 행복한 사회란 통치자에서 국민에 이르기까지 각자의 위치에서 자신의 맡은 임무를 성실하게 수행할 때 가능한 것이다. 질서가 바로 잡히지 않은 곳에서 어떻게 개인과 나라의 발전을 기대할 수가 있겠는가?

빈센트 반 고흐(Vincent Willem van Gogh, 1853~1890)는 네덜란드 태생의 화가이다. 고흐는 살아생전에는 돈이 없어 생활이 아주 비참했다. 설상가상으로 정신 분열증이 발생되어 귀까지 자르고 그림을 그렸다. 그리고 37세에 자살로 세상을 떠났다. 그가 세상을 떠난 다음에야 작품들이 세상에 빛을 보게 되었다. 그는 네덜란드에서 가장 위대한 화가의 한 사람으로 평가받으며, 현대미술사의 표현주의 흐름에 강한 영향을 미쳤다. 불과 10년이라는 짧은 기간 동안 제작된 그의 작품들은 강렬한 색채, 거친 붓놀림, 뚜렷한 윤곽을 지닌 형태를 통하여 그를 자살까지 몰고 간 정신병의 고통을 인상 깊게 전달하고 있다. 그의 그림에서는 모든 것이 살아 꿈틀거리는 것처럼 보인다. 항상 가난하고 불행했지만 그는 그림을 통하여 사람들에게 무언가를 시급히 전달해야 한다는 확신과 열정이 있었다. 비록 살아생전에 겨우 1점의 작품이 팔렸지만, 그의 사후에야 화가의 그림 진면목을 세상 사람들이 알아주었다. 고흐는 그의 작품 세계를 세상에 알리는 데 성공한 화가다운 사람이다. 자기 본분에 최선을 다할 때 세상에 빛을 볼 수 있는 것이다.

 김영희 대사는 6남 3녀 9남매 중에서 8번째로 태어났다. 가정형편이 어려워 고등학교 졸업 후 공무원시험에 합격해 서울 중구청에서 일을 시작했다. 1972년에 알고 지내던 친구가 갑자기 독일에서 간호사로 일하기 위해 떠난다는 얘기를 듣고 그녀도 간호보조사 공부를 시작했고 독일로 건너가게 됐다. 간호 보조사로 독일에 건너가 낮에는 병원에서 일하고 밤에는 공부하는 주경야독을 하는 생활을 했다. 그녀는 어렵게 독일 명문대 쾰른 대학에 입학했다. 그녀는 10년 만에 박사학위까지 따냈다. 그뿐만 아니라 박사학위를 마치고 전공과목을 강의한 최초의 외국여성이 되었다. 1991년에 외무부(현 외교통상부)에 독일 전문가로 특별채용 되면서 외교관 생활을 시작해 세르비아 대사까지 지냈다. 우리나라 여성들은 많이 우수하다. 한국 여성들이 김영희 대사를 롤 모델링하여 국제무대에 나가 자기 꿈을 이룰 때이다. 외국 사람들이 우리나라를 보면 잘 이해하기 힘들다고 한다. 이는 바로 정치, 경제, 사회, 문화가 답지 않은 데서 문제들이 비롯된다. 정치가는 국회에서 법률을 제정하는 일에 정치가로서의 역할을 충실해야 한다. 자기들을 위한 일에는 합심을 쉽게 하면서, 나라를 위하고 세계경쟁력을 만들어 내는 데는 아주 서툴다. 공무원은 공무원다워 자기 맡은 직분에 충실해야 되는데 이권에 어두워 세상을 어지럽게 하는 경우도 있다. 농부이든, 회사원이든, 가정주부, 성직사, 봉사자, 어느 직종에 종사하든 간에 그 직분다워야 발전한다. 답지 않다는 것은 서투름이다. 서툴기 때문에 문제가 일어나는 것이다.

현재 세계 어느 나라도 미국의 리더십을 대신할 수 없다. 자신들에게 부과된 역사적 무게를 생각하고 세계가 잘 굴러가도록 돕는 것이 미국답다고 할 수 있듯, 한국의 통치자도 한국의 위대한 역사의 무게를 알고 일을 할 때 대통령답게 일을 하는 것이 되고, 공무원은 공무원으로서 공무원답게 공익가치를 높여 나가고, 한국인들은 과거의 찬란한 역사를 가졌던 선조들 기상을 다시 살려 나갈 때 한국인답다 할 것이다. 세종대왕이 더욱 빛났던 것은 백성을 천민(天民)으로 생각하고 백성을 보살피는 일에 정성을 다했기 때문이다. 정치는 위민(爲民 : for the people)이 되어야 하는데 오히려 군림하고 있다. 선거 때만 국민을 받든다고 한다. 국민이 주인이다. 그런데 주인도 아닌 사람들이 주인노릇하며 주인에게 호통치고 있다. 왕답지 않고 정치가답지 않고, 공무원답지 않고 주인을 무시하면 국민들이 행복을 누릴 수 없게 된다. 누구나 자기직분과 신분에 맞게 다워야 미래가 아름답다. 각자 주어진 환경에서 자기 일에 열정을 받쳐 답게 최선을 다한 사람이 성공하는 사람들임을 알 수 있다. 당신도 다운 사람이 되어 성공하는 사람이 되어보지 않겠는가?

공무원은 공복이 무엇인지를 알고 나라를 걱정하고, 국민을 사랑하는 마음으로 공무원답게 일을 하여야 한다. 기업체의 회장과 직원들도 마찬가지다. 회장은 회장답게, 직원은 직원답게 일을 하고 행동을 해야 한다. 답지 않으면 그 기능이 상실되고 가치가 떨어지고 만다. 회사원은 회사를 사랑하고 자기가 많은 일을 좋아하며 즐기면서 사원답게 일을 하는 것이 회사를 살리는 길이며 다운 일을 제대로 하게 되어 발전하게 된다. 부부(父父)와 자자(子子)의 의미도 똑같이 적용할 수 있다. 부모는 부모답게, 자녀는 자녀답게 행동해야 한다. 아버지가 아버지답지 않고 아들이 아들답지 않으면 죽은 가정이나 마찬가지 이다. 질서가 있어야 가정이 살아나고, 화목하며 행복을 누릴 수 있다. 무엇이든 다울 때 나라가 발전하는 것이다. 유럽이 존재하는 것은 질서다. 선진국일수록 질서가 존중되는 사회이다. 답다는 의미는 그 속에 질서가 존재한다는 의미다.

인품의 향기

人不知而不慍 不亦君子乎(인불지이불온 불역군자호)

⁙

　아름다운 꽃의 향기는 누구나 다 좋아한다. 그러나 꽃이 피어 아름다운 모습과 향을 선물하기까지는 저절로 되지 않는다. 꽃을 피우기 위해서는 꽃샘추위나 세찬 비바람에도 끄떡하지 않고 자연의 혹독한 시련을 견뎌내야 아름다운 자태를 인간들에게 뽐낼 수 있게 된다. 사람도 다른 사람들에게 아름다운 꽃처럼 피어나기까지에는 인고의 세월과 실력을 끊임없이 연마하고 인격을 잘 닦아야 하고 겸손해야 된다. 그저 많이 배웠다 해서, 지체가 높다 해서 사람들한테 인정받고 대접받는 것은 아니다. 대접받을 준비가 되어 있는 사람만이 자연적으로 대접을 받게 되는 것이다.

　공자는 "人不知而不慍 不亦君子乎(인불지이불온 불역군자호) ― 남들이 나를 알아주지 않아도 서운해하지 않는다면 이 또한 군자다운 행동이 아니겠는가?"라고 말씀하셨다. 공자(孔子)가 제자들을 가르치던 그 시절에도 지금처럼 실력은 별로이나 자기 잘났다고 거들먹대는 사람들이 분명 있었을 것이다. 공자는 그런 제자들에게 어떤 마음상태가 가져야 하는지를 알려주었다. 실력도 별로 이면서 자기가 최고인양 거들먹거리거나 남이 나를 알아주지 않는다 해서 떠들어 대는 것이 어리석다는 것을 알아야 한다. 중요한 것은 자기 내실을 다지는 것이다. 남에게 인정을 받지 못하는 것은 내가 어딘가 부족한 점들이 많다는 것이다. 이 점을 부끄럽게 생각하여 실력을 겸비하도록 노력해야 한다는 가르침을 주고 있다. 세상 사람들이 나의 능력이나 재능과 덕행을 알아주지 않는다 하여 속상해 하거나 근심하지 말아야 된다. 나의 부족함이 없도록 덕행을 베푸는 일과 재능이 빛이 나도록 끊임없이 갈고 닦는 일에 힘쓰는 것이 중요하다. 내가 다른 사람들에게 알려지기 위해서는 나를 끊임없이 갈고 닦는 노력과 훈련이 지속되어야 알려지게 되는 것이다. 지금 우리는 노력도 하지 않고 피땀도 흘리지 않으면 사람들이 거들떠보지도 않는 세상에 살고 있다는 것을 알아야 한다.

관중과 **포숙**은 기원전 7세기 춘추전국시대(春秋戰國時代) 제(齊)나라 사람이다. 제나라는 지금의 산둥성에 있던 나라이다. 관중(管仲)과 포숙(鮑叔)은 둘도 없는 친구 사이로 동업하여 장사를 했다. 관중에 의하면 "장사하여 이익을 나눌 때 내가 몫을 더 많이 가져갔으나 포숙은 나에게 욕심 많은 사람이라고 하지 않았다."라고 했다. 관중은 포숙보다 더 가난하였다. 포숙은 관중이 자기보다 못사니까 하면서 참았다. 한때는 포숙이 돈을 대고 관중이 장사를 하였으나 손해를 많이 본 적이 있다. 하지만 포숙은 돈이란 벌 때도 있고 손해 볼 때도 있다고 생각하고 관중을 이해해주었다. 포숙은 관중이 용모도 걸출하고 총명하다는 것을 알고 장차 큰일을 할 수 있는 인물임을 알아준 사람이다. 리더는 사람을 볼 줄 아는 안목과 예지력을 가져야 되는데 그런 관점에서 볼 때 포숙이 보통 인물이 아님을 알 수 있다. 제나라 왕이 죽자 아들인 규와 소백이 서로 왕이 되려고 하였다. 그런데 관중은 규의 참모였고 포숙은 소백의 참모였다. 군대가 서로 싸웠는데 관중이 소백을 향해서 활을 쏘았는데 그의 허리띠에 맞았다. 소백의 군대가 승리하는 바람에 관중은 포로가 되어 옥에 갇혀 사지가 찢어 죽일 상황에 처했다. 포숙은 그때에 환공한테 간했다. **소백**은 제나라 왕이 된 후 환공(桓公)이라 불렀다. "만약 공(公)께서 제나라만 다스리려면 이 포숙의 보좌만 받으셔도 됩니다. 하지만 공께서 이 천하의 패왕(覇王)이 되시려면 저의 실력으로는 감당할 수가 없으므로 관중의 보필을 받으셔야 합니다." 이렇게 하여 관중은 친구인 포숙의 도움으로 목숨을 구하게 되었다. 사람을 알아보는 힘도 리더에게는 하나의 능력이다. 포숙은 관중의 능력을 잘 알고 있었다. 관중은 포숙의 천거로 재상으로 임명되었으며, 포숙이 자기를 알아주는 것을 보답이라도 하듯 자기능력을 유감없이 발휘하여 찬란한 업적을 세웠다. 드디어 관중은 주변 35개국을 병합하여 중원(中原) 중국의 중심부를 통일하는 데 일등 공신이 되었다. 미래를 위해 열심히 준비한 사람은 인정받는 날이 오게 된다. 환공(桓公)은 자기를 죽이려고 한 장수 이지만 포숙의 이야기를 새겨듣고 관중을 알아보는 리더로서의 안목 즉 혜안을 가지고 있었기 때문에 춘추시대 중원의 패왕으로 굴림하게 된 것이다. 관중은 부국강병책(富國强兵策)을 아는 사람이었다. 관중은 "만대(萬臺)의 전차를 가진 나라에는 만금(萬金)의 상인이 있고, 천대(千臺)의 전차를 가진 나라에는 천금(千金)의 상인이 있으며, 백대(百臺)의 전차를 가진 나라에는 백금(百金)의 상인이 있다."는 유명한 말을 남겼다. 말하자면 군사력은 그 나라의 경제력에 비례하는 것이다. 부국이 되어야 강병을 기를 수 있는 것이다. 관중은 이런 말도 남겼다. "나라는 원래 재화가 많으면 먼 데서도 사람들이 몰려오게 되어 있다. 곡식창고가 차 있으면 사람들은 예절을 안다. 입고 먹는 것이 충족되면 사람들은 영욕(榮辱)을 안다. 법을 지키면 육친(六親)이 화합한다. 예의염치(禮儀廉恥), 예절과 의리와 조심함과 부끄러움이 있는 나라에서는 임금의 명령도 통한다."라고 하였다.

지난해 작고한 **전신애** 미국노동부 여성국장은 가장 영향력 있는 아시아계 여성이라는 평가를 받았었다. 그녀는 이화여대 영문과를 졸업하고 미국으로 건너갔다. 그녀도 어렸을 때는 큰 꿈이 있지도 않았고 장차 커서 무엇을 하겠다고 생각을 해보지도 않았고 단지 이화여대를 가면 시집 잘 간다는 생각뿐이었다고 한다. 그녀는 졸업 후 취직할 생각도 없이 그저 현명한 아내, 좋은 엄마가 되는 것뿐이었다. 시대마다 그 시대를 이끄는 가치관이 있다. 바로 그런 시절에 태어난 평범한 여성일 뿐이다. 사람이 우물 안에 갇혀 있으면 세상이 얼마나 넓고 큰지를 모른다. 그녀도 오빠 친구였던 현재 남편을 만나 미국에 가게 되었다. 미국 가서 별 뜻도 없는 그녀를 대학원에서 공부하도록 남편이 권유했다. 학비도 만만치 않았고, 임신 5개월 된 몸으로 노스웨스턴 대학원에 진학을 하면서 미국생활의 고달픔이 시작되었다. 학업 도중에 두 번째 아이까지 가졌음에도 대학원을 마쳤다. 소수민족으로 미국에서 대학원까지 다녔다는 것은 신분상승에 중요한 의미를 준다. 이것이 거름이 되어 그녀는 미국 주류사회에 뛰어들 수 있었다. 1984년, 그녀는 일리노이주 주지사 특별보좌관 자리로 임명을 받게 된다. 일리노이 주지사 특별보좌관을 거쳐 1989년에는 주정부 규재부 장관에 임명되었다. 일리노이주 노동부와 금융규제위원회에서 일하던 당시에 직간접으로 관계를 맺었던 사람들의 증언이 있었는데 "전신애는 공정하고, 공평하다."는 표현이 가장 많이 나왔다고 한다. 전 차관보는 "우리는 항상 자신에게 '나는 유능한 사람인가', '나는 정직한 사람인가', '나는 용기 있는 사람인가', '나의 DNA는 무엇인가'를 질문해야 한다."고 말했다. 이는 주정부 사상 최초로 동양계 각료가 되는 영광을 갖게 되었다. 그녀는 주위 사람들로부터 탁월한 능력이 인정되어 부시대통령이 당선된 후 2001년 3월에 미연방 노동부여성국담당 차관보로 임명되었다. 미국에서 고위직 공무원이 되려면 엄격한 검증을 받아야 한다. 아시아계 여성이 국장이 된 것은 여성국 역사 81년 만에 처음 있는 일이 되었다. 그뿐만 아니라 그녀의 업무능력을 인정받아 부시 대통령이 2기 행정부에서도 연임되어 1950년 이래 가장 장수한 국장의 기록을 세우게 되었다. 전신애 차관보는 "도전해 보겠다는 의지가 강할수록 기회는 우리를 저버리지 않는다. 큰 잠재력과 어려움을 극복할 수 있는 저력이 그대 머리와 가슴속에 있다는 것을 꼭 기억하라. 누구든 꿈의 높이만큼 올라서고, 무엇이든 열정의 크기만큼 얻는 법이다."라고 말했다. 성실하게 노력하는 사람은 나중에는 다 인정을 받게 된다는 큰 교훈을 잘 심어주고 있다. 이제는 우수한 한국여성들이 더 많이 진출하여 그 역량을 세계 도처에서 펼쳐 보일 때가 되었다. 소위 '성공은 가정에서 시작된다.'는 말이 맞다고 할 수 있다. 이와 관련 주목할 사람이 있는데, 부시 전 대통령의 비서실장인 **앤디 카드**와 미국 최초의 여성 대법관 **샌드라 데이 오코너**가 바로 그 주인공이다. 두 사람은 할머니의 밥상머리 교육을 받으며 자랐다. 카드는 매일 아침 "신문에 뭐가 나왔니?"라는 할머니의 질문에 답하기 위해 신문을 열심히 읽다가 세상에 관심을 갖게 됐고, 마침내 정치에 뛰어들었다. 텍사스주 엘패소의 가난한 시골 소녀였던 오코너는 손녀의 총명함과 탁월한 능력을 일찍부터 알아차린 할머니의 격려를 받으며 자랐다. 할머니는 틈만 나면 "너는 마음만 먹으면 못할 일이 없다. 그러니 강한 의지를 가지고 네가 하고 싶은 일을 해 봐라."라고 말했고, 그것은 오코너의 꿈을 자극했다. 나(I)를 죽이고 우리(We)를 살릴 줄 아는 사람은 향기로운 사람이다.

롤 모델링

君子成人之美 不成人之惡(군자성인지미 불성인지악)

❖❖❖❖❖

　성공을 한 사람을 롤 모델로 삼아 따라 하는 것이 성공에 이르는 지름길이다. 자기가 꿈을 이루는 일, 남이 꿈을 이루게 도와주는 일은 매우 가치 있는 일이다. 성공하는 사람들은 성공한 사람을 역할 모델로 정한다. 그 분야의 최고인 사람, 닮고 싶은 사람이 있다면 그 사람이 성공한 것처럼 그대로 따라서 하면 성공의 길에 쉽게 도달하게 된다. 성공하는 사람들은 실패를 거듭하면서 무릎 꿇지 않고 정상에 도달할 때까지 계속 도전한다.

　공자는 "君子成人之美(군자성인지미), 不成人之惡(불성인지악), 小人反是(소인반시) ― 군자는 남의 훌륭한 것을 이루게 하고 소인은 이것과 반대로 한다."고 말씀하셨다. 군자는 다른 사람의 장점을 찾아내 칭찬할 줄 알지만 소인은 남의 단점이나 허물을 들춰내려 한다. 소인은 사사건건 트집만 잡으려 하고, 남이 잘되는 것을 배 아파한다. 지도자는 인물 될 사람을 알아보는 안목을 가지고 있다. 사람을 알아보는 것도 큰 능력이다. 우리나라 사람들이 발전시켜야 할 문화는 바로 화(和) 문화이다. 좋은 일, 바른 일을 하는 사람은 상대방이 누구든 잘되도록 힘이 되어 주는 풍토를 만들어 나가야 한다. 우리나라에서 **반기문** 유엔 사무총장이 탄생이 된 것은 어느 개인의 특출한 능력만 가지고 되는 일이 아니었다. 음으로 양으로 수많은 사람들이 공을 들이고 열심히 뛰어준 결과물이다. 우리나라 사람이 다시 유엔 사무총장이 되려면 무려 앞으로 1,500여 년의 세월이 흘러야 되는 귀한 자리이다. 세계적인 지도자, 세계적인 선수, 세계적인 기업가뿐만 아니라 국내의 일꾼들을 만들어 내고 지도자를 길러내기 위해서는 화의 문화를 발전시켜야 한다. 선진국으로 가기 위해서는 남이 잘되는 것을 미워하거나 남을 비방하는 그런 일은 이제는 멀리 해야 한다. 세계가 하루가 다르게 변화되는 세상인데 남의 발목이나 잡으려 하지 말고 서로 도와 가며 발전하는 길을 만들어 나가야 우리의 미래가 밝다. 성공하는 사람이나 역사적인 인물들은 누가 보든 안 보든 상관하지 않고 가치 있는 일에 언제나 열심히 노력한 사람들이다. 성공하는 리더들은 보통 사람들보다 자신에게 엄격한 행동 기준을 세우고 그에 따라 실천을 한다.

독일의 철학자 **칸트**는 "마치 당신의 모든 행동이 만인을 위한 만인의 법칙인 것처럼 자신의 삶을 살아라."라고 하였다. 군자 즉 오늘날 리더의 최고 성취라고 한다면 "도덕적으로 최고의 경지"에 오르는 것이다. 이러한 수준에 도달하기 위해서는 의에 대한 용기와 성실한 행동, 선을 베푸는 실천함에 있다.

칭기즈칸(?~1227.8.18)은 몽골부족의 명문집안서 태어났으나 태어난 연도는 불분명하다. 아버지 예수게이가 독살당한 후 여장부인 어머니 밑에서 성장하였다. 칭기즈칸은 1203년 몽골초원을 평정하여 통일을 하였고, 1206년에 오논 강변 평원에서 열린 집회에서 몽골 제국, 칸의 자리에 올랐다. 칸의 자리에 올라 제일 먼저 단행한 것은 부족 공동체를 해체하고 군사행정 조직의 일환인 십호(十戶) 백호(百戶) 천호제(千戶制)라고 하는 유목집단을 편성하여 몽골유목 최정예 부대로 만든 일이었다. 1219~1223년에는 세계 최대 제국을 건설하였다. 칭기즈칸은 지난 1,000년 동안 "세계를 움직인 가장 역사적인 인물"로 1997년 4월 4일 뉴욕 타임즈에서 선정되었다. 세계 역사를 움직인 역사적인 인물 중에서 칭기즈칸이 선정된 것은 그의 '웅대한 비전'이다. 칭기즈칸은 한 가지 공동 목표가 달성되기가 무섭게 곧 다음의 새로운 공동 목표를 만들어 쉬지 않고 그의 부족을 이끌어 갔다. 그 비전은 나라를 넓혀 나가는 것, 주변국가로부터의 위협을 아예 없애는 것, 중원을 점령하여 경영하는 것이었다. 그리고 더 나아가 천하를 통일하는 것이었다. 칭기즈칸은 그 당시 세계 1/3을 점령하여 다스렸을 정도로 위대한 영웅이다. 훌륭한 리더는 모든 조직원들이 어떻게 행동해야 되는지 모범을 스스로 보이는 행동을 한다. 칭기즈칸은 지난 1,000년 중 가장 위대한 지도자중 한 사람이다. 세계무역 사상 관세장벽 철폐를 최초로 한 사람이 바로 칭기즈칸이다.

동서양 양 대륙의 정복왕은 동양의 **칭기즈칸**과 서양의 **알렉산더**를 꼽는다. 알렉산더 대왕(BC 356~BC 323)은 세계최대의 제국을 이룩한

다음에도 언제나 군대를 직접 이끌었다. 알렉산더는 군사들에게 전투에서 이긴다는 확신과 용기를 갖게 하기 위해 항상 선두에서 말을 타고 지휘했다. 그는 어떤 경우에도 두려운 모습을 보이지 않았다. 더 이상 정복할 나라가 없어서 울었다는 전설을 남긴 위대한 영웅은 불과 32세에 열병으로 세상을 떠나고 말았다. 알렉산더는 관 밖으로 양손을 내놓아 달라고 유언을 남겼다. 세상을 호령했던 알렉산더 대왕도 죽을 때는 빈손으로 간다는 것을 알려주기 위함이었다. 죽은 후 그의 유언대로 아테네 시내를 돌 때 펴진 두 손이 관 밖으로 나왔다. 많은 시민들이 그 모습을 보고 감동하고 슬퍼했다.

조 디마지오(Joe DiMaggjo : 1914~1999)는 미국야구 역사상 가장 다재다능한 선수 중 하나였으며, 일부 전문가들은 그를 역대 최고의 선수로 평가하기도 한다. 그는 56게임 연속 안타라는 신화를 만든 당대 최고의 강타자였고 놀라운 수비력을 가진 중견수이기도 하였다. 양키 스타디움은 현재에도 마찬가지지만 특히 디마지오가 활약하던 당시에는 중견수가 커버해야 하는 범위가 극히 넓은 구장이었다. 그러나 디마지오는 수비 시 코칭스태프에게 불안감을 준 경우가 거의 없었다고 한다. 그는 아메리칸 MVP상을 수상했으며 명예의 전당에도 헌액되었다. 그가 더 돋보였던 이유는 바로 프로 근성이다. 천부적인 재능에만 의존하지 않고 항상 자기 관리에 철저했고 늘 최선을 다해 플레이하는 것으로 유명했다. 그는 늘 관중석에 자기가 플레이하는 것을 처음 보는 팬이 앉아 있을 것이라 생각하고 항상 최선을 다했다고 한다. 그렇게 그는 모두에게 사랑받는 플레이어였다.

꿈은 무한한 가능성을 지니고 있다. 꿈을 가진 자는 강하며 꿈을 통하여 새로운 세상을 만들어 낸다. 꿈이야말로 초월적인 힘을 발휘하여 유행이나, 국경, 전통관, 역사까지도 바꾸는 힘을 지니고 있다. 그런 꿈을 스스로도 이룰 수 있고, 훌륭한 리더는 그런 꿈을 펼치도록 도와주는 데 인색하지 않다. 우리나라가 발전하려면 야무진 꿈을 가진 사람들이 많아야 한다. 미국 **마틴 루터킹**의 꿈을 위시하여 많은 미국사람들의 꿈이 합해져 현실주의자들의 예상을 뒤엎고 미국역사상 처음으로 2008년 흑인대통령 **오바마**를 탄생시키게 되었다.

한석란 대사는 유엔에서 일하는 것이 꿈이었지만 유학 갈 가정형편이 아니었다. 그래도 그녀는 포기하지 않고 차근차근 준비를 했다. 뉴욕에 있는 유엔 기구에서 일을 하기 위해 수많은 국제기구들에 관한 자료를 수집하고 연구하고 유엔 정면사진, 유엔개최 광경, 유엔에 대한 관한 모든 기사 등 닥치는 대로 수집했다. 국제기구의 역사, 기능, 조직, 유엔가입국 명단 등, 유엔통이라고 할 정도로 광범위한 지식을 습득하는 노력을 게을리하지 않았다. 그러다 결국 그녀는 미국에 갈 기회가 생겼고 미국에서 공부를 해 유엔에 들어가게 됐다. 그녀는 성실함을 인정받아 2002년~2007년까지 루마니아 '주재 유엔대사로 근무하면서 큰 공을 세워서 루마니아 대통령으로부터 '그랜드 크로스'라는 최상급공로훈장을 받게 되었다. 간절히 바라는 꿈을 이루기 위해 열심히 행동하는 사람은 반드시 그 꿈을 이루게 된다. 그녀의 꿈이 이루어지도록 주위에서 디딤돌 역할을 해준 사람들이 많다. 그녀는 25년간 UNDP에 몸담으며 동유럽과 중앙아시아 등 개발

도상국의 여성 빈곤 퇴치와 성 평등 확산에 이바지해온 한석란 국장은 KBS 해외 동포상 수상과 한국양성평등교육진흥원 홍보 대사를 맡고 있다.

빌 게이츠는 부모를 삶의 역할 모델로 삼았다. 기자들이 인터뷰 때 "당신의 역할 모델은 누구인가"라는 질문에 대해 서슴지 않고 "부모님"이라고 답했다. 빌 게이츠가 기억하는 부모의 모습은 '지식의 보고'였다. 아버지와 어머니는 비즈니스, 법률, 정치, 자선활동 등 밖에서 경험한 것을 대화를 통해 자녀들에게 고스란히 전해줬다. 당신도 가치 있는 꿈을 설정하고 주위 사람들한테 나는 이런 꿈을 가지고 있다고 알려보라. 그 꿈을 이루지 않으면 안 된다는 그런 꿈이 있는가? 있다면 열정을 가지고 롤 모델을 정해 지속적으로 노력하면, 그 꿈은 반드시 현실이 되어 줄 것이다.

사람은 꼴이 좋아야 한다

視其所以 觀其所由 察其所安(시기소이 관기소유 찰기소안)

❖

얼굴은 영혼이 깃든 곳이다. 이미지는 나를 알리는 광고판이다. 나라나 개인이나 이미지가 중요하다. 이미지는 다른 사람에게 영향을 많이 미치게 된다. 보이는 꼴이 형편없으면 그만큼 호감도가 떨어진다. 꼴이 좋은 사람은 어딘가 모르게 호감을 느끼게 한다. 꼴이 좋은 사람은 매사에 긍정적이고 열정의 에너지가 넘쳐 난다. 밝은 얼굴로 남을 배려할 줄 알고 상대방을 편안하게 해준다. 이미지가 좋은 사람들은 이룰 꿈을 가지고 있어 활기찬 모습이다. 사람은 다 자기 얼굴을 뜯어먹고 산다는 말이 있듯이 얼굴값을 하게 된다. 천사 같은 사람, 봉사를 열심히 하는 사람, 헌신하는 사람들 얼굴을 보면 그렇게 편안하고 밝게 보일 수가 없다. 좋은 일을 하는 모습에서는 그 사람의 인품의 향이 배어나오기 때문이다.

공자는 "視其所以 觀其所由 察其所安 人焉廋哉(시기소이 관기소유 찰기소안 인언수재) ― 그 사람이 하는 꼴을 보며 또 그 사람의 따르는 바를 보며 그 사람의 즐거워하는 꼴을 살펴보면 사람들이 어떻게 자기를 숨길 수 있겠는가?"라고 말씀하셨다.

태도는 그 사람의 꼴을 잘 대변해준다. 사람은 자기하는 행동에서 모든 것이 밖으로 드러나 보이게 되어 있다. 감추는 것은 일시적일 뿐, 숨긴다고 오래 숨겨지는 것이 아니다. 의식적으로 행동하면 일시적으로는 풀어지는 모습이 아니고, 위장된 모습을 보일 수 있으나, 자연적인 상태로 돌아가면 본모습이 바로 드러난다. 위장된 것은 알몸으로 드러나게 되는 것은 시간문제다. 사람을 살펴보는 것도 다 단계가 있는 것이다. 옛날에도 사람에 관하여 제대로 된 관상을 짚어보려면 같은 집에서 기거하며 한 달이 걸렸다고 한다. 사람을 제대로 본다는 것은 그만큼 힘든 일이다. 하지만 사람들 하는 언행을 보거나 그 사람의 꼴을 보면 대충 짚인다. 시(視)는 그냥 보는 것이요, 관(觀)은 시(視)보다 더 자세히 보는 것이며 찰(察)은 한층 더 깊이 관찰하는 것이다. 이렇게 하면 아무리 가면을 쓰고 자기를 숨기려 해도 소용이 없다는 뜻이다. 생각하는 것이 행동으로 표현되기 때문에 쉽게 숨길 수가 없는 것이다. 그럼에도 불구하고 사람들은 남이 모르는 줄 알고 별짓을 다하려 한다. 쉽게 들통이 나는 짓도 서슴지 않고 하는 사람들도 있다. 위에 있는 상사들이 잘못하면 밑에 있는 사람들이 쉽게 알 수 있다. 거울처럼 다 비친다. 제품에 대하여 속이려 하면 고객들은 무엇이 잘못되었는지 귀신같이 잘 꼬집어낸다. 고객은 전문가이기 때문이다. 함부로 고객들을 속이며 장사하려는 기업은 오래지탱을 할 수가 없으며 자기 명을 단축하게 한다. 일탈한 행동을 하거나 보기 흉한 짓을 하게 되면 사람들은 꼴 좋다고 놀리듯이 말한다. 떳떳한 행동을 해야 제 모습을 보란 듯이 자랑할 수 있는데 다른 사람들한테 책잡힐 일을 하게 되면 그 사람 참 꼴 좋다고 빗대어 말하는 것을 많이 들어 보았을 것이다.

우리는 꼴이 좋은 모습, 말하자면 이미지가 좋은 사람이 되어야 한다. 꼴이 좋으려면 어떻게 해야 되겠는가 꿈이 있어야 한다. 꿈이 있는 사람은 에너지가 넘쳐난다. 어떤 상황에서도 굴복하지 않는다. 목숨도 헛되게 버리지 않는다. 희망을 갖는 것이다. 희망이란 현재 아파하는 병이던, 슬픔이던, 가난이던, 괴로움이던 그 무엇이든 모든 것을 다 낳게 하는 신기한 명약 중에 명약이 바로 희망이다. 열정을 가져보라 열정 있는 사람은 항상 불이 활활 타오르기 때문에 그 모습에 활력이 넘친다. 불도 여러 불이 있다. 반디 불, 등잔불, 초롱불, 화롯불, 장작불, 올림픽 때 붙이는 성화, 당신은 당신 인생을 위해 어떤 불을 붙이며 살 것인가? 열정적인 삶을 살고 싶으면 활활 타오르는 불을 붙여야 된다. 그래야 꼴이 좋아진다. 열정은 성취의 가장 위대한 도구다. 호기심을 갖는 사람은 꼴에서 향기가 난다. 새로운 것을 늘 배우려 하고 모르는 것을 깨우쳐 알려 하고, 질문하고 내 것으로 만들어 내는 그 호기심은 그 사람을 반짝 반짝 빛나게 만들어 준다. 늘 웃는 얼굴을 해보아라. 웃는 얼굴에 침 못 뱉는다는 말이 있듯이, 못생긴 사람도 웃으면 예뻐 보인다. 짐승도 웃는 모습이 얼마나 예쁜가. 옛날에 에버랜드에 간적이 있는데 우연히 동물들이 노는 모습을 보다가 그중에 어떤 동물이 사랑을 하기 위해 애무하는 모습이 보였다. 그 수놈은 기분이 좋은지 입을 삐죽이 웃어보였다. 그 모습이 너무나 우스워 나도 모르게 저절로 웃음이 터져 나왔다. 동물도 웃는다는 것을 알게 되었고 동물도 웃으면 더 아름다워 보였다. 웃는다는 것은 심정이 안정되어 있고 감정이 좋아야 그 웃음이 산다. 그럴 때 웃음은 얼굴에서 환한 빛이 난다. 긍정적인 태도를 가진 사람들은 그 꼴이 얼마나 아름다워 보이는가, 땀을 뻘뻘 흘리며 자기 일을 하는 모습, 자기 분야를 더욱 발전시키기 위해 밤낮을 가리지 않고 몰입하여 발전시키는 태도를 가진 사람들은 다들 예쁜 모습으로 보여 칭찬을 받게 된다. 사명을 가진 사람은 꼴이 정말로 좋다. 가장 가치 있는 평생 사명은 영원한 것이어야 하며 공익에 유익해야 된다. 평생 사명이야말로 효과적인 삶, 삶의 존재의 의미를 알게 되어 존재하는 것에 힘을 실어준다. 사명선언서는 우리가 해야 할 일을 알려주며 내가 나갈 방향타 같은 역할을 해준다.

괴테는 "가장 소중한 일이 중요하지 않는 일에 좌우되어서는 안 된다."라고 하였다. 두 마음을 품고 일이 제대로 이루어질 수 없다. 사명인은 매 순간이 기회가 된다. 분명한 사명을 가진 사람들은 희망이 있고, 인생의 활력과 열정을 갖게 되는 것이다. 평생 사명은 등대와 같은 것이다. 등대가 보이면 배가 가야 할 방향이 분명하다. 한사람의 사명이 세상을 바꾸어 놓은 기적을 만들어 내기도 한다. 가치관이 사람 꼴을 보기 좋게 만들어 준다. 높은 가치관에 따라 인생이 달라진다. 사람들은 자신이 가치 있다고 생각하는 것에 헌신을 하게 된다. 가치라 해서 다 긍정적인 가치만 있는 것이 아니기 때문이다. 부정적인 가치를 가지고 인류평화를 해치는 사람도 그 사람으로 봐서는 어떤 가치를 가지고 있는 것이다. 바른 가치관이 바른 헌신을 하게 만드는 것이다. 우리도 상생하는 화(和)의 문화를 꽃피워 나가자. 유럽이 발전한 것은 질서 때문이다. 나라에 법이 있으면 법을 엄격하게 준수해야 된다. '유전무죄 무전유죄' 되는 세상은 이젠 안 된다. 법을 지키지 않고 공공질서나 공공건물이나 개인 건물을 침입하거나 파괴하는 행위는 법이 얼마나 무서운 것인지 보여주어야 한다. 사람은 이미지가 좋아야 한다. 이미지는 당신이 누구인지 말해준다. 사람마다 풍겨지는 색이 다 다르게 느껴진다. 이미지가 좋은 사람은 어딘지 모르게 친숙하게 느껴지고 다가가고 싶어진다. 생김새는 조상이 물려준 선물이지만 표정(꼴)은 내 책임인 것이다.

타이거 우즈는 1997년에 프로에 입문했다. 1997년 봄, 프로입문 1년차인 타이거 우즈는 마스터즈 골프대회에서 우승했다. 스물한 살의 나이, 2위와 무려 12타차로 우승하자 호사가들은 새로운 골프 황제가 태어났다며 수선을 떨었다. 그런 중에도 타이거는 코치인 **버치 해먼**에게 스윙 교정을 처음부터 다시 해달라고 부탁을 했다. 버치는 조심스럽게 말했다. "타이거, 자네 한동안 우승 못 할지도 몰라. 괜찮겠나?" 타이거는 망설이지 않고 대답했다. "우승이 언제나 발전의 잣대가 되는 건 아니잖아요?" 그 후 일 년 반 동안 우즈는 고작 한 대회에서 우승하는데 그쳤다. 사람들은 타이거가 자만의 늪에 빠졌다며 비웃었다. 1999년 봄. 타이거의 포효가 마침내 시작됐다. 14개 대회에서 10회 우승. 그중 8개가 PGA투어였다. 이듬해 9개 PGA투어에서 우승. 2001년에는 마스터즈를 비롯한 4대 메이저 대회를 석권한 최초의 골퍼가 됐다. 흑인 선수로 탁월한 골프 실력을 보여줘 타이거 우즈는 골프 황제 소리를 듣고 있다. 이렇게 잘나가는 사람도 자기 몸을 제대로 다스리지 못해 여성과의 염문으로 자기 얼굴에 먹칠을 했다. 사람은 자기능력 못지않게 자기 몸 경영을 잘해야 된다. 돈을 많이 번다고 바람을 피운다든가 겸손하지 않고 자기가 최고인 양 거드름을 피우면 사람들은 바로 외면한다. 언제나 겸손하고, 남을 배려할 줄 알고 베풀고, 좋은 봉사하는 아름다운 이미지를 보여주어야 한다.

개인의 이미지, 가족의 이미지, 집단의 이미지, 회사의 이미지뿐만 아니라 더 나아가 나라의 이미지가 좋아야 한다. 우리나라도 경제면을 따진다면 무역 10~11위라고는 하지만 국민들의 이미지는 그에 훨씬 못 미친다. 이미지가 좋아야 그 사람의 호감도가 달라지듯이 나라의 이미지가 좋아야 외국 사람들이 더욱더 많이 방문해보고 싶어진다. 우리나라의 이미지를 높여야 나라의 브랜드 가치도 높아지게 된다. 질서를 지키고, 법을 준수하고, 신사다운 모습, 신뢰를 받는 국민이 되어야 한다. 좋은 모습을 보이기 위해서는 여자가 화장하듯 우리 모습을 매일 아름답게 가꾸는 훈련이 필요하다. 좋은 꼴로 우리의 경쟁력을 높이자.

진실은 언제나 통한다

歲寒然後 知松柏(세한연후 지송백)

사람은 겉으로만 보면 판단하기가 어려운 경우가 많다. 옛날부터 열 길이나 되는 물속은 알아도 한 길 사람 속은 알 수 없다는 말이 있다. 평소에는 자주 왕래하던 사람도 어려운 곤경에 처하게 되면 쉽게 외면해 버린다. 어려운 상황에 처해 있을 때에 친구들이 어떤 사람인지 진면목이 잘 들어난다. 사회에서 멀쩡하게 잘나가던 사람도 상식을 벗어난 행위를 하여 사회에 큰 물의를 일으켜 그 사람의 평가를 새롭게 하는 경우가 많이 발생된다.

논어에 **"歲寒然後 知松柏**(세한연후 지송백)"이라는 말이 있다. 이 말은 "날씨가 추워진 후(後)에야 소나무와 잣나무의 진가를 알게 된다."는 뜻으로 지조(志操)와 절개(節槪)가 굳은 사람은 어려운 상황(狀況)이 되어야 구별(區別)된다는 의미를 담고 있다. 여름에는 모든 나무들의 잎이 무성하여 같이 푸르기 때문에 소나무와 잣나무의 진가가 쉽게 드러나지 않는다. 그러나 가을이 되면서 서서히 날씨가 추워지면 활엽수는 낙엽이 되어 떨어지지만 소나무와 잣나무는 그 푸른 잎을 자랑하듯 그대로 유지하고 있다. 아주 추운 겨울이 되어서야 잣나무와 소나무의 푸름의 진가가 더욱 드러나게 된다.

사람도 인생의 겨울인 고난을 당해 보면 그 인품을 알 수 있다. 소나무와 잣나무는 기나긴 세월 동안 크면서 갖은 풍상을 다 견뎌내며 그 푸름을 잃지 않는 데서 그 진가가 돋보인다. 고난을 당하면 속수무책으로 무너지는 사람이 있는가 하면 고난을 통해 성숙한 인생으로 성장하는 사람들이 있다. 권투 선수 치고 상대방한테 맞지 않고 챔피언 자리에 오른 선수는 아무도 없다. 사람도 고난 없이 진정한 성숙을 기대하기는 어렵다. 인간관계도 마찬가지이다. 잘 나갈 때 보다는 어려울 때 찾아주는 사람의 인간성이 더욱 돋보인다. 사람도 마찬가지다. 좋을 때야 너도 나도 다 친구라고 하지만 막상 어려운 일을 당하고 보면 그 많던 친구는 다 어디로 가고 남은 건 나 혼자뿐이다. 만약 어려울 때에도 끝까지 내 곁에 남아서 나를 도와주는 친구가 있다면 그 친구는 천하를 얻는 것과 같다.

큰 인물은 하늘에서 그냥 떨어지듯이 쉽게 만들어지는 것이 아니다. 고통 없는 왕관 없고, 가시 없는 장미 없듯이 말이다. 좋은 물건이 만들어지는 것도 여러 과정을 거쳐서 만들어지듯이 제대로 된 사람의 빛은 어려운 환경을 잘 적응해낸 선물이다.

김정희(金正喜 : 1786~1856)는 조선 후기의 대표적인 서예가, 금석 학자, 고증학자이다. 그는 24세 때인 1810년(순조 10) 아버지 김노경이 청나라에 동지사 겸 사은사로 사신행을 떠날 때 아버지의 시중을 드는 자제군관으로 따라갔다. 6개월 동안 청나라에 머물면서 청나라 제일의 학자 옹방강(翁方綱), 완원(阮元)등에게 재능을 인정받아 고증학을 배우게 된다. 완원은 자기가 지은 소재필기(蘇齋筆記)를 처음으로 김정희에게 기증까지 하였으며, 김정희가 조선에 돌아온 뒤에도 그들과 서신을 주고받았다. 조선에 돌아온 뒤 한동안 벼슬에 나가지 않았다. 그때 〈실사구시설〉 등을 발표하여 북학(北學)의 학문적 수준을 높이는 한편 성리학적 관념론을 비판했다. 김정희는 청나라에서 고증학을 배울 때 금석학도 함께 배웠다. 김정희가 남긴 금석학의 가장 큰 업적은 1816년 당시까지 '무학 대사의 비' 또는 '고려 태조의 비'라고 알려져 있던 북한산비를, 비문에 적힌 "진흥태왕급중신순수(眞興太王及衆臣巡狩)"라는 구절을 통해 진흥왕 순수비라고 밝혀냈다. 1819년 식년시(式年試) 병과(丙科)로 합격하여 병조참판까지 올랐다. 조선시대 최고의 명필이었던 추사 김정희는 만년에 제주도에서 귀양살이를 하였다.(1840~1848). 제주도에서 유배하던 때에 삼국시대로부터 조선에까지 내려오는 한국의 서법을 연구하여 만든 서체가 추사체이다. 이 추사체는 한국의 필법뿐만 아니라 한국의 비문과 중국의 비문의 필체를 연구하는 과정에서 만들어졌다. 귀양살이 초기에는 왕래하는 친구가 많았지만 세월이 흘러도 추사에게 복권·복직의 기미가 보이지 않아 왕래하던 친구들의 발길이 거의 다 끊겼다. 그러나 이상적(李尙迪 : 1804~1865)이라는 제자는 끝까지 추사를 저버리지 않았다. 이상적은 역관 출신(지금은 통역관)으로 보통사람은 중국을 한 번

다녀오기도 힘든 상황이었는데 이상적은 가는 데 6개월이나 걸리는 먼 거리를 무려 12번이나 북경에 다녀온 사람이다. 이상적은 스승 김정희가 제주도에 유배되어 있을 때 중국 역관 책을 24권이나 갖다 주었다. 사람이 어려워지면 자연적으로 몸을 피하고 몰라라 하는 경향이 있다. 그러나 이상적은 그 귀한 책을 김정희선생한테 전하기 위해 강을 두 번씩(중국—한국, 부산—제주도)이나 건너며 전해주었다. 그 고마움에 감동하여 김정희는 제자인 이상적한테 1845년에 세한도(歲寒圖)를 그려주었다. 이상적은 제자였지만 스승에 대한 한결같은 마음으로 처신한 것은 어느 성인도 칭찬을 했을 것이라는 평가를 받고 있다. 추사 김정희는 감옥에서 당시의 어려움을 세한 속의 꼿꼿한 송백을 표현하면서 자신의 슬픔을 굳은 의지로 견뎌낸 것 같다. 세한도를 받은 이상적은 이듬해에 중국 북경에 가게 되어 스승의 옛 친구인 오찬의 잔치에 초대 받아 간 자리에서 스승의 세한도를 내보였다. 이때 함께 자리했던 청나라 문사 16인은 이 그림을 감상하고는 그 어려운 유배생활 속에서 세한도에 표현한 김정희의 마음을 십분 헤아리고 세한도의 높은 품격과 사제 간의 깊은 정에 감격하여 저마다 이를 기리는 시문을 남겼다고 전해진다.

에이브라함 링컨은 미국 역대 대통령 중 미국사람들에게 가장 존경받는 대통령이었다. 링컨이 그토록 자기를 경멸하고 우습게 생각하던 **그랜트** 장군을 장관으로 등용한 사례는 아무나 흉내 낼 수 있는 인사가 아니다. 링컨은 군자였으며 소나무 같은 사람이었다. 링컨이 사망을 하자 소련의 대문호 톨스토이는 링컨의 죽음에 대하여 이렇게 말했다. "역사상 위대한 영웅들과 위인들이 많이 있었지만 진정한 거인은 링컨 한 사람밖에 없다. 그는 자기를 미워하고 죽이려던 원수들까지도 용서하고 형제처럼 대하며 사랑의 손을 내밀었다. 링컨은 마치 예수그리스도의 축소판이라고 할 수 있다. 그의 미소는 따사로운 햇빛같이 빛났으며, 그의 행동은 바위처럼 단단했고, 그의 인품은 친절과 관용으로 넘쳤다. 우리 모두는 링컨을 인류역사상 가장 위대한 성자로 영원히 기억할 것이다."라고 하였다.

사람은 잘살다가 못살게 된다든지 잘나가다가 갑자기 추락하게 되면 그렇게 많이 찾아오던 사람도 발길을 뚝 멈춰버리는 것이 일반적인 사람들의 태도이다. 그러나 군자 같고 진정한 리더는 언제나 푸른 소나무와 잣나무 같지만 보통사람은 꽃잎 같아 서리가 내리면 하루아침에 잎이 다 떨어지는 것처럼 힘들어지면 주위에 사람들이 다 떨어져나간다. 사람은 곤경에 처할수록 진정한 친구의 진면목을 알게 된다.

당신은 당신이 곤경에 처했을 때 달려와 줄 친구가 과연 몇 사람이나 있는가?

錦坡 姜明求(금파 강명구)

❖5❖

멀티 전문가 시대
A자형 인간이
되어라

꿈을 가져라 人無遠慮 必有近憂

천하를 다 얻는 친구 有朋自遠方來 不亦樂乎

독서는 명예와 부를 갖다 준다 何必讀書 然後僞學

시란 무엇인가? 小子 何莫學夫詩 詩 可以興 可以觀 可以羣

삶의 기본도리 仁義體智信

시 삼백 수면 사리통달 誦詩三百

一百. 몽전양영 (夢奠兩楹) - 꿈에 두 기둥 사이에서 전을 올린다.

　孔子께서 병이 나시니 자공(子貢)이 찾아 뵈러 왔다. 공자께서는 지팡이를 짚고 문간에 서성거리면서 노래하시기를 "泰山이 무너지려는가? 대들보가 부러지려는가? 착한 사람이 쇠약해지려는가?"라고 하셨다. 그 말을 들은 자공은 "태산이 무너지려면 저는 장차 무엇을 우러러 본단 말입니까? 대들보가 부러지면 저는 장차 무엇을 공경한단 말입니까? 착한 사람이 쇠약해지면 저는 장차 누구를 본 받는단 말입니까?"라고 하고는 뛰어 들어갔다.
　이에 孔子께서는 "사(賜)야, 너는 어찌 그다지도 늦게 오는가? 하후(夏后)씨는 동쪽 뜰에다 빈소를 마련했고 殷나라 사람은 두 기둥 사이에 빈소를 마련하였느니라. 나는 은나라 사람이다. 어젯밤 꿈을 꾸니 내가 두 기둥 사이에 앉아 전(奠)을 올리고 있었다. 지금 천하에는 밝은 임금이 없으니 누가 나를 우러러 받들겠느냐? 나는 아마도 멀지 않아 죽을 것이다."라고 말씀하셨다. 그런지 7일 만에 孔子께서는 세상을 떠나셨다.

槁 - 마를 위, 약초이름 위(槁), 쇠약해질 위, 병이날 위.　　伏 - 공경할 복, 엎드릴 복, 숨을 복, 굴복할 복.
放 - 놓을 방, 본받을 방(倣).　　　　　　　　　　　　超 - 뛰어넘을 초, 높을 초.
宗 - 우러러 받들 종.　　　　　　　　　　　　　　　　奠 - 정할 전, 둘 전, 제물 전, 전올릴 전.

다양한 분야를 두루 잘하는 전인적인 인간형이 군자다. 지금은 한 가지만 잘해서 밥 먹고 살기 힘든 세상이다.
　　　　　　　　　　　　　　　　　　　　　　　　　-공한수

仁義禮智信

壬辰夏至節

延壽南風樓主人 孫敬植

사랑
도리
예의
지혜
신용

海淸 孫敬植

꿈을 가져라

人無遠慮 必有近憂(인무원려 필유근우)

❖❖❖

　꿈은 우리의 삶에 공기와 물만큼 소중한 것이다. 꿈을 가진 사람은 어떤 어려움이나 어떤 역경도 극복해 나갈 수가 있다. 세상은 꿈을 가진 자에 의해 변한다. 큰일을 이루려면 멀리 바라보는 꿈이 있어야 한다. 꿈은 자동차의 내비게이션과 같은 역할을 해준다. 꿈 없이 산다는 것은 마치 바다에 공허하게 물결치는 삶과 같다. 하루살이처럼 목표 없이 사는 인생이 돼서는 안 된다. 꿈이 있는 사람은 멀리 내다보고 시간이 없다고 포기하거나 당장 돈이 없다고 포기하지 않는다. 위대한 생각으로 꿈을 꾸는 사람에게는 열정이 넘쳐나게 된다. 목표가 있으면 삶의 존재이유를 알 수 있다. 명확한 목표가 있으면 힘이 저절로 솟구쳐 오른다. 사람은 누구나 다 다이아몬드 광산만큼 소중한 것을 가지고 있다. 꿈이 있는 사람은 잠자고 있는 거인을 흔들어 깨워 놓으면 다이아몬드 보다 더 값진 보물을 캐내게 된다.

논어의 위령공편에 "人無遠慮 必有近憂(인무원려 필유근우) ― 사람이 멀리 생각함이 없으면 반드시 가까이 근심이 있다."라는 말이 있다. 우리의 삶은 먼 미래를 생각하여 대비하지 않고 앞에 닥치는 일에만 팔려있으면 큰 걱정을 당하게 된다는 뜻이다. 논어 주해에 멀고 (慮不在千里之外 患在几席之下)"는 "생각이 천 리 밖에 있지 아니하면 근심이 책상과 자리 밑에 있다."라는 뜻이다. 멀리 국제정세에 눈을 돌리지 않고 국내에 일어나는 사태에만 얽매이면 국제 정세에 어둡게 되어 나라에 큰 환란을 불러오게 된다. 우리는 불행한 역사 '임진왜란, 한일강제병합, 6·25 동란.' 등을 통해 알 수 있다. 우리는 세상이 어떻게 변화되고 있고 어떻게 경쟁력을 가져야 되는지를 알고 대비를 철저히 하여 불행한 역사를 되풀이하는 일은 결코 없어야 한다.

미국 대통령 존 F. 케네디(John Fitzgerald Kennedy : 1917.5.29~1963.11.22) 대통령은 1961년 미국 의회에서 "60년대가 끝나기 전에 달에 사람을 보내겠습니다."라고 연설을 했다. 당시 과학자들은 불가능하다고 했다. 그러나 케네디는 달나라에 가는 꿈을 가졌고 그 결과 1969년 아폴로 11호가 달나라에 착륙을 했다. 당장 현실을 생각하면 달나라에 간다는 것은 너무나 황당하고 불가능한 얘기였다. 그런 환경에서도 원대한 꿈에 초점을 맞추어 미국은 달나라에 사람을 보내는 데 성공했다.

마틴 루터 킹 목사는 "I have a dream. 나는 꿈을 가지고 있습니다." 연설문 일부를 소개하면 "우리는 꿈을 꾸어야 합니다. 그래서 난 친구 여러분에게 오늘과 내일에 어려움이 닥쳐도 여전히 우리에겐 꿈이 있다고 말합니다. 언젠가는 우리나라의 모든 사람이 평등하게 태어났다는 이 진실이 자명하다는 것을 믿고, 그것을 신조로 살아간다는 아메리칸 드림에 깊게 뿌리내린 꿈입니다. 나에게는 언젠가는 Georgia의 붉은 언덕에, 이전의 노예의 자식과 이전에 노예의 주인의 자식이 함께 형제의 식탁에 앉을 수 있게 되는 꿈이 있습니다. 나는 언젠가는 불의와 억압의 열기로 더워 지친 미시시피주가 자유와 평등의 오아시스로 변화되는 꿈이 있습니다. 나에게는 나의 네 자녀들이 언젠가는 피부색에 의해서가 아니라, 인격에 따라 평가되는 나라에 살게 되는 꿈이 있습니다." 킹 목사는 흑인들에게 감동적인 연설로 미국의 흑인들을 일으킴으로 오늘의 미국이 있게 된 원동력이 되었다. 미래를 바라본 킹 목사의 꿈은 마침내 미국 역사상 최초 흑인 대통령 버락 오바마를 탄생시켰다.

빌 게이츠에게 어느 날 기자가 물었다. "세계 제1의 갑부, 그 비결은 무엇입니까?" 그 답은 간단하고 명료했다. "나는 날마다 내 자신에게 두 가지 최면을 겁니다. 하나는 '오늘은 왠지 큰 행운이 나에게 있을 것이다.' 그리고 또 하나는 '나는 뭐든지 할 수 있어.'라고 주문합니다." 빌 게이츠는 13세 때부터 프로그래밍을 하기 시작했다. 하버드 대학에 입학했으나 장차 개인용 컴퓨터가 모든 사무실과 가정에 중요한 도구로 자리 잡게 될 것을 예견하고 컴퓨터 기업을 창업하겠다는 목표를 세웠다. 그는 비전을 발견했고, 목표도 분명했다. 그가 태어나기 10년 전쯤에야 나온 '컴퓨터'에 심취하였고 13살에 이미 컴퓨터프로그래밍에 매료되어 그의 천재적 능력을 발휘하여 빌 게이츠는 성장하여 그의 꿈을 이루어 냈다. 빌 게이츠는 자기의 성공 비결을 "나는 힘이 센 강자도 아니고, 그렇다고 두뇌가 뛰어난 천재도 아닙니다. 날마다 새롭게 변했을 뿐입니다. 그것이 나의 성공 비결입니다. Change(변화)의 g를 c로 바꿔보십시오. Chance(기회)가 되지 않습니까? 변화 속에는 반드시 기회가 숨어있습니다."라고도 했다. 디지털 제국의 황제, 빌 게이츠는 워싱턴 주 시애틀에서 1955년 10월 28일 빌 게이츠 2세와 메리 사이에서 태어났다. 아버지는 로펌을 공동으로 경영하는 법률가였으며 어머니는 교사이자 자선 단체장이었다. 게이츠는 어린 시절 부모로부터 법률, 정치, 자선 활동 등에 대해 많은 이야기를 듣고 함께 대화에 참여했다. 관심 분야가 다양했던 어린 게이츠는 책을 언제나 옆에 끼고 사는 책벌레였다. 누구도 이 기계의 중요성을 알지 못했지만 게이츠와 앨런은 언젠가 컴퓨터가 모든 인류의 필수품이 될 거라는 원대한 꿈을 꾸었다.

일본 소프트 뱅크의 **손정희** 회장은 창업 첫날 차고 안의 직원 2명 앞에서 우리 회사는 5년 이내에 1백억 엔, 10년 후에는 5백억 엔 그리고 앞으로 1조억 엔의 수익을 이루겠다고 말했다. 두 직원은 꿈이 황당하다고 생각하고 그 다음 날부터 출근하지 않았다. 그러나 손정희 회장은 그 꿈을 달성하여 2006년에는 일본제일 부자가 되었다. 손정희 회장은 "내가 가진 것이라고는 꿈꾸는 것뿐이었다."고 말하고 그 꿈을 실현시켰다. 성서에서 꿈의 사람을 찾으라면 요셉을 꼽는다. 하나님은 요셉에게 그의 꿈을 보여 주었고 요셉은 하나님의 꿈을 사랑한 사람이었고 따라간 사람이다. 어릴 때 형들 때문에 애굽에 팔려가

종살이를 했지만, 꿈의 사람 요셉은 꿈을 따라가다 보니 결국 그는 승리하여 애굽의 총리가 되었다. 그러나 요셉이 총리가 된 것은 자신의 꿈이 아니라 "하나님의 꿈이었다."고 한다.

　　사기는 사마천이 썼다. 사마천이 궁형을 당하면서 쓴 책이 바로 사기이다. 저술 동기는 부친의 유명(遺命). 사마천의 부친인 사마담(司馬談)은 무제의 봉선례(封禪禮)에 참가하지 못하게 되자 화병이 나서 곧 죽게 되었는데 이때 아들에게 다음과 같이 유언했다. "우리 선조는 주(周)왕실의 태사(太史)였다. 상대(上代)로부터 일찍이 우(虞)에 공명이 드러났고 대관(大官)일을 맡아왔다. 후세에 중도에서 쇠퇴하더니 마침내 나에게서 끊어지려는가? 너는 다시 태사가 되어 우리 조상이 하던 일을 계속하거라." **공자**(孔子)**는 옛것을 닦아 쇠퇴한 것을 일으켜 《시》·《서》를 논하고 《춘추》를 지으니 학자들이 지금까지 그를 본받고 있다.** 획린(獲麟) 이래 사백여 년이 지나자 제후들이 서로 겸병하고 역사기록은 끊어졌다. 사마천의 아버지 사마담은 사마천에게 또 이런 말을 남겼다. "명군·현신·충신·의로움에 죽은 선비들을 내가 태사이면서도 논하여 싣지 못하고 천하의 역사문을 폐하게 되어서, 나는 이를 심히 두려워하니, 너는 그것을 염두에 두거라." 사기는 20여 년에 걸쳐 자신의 혼과 모든 것을 담아냈다. 사마천은 아버지의 유언과 자기의 꿈이 없었더라면 참기 어려운 역경을 견디어 내는 것은 불가능 했을 것이다. 사기는 모두 130편, 52만 6천 5백자로, 그 원명은 태사공서(太史公書)라고 한다. 사기란 원래 '사관의 기록'을 가리키는 일반명사였는데 훗날 사마천의 저작을 가리키는 명사로 쓰였다.

폴 마이어(Paul J. Meyer) 회장은 끊임없이 불타는 열정으로 불과 27세에 억만장자가 되었다. 열정은 어떻게 생겨나는 것일까? 좋아하는 일을 발견하고 할 일을 정확히 알게 되면 하는 일에 초점이 맞아 저절로 뜨거운 열정이 샘물처럼 용솟음친다. 열정은 자동차의 연료와 같다. 좋아하고 간절히 바라는 목표를 추진하도록 하는 활동적인 에너지이다. 로마의 철학자 루시우스 세네카(Lucius Seneca) "험한 길이 위대함의 정신으로 인도한다."고 하였다. 열정을 타오르게 하는 연료는 희망에 대한 신념이다. 열정 없이는 비전을 성취할 수 없다. 성공도 열정이 가져다 준 선물이다. 에머슨은 "열정 없이는 아무리 원대한 일도 결코 성취할 수 없다."고 하였다. 목표를 달성하는 길에 힘들고 괴로움에 빠질 때 처음의 열정을 떠올리자. 열정과 희망은 힘들고 어려운 과정을 극복하고 성공으로 이끌어주는 원동력이다. 목표를 세워 실천하면 성취할 수 있다. 목표를 향한 신념과 열정만 있다면 성공적인 인생을 만들 수 있다. 폴 마이어는 손수 실행하여 성공을 일군 사례로 세계적인 LMI란 교육프로그램을 만든 신화적인 사람이다.

천하를 다 얻는 친구

有朋自遠方來 不亦樂乎(유붕자원방래 불역락호)

✦

친구란 서로가 발전하도록 도움을 주는 사이여야 한다. 그 사람에게 다가갔을 때 좋은 영향을 받고, 나 자신에게 누군가가 다가 왔을 때 좋은 영향을 주는 것이 좋은 친구이다. 이 세상에 친구란 말은 가장 간격 없이 부드럽게 지낼 수 있는 사이, 세상과도 바꿀 수 없을 정도로 가치 있는 사이가 친구다. 남들은 어려울 때 떠나기 마련인데 가장 어려울 때 찾아와주는 것이 진정한 친구이다. 참된 친구란 쓰러져 있을 때 곁에서 일으켜 주는 사람이다. 참된 친구란 슬플 때 기대어 울 수 있는 어깨를 가진 사람이다. 그리고 기쁠 때 같이 함박웃음을 지어줄 수 있는 사람이다.

공자는 "有朋自遠方來 不亦樂乎(유붕자원방래 불역락호) — 벗이 먼 곳으로부터 오는 것이 또한 기쁘지 아니한가?"라고 말씀하셨다. 친구가 찾아오는 일은 대단히 기쁜 일이다. 친구가 서로에게 도움이 된다면 기쁨이 얼마나 크겠는가? 우리가 여기에서 붕(朋), 친구라는 의미를 다시 짚어볼 필요가 있다. 여기서 붕(朋)은 우(友)와 다르게 보아야 한다. 붕(朋)은 붕(鵬) 원자로서 큰 새가 날면 새들이 따라 다닌다는 것처럼 어떤 인물을 중심으로 여러 사람이 모이는 학붕(學朋), 붕당(朋黨) 같은 데 쓰인다. 그러므로 여기서 붕(朋)은 공자(孔子)의 학행(學行)을 사모하여 먼 지방에서 온 사람들을 가리킨다고 보아야 할 것이다. 멀리서 또는 가까이서 스승을 기쁘게 찾아주는 벗들이 오는데 선생인 공자는 매우 기분이 좋았을 것이다. 다정하게 지내는 친구만 찾아와도 크게 기쁜 일인 것처럼 말이다. 하물며 뛰어난 사람들이 선생을 찾아주니 이 친구들이 얼마나 기쁜 일인지 과히 짐작하고도 남을 일이다. 붕(朋) 친구란 말을 이런 의미도 있다. 우리는 성공하기위해 그 분야에 성공한 사람을 찾아가고, 고수가 되기 위해, 훌륭한 선수가 되기 위해, 훌륭한 선생이 되기 위해, 그 분야에 최 고수, 명 코치, 달인, 훌륭한 멘토 등을 자주 만나 가르침을 받아야 한다.

그 분야 전문가한테 최고의 진수인 노하우를 배워서 내 것으로 만드는 노력을 하면 성장속도가 그만큼 빨라지게 된다. 변하기 위해 열심히 몸부림치는 사람은 반드시 성공하는 사람이 될 수밖에 없다. 그 당시 공자(孔子)는 최고의 족집게 선생, 명코치 그리고 명멘토였기 때문에 배우려고 하는 사람들이 찾아들었다. 찾아오는 사람마다 제법 의식이 깨이고 대단히 역량이 있는 자들이었으니 공자는 얼마나 기뻤겠는가.

프랑스에 공자 학파

프랑스 사람들은 **볼테르**(1694~1778년)를 면류관 없는 영원한 프랑스의 왕이라고 찬양한다. 그는 17세기 말엽부터 18세기 중엽까지 서양 사상을 지배한 사람이다. 그는 공자를 일컬어 "지극히 순수할 뿐 기적을 말하지 않았으며 공허하게 말하지 않는다. 인류의 누가 공자의 사상보다 더 우수한 철학을 생각해낸다는 것은 거의 불가능에 가깝다."라고 까지 말했다. 볼테르는 그 당시 프랑스는 왕족과 귀족 등 전 국민의 2% 내외되는 사람들이 전국토를 소유하고 있었으며, 무수한 사람들이 굶주려 죽어 가고 있었다. 볼테르는 이에 분노하여 "가난한 것이 문제 되는 것이 아니라 고르지 못한 것이 문제, 적은 것이 문제가 아니라 차별이 문제."라는 공자의 말을 인용하여 계몽하였다고 한다. 볼테르는 공자의 초상화를 자기 서재에 걸어놓고, 아침저녁으로 절을 올렸다. 84세에 죽는 날 아침에도 공자에게 절을 올리며 살아있는 동안 당신을 알아 기뻤다는 말을 남기고 세상을 떠났다고 한다.

영국의 **사뮤엘 존슨**(Samvel Johmeon)이 지은 『공자 약전』, **토마스 칼라힐**(Thomas Carlyle)의 『원인과 위인의 숭배(Here and Hero worship)』, 『흄(Daxid Hume)』들이 다 공자 철학에 경도된 사람들이다. 오스트리아, 네덜란드, 스웨덴까지 17세기, 18세기 학자나 철학가, 과학자들 중 공자와 관련이 없는 사람은 거의 없다고 한다. 1776년 **제퍼슨**이 기초한 미국 독립선언문은 미국혁명의 거사며, 오늘날 미국이 있게 한 정신의 바탕이다. 제퍼슨 등 프랑스에서 교육을 받았을 때, 공자학회 회원이었고, 독립선언문에 같이 동참한 **벤자민 프랭크린**도 같은 회원이었다. 그리하여 독립 선언문의 취지는 공자 학설의 요지를 정리한 것이다. "1.사람은 나면서부터 평등하다. 2.사람은 하늘로부터 타고날 때 생활의 권리, 자유를 누릴 권리, 행복을 누릴 권리를 가진다. 3.이런 권리를 보장하기 위하여 정부를 수립해야 한다. 정부는 백성의 동의를 얻어 합리적 선거에 의하여 권력을 가진다. 4.백성은 권력자가 잘못했거나 부정할 때 항의하거나 비판할 자유를 가진다." 그 당시 이 초안을 평의회에 넘겼을 때 누군가 "'생활의 권리', '자유의 권리', '행복의 권리'가 있으니 '사유 재산을 누릴 권리'도 넣는 것이 어떠냐." 하는 질문에 제퍼슨은 대답했다. "공자의 말 중에 군자는 의에 밝고 소인은 이에 밝으며, 군자는 덕을 생각하고 소인은 땅(돈)을 생각 한다는 말이 있어 너무 사유재산을 강조하는 것이 도덕스럽지 못하여 뺐다." 공자의 사상은 이렇게 '미국 독립 선언문'에 까지 골자를 이루게 되었다. 그 이후 **에메슨**은 "공자는 전 세계, 전 민족의 영광." 이라고 찬양했고, 미국 교육자의 아버지인 초창기 하버드 대학 교수 였던 **바비트**(Irving Bebbit)의 교육 정신은 공자의 교육정신과 일치한다. 자기 사후에도 명성 있는 사람들이 세계도처에서 자기를 따르고 칭송해주는 친구를 얻는 사람은 아주 행복한 사람이다.

칸트와 **니콜로 비우스** 책방에 관한 일화다. 대철학자 칸트의 벗 중에 니콜로 비우스라는 사람이 있었다. 니콜로 비우스의 아들은 칸트의 제자이기도 했다. 어느 날 니콜로 비우스 2세는 스승인 칸트에게 장래의 희망을 말했다. "선생님, 저는 훌륭한 책방을 경영해 보고 싶습니다만 어떨까요?" "괜찮겠지. 자네는 아직 학생이지만 학교를 졸업하고 나서 서점운영을 크게 한번 해보게." 니콜로 비우스는 졸업하고 드디어 책방을 열었다. 그러자 칸트는 자신의 저작을 저렴한 인세로서 출판할 것을 약속했다. 칸트의 이름이 저명함에 따라서 많은 이름 있는 출판사가 높은 인세로서 저작권을 얻고자 했지만, "친구의 자식을 돕는 것이 나의 의무입니다."라고 말하면서 칸트는 그 모두를 사절했다.

아름다운 화랑 **사다함**의 우정에 관한 이야기다. 신라 진흥왕 때 화랑 사다함은 가야 정벌에 참전하여 큰 공을 세웠으므로 대왕은 포로 300명과 논밭을 하사하였는데 사다함은 모든 포로를 자유인으로 놓아 주고 논밭은 알천의 볼모지 약간만을 받았을 뿐이다. 일찍이 사다함은 무관량과 더불어 진실한 벗되기를 맹서하였는데 **무관량**이 병들어 죽자 너무 슬퍼하여 사다함도 7일 만에 따라 죽으니 그때 그의 나이 17세였다고 삼국유사는 전한다.

피터 드러커는 시대를 앞서가는 경영철학과 미래사회에 대한 탁월한 통찰력으로 널리 알려진 세계적인 경제학자였다. 그는 21세기는 지식사회 중요성을 강조하였다. 피터 드러커는 지식근로자란 말도 가장 먼저 사용한 사람이다. 피터 드러커가 미국에서 특별한 학술 세미나를 개최하게 될 경우 그를 존경하는 학자들이 전 세계에서 모여든다. 피터 드러커는 "한국의 기업가 정신이 1등."이라고 극찬을 한 바도 있다. 피터 드러커는 전 세계에서 찾아와준 친구들을 보고 그 기쁨을 감출 길이 없었을 것이다. 우리나라에도 여러 번 다녀간 바

있고 피터 드러커를 좋아하는 사람들이 피터 드러커 정신을 이어가기 위해 '피터 드러커 소사이어티(Society)' 포럼을 이끌어가고 있다. 자기를 인정해주고 존경하는 친구들이 많이 오면 올수록 사람은 자연적으로 기쁠 수밖에 없다. 일제 강점기에 우리나라 독립투사들이 나라를 위해 독립운동 하던 때 각 지역에서 동지들이 구름같이 모여들면 천군만마를 얻은 상황이 되어 친구들이 얼마나 반갑고 기쁜 일이 아니었겠는가? 톨스토이는 "다정한 벗을 찾기 위해서라면 천릿길도 멀지 않다."라고 하였다.

오늘날 우리가 살아가면서 다양하게 벗을 사귀게 된다. 고향 친구, 학교 동창, 회사의 동료가 있고, 사회친구와 취미생활을 통하여 만나는 다양한 친구가 있다. 그러나 진실한 벗은 별로 없다. "친구가 되는 것은 자기가 완전한 친구가 되는 것이다."라고 **에머슨**은 말했다. 산과 같은 친구, 땅과 같은 친구로 새나 짐승의 안식처로 뭇 생명을 싹 틔워주고 길러주는 친구처럼 그런 친구여야 참다운 친구이다. 진실한 벗 사이에는 변함없는 우정이 싹튼다. 이런 참된 우정은 우리를 올바르게 살게 하고 보람을 갖게 한다. 세상에서 진정한 친구는 바로 나다. 나 자신은 그 모든 것을 나와 함께 동반하며 영원히 함께 살아가지 않으면 안 되는 가장 소중한 친구다. 나 자신을 친구로 만들지 못하면 진정한 친구도 만들 수 없다. 당신도 다른 사람이 친구가 되고 싶어 하는 그런 매력적인 사람이 되어보지 않겠는가?

독서는 명예와 부를 갖다 준다

何必讀書 然後僞學(하필독서 연후위학)

✦✦✦✦

성공하는 사람은 하루 밥을 굶을지언정 책 읽는 것은 굶지 않는다는 말이 있다. 책 속에는 모든 성공 비밀이 다 들어 있음을 알기 때문이다. 성공하는 세계적인 CEO들은 독서를 많이 한다. 이건희 회장도 한 달에 30권 이상의 책을 읽는다고 알려져 있다. "사람은 생각하는 대로 된다."라고 모리스 굿맨이라는 사람은 말했다. 책을 많이 읽으면 당신도 그렇게 될 수 있다는 것을 믿고 책 읽는 일에 부지런을 떨어야 된다.

공자의 가르침 중에 **何必讀書 然後僞學**(하필독서 연후위학)"란 말이 있다. 자로(子路)가 자고(自羔)로 하여금 비(費)라는 대도시의 장관을 삼은 데 대하여 "남의 자식을 망치는구나."라고 공자가 말했다. 아직 학업이 완성되지 않은 상태에 요직에 나가면 사람을 버리게 된다는 말이다. 그 당시 학업이란 학교가 없던 시절이라 집에서 책을 읽어 기본적인 소양을 쌓는 식이었다. 그 후에 일터를 찾았다. 지금 시대로 보면 일정수준 교육을 받은 후에야 일할 자격이 있다는 의미이다. 속담에는 각 나라의 문화가 담겨 있다. 중국 속담 중에 "다독서청기(多讀書淸氣)"란 말이 있다. "책을 많이 읽고 공부하는 사람 중에 악인은 없고, 독서는 마음을 깨끗하고 마음상태를 바르게 해주기 때문이다."라고 전해 내려오고 있다. 유대인들은 자녀들에게 책을 많이 읽도록 교육시킨다. 집에 불이 나도 귀중품보다 책을 먼저 챙겨야 된다고 이르고 있다. 여행지에서 보지 못한 책을 발견하면 가진 것을 다 털어서라도 책을 사가지고 와야 된다고 가르치고 있다. 유대인들의 지혜가 드러나는 교훈이다. 노벨문학상을 받은 일본 **가와바다 야스나리**는 의사의 아들로 태어났지만 양친을 모두 잃고 두 눈을 실명한 조부와 함께 살다가 조부마저 일찍 돌아가시는 바람에 완전히 고아가 되었다. 그는 중 2학년 때에 소설가가 되기로 결심하고 그때부터 학교 쉬는 시간에도 놀지 않고 세계의 명저들을 많이 읽었다. 학교도서관의 장서는 닥치는 대로 다 읽었다. 책을 살 돈이 없었기 때문에 도서관의 책과 빌려주는 책을 맞바꾸어 가며 밤잠을 잊을 정도로 책을 열심히 읽었다. 그렇게 공부하여 도쿄대학 문학부에 진학했고, 소설을 써서 투고하여 인정을 받아 일류 작가로 대성하였다. 그는 드디어 1968년에 노벨 문학상을 수상하는 영광을 가지게 되었다. 책을 날마다 읽고 공부를 게을리하지 않는다는 것은 달리는 차에 기름을 넣는 것과 같다. 차에 휘발유나 전기나 배터리가 없으면 어떻게 달려 나갈 수가 있겠는가?

주자(朱子 : 1130~1200)는 중국 남송의 유학자로 주희(朱熹)의 존칭이다. 중국 복건성(福建省) 우계(尤溪)에서 출생했으며 19세에 진사가 된후 여러 관직을 지내면서 맹자·공자 등의 학문에 전념하였으며 주돈이·정호·정이 등의 사상을 이어받았다. 그는 유학을 집대성하였으며 '오경'의 진의를 밝히고 '주자학'을 창시하여 완성시켰다. 주희는 주렴계, 정주로 대표되는 이전 송학의 흐름을 이어받아 이를 집대성하고 종래 유교가 불, 도교에 비해 사상적 약점이었던 이론적 결여를 보완하는 우주론적, 인간론적 형이상학을 수립하게 된다. 나는 2004년 복건성 무이산을 여행하면서 주자의 사당에서 4가지 교훈이 쓰여 있는 것을 발견하였다. 그중 제1훈으로 '독서기가지본(讀書起家之本)'인데, 책을 읽어야 가문을 일으켜 세울 수 있다는 교훈을 일깨워주고 있다. 세종대왕은 어린 시절 몸이 매우 약해서 약을 입에 달고 살았다. 다른 형제들처럼 말타기나 활쏘기를 즐기지도 못했다. 다른 놀이를 못해서 잘할 수 있는 책 읽기에 심취했다. 책을 통해 학문을 더욱 갈고 닦은 덕분에 스물두 살에 왕위에 오르는 데 큰 밑거름이 되었다.

시카고 대학의 The Great Book Program은 유명하다. 1929년 미국의 시카고 대학에 **로버트 허친스**(Robert Maynard Hutchins 1899.1.17~1977.5.17)는 29세의 젊은 나이로 총장이 되어 시카고 대학에 처음 왔을 때는 별 볼 일 없는 대학이었다. 학생들은 패배주의와 열등의식으로 가득차 있었다. 새로 부임한 총장은 고민에 빠져 어떻게 하면 열등의식과 패배주의로 빠진 학생들에게 자긍심을 심어주어 성공적인 인생을 살

수 있게 할 수 있을까? 어떻게 하면 이들을 이 사회뿐만 아니라 세계적인 인물로 키울 수 있을까? 성취자로 성공적인 인생을 살게 하려면 이들에게 훌륭한 인물을 소개해 주어야 할 텐데, 그 방법은 없는 것일까? 총장은 고민에 고민을 거듭한 끝에 마침내 한 가지 해결 방안을 찾아냈다. 그 방안이 "The Great Book Program"이란 것이었다. 그는 학생들로 하여금 책을 통해 인물을 만나게 해 주었던 것이다. 이 프로그램은 100권의 고전을 학생들에게 소개해주고 졸업 때까지 100권의 책을 읽게 만든 프로그램이다. 그리고 총장은 책을 읽되 3가지 과제를 주고 읽게 했다. 첫째, 모델을 정하라. 너에게 가장 알맞은 모델을 한 명 골라라. 둘째, 영원불변한 가치를 발견하라. 인생의 모토가 될 수 있는 가치를 발견하라. 셋째, 발견한 가치에 대하여 꿈과 비전을 가져라. 지적인 능력으로 볼 때 미국의 하버드나 예일의 학생들에 비해 60~70%에 불과했던 그들이 책을 통해 모델을 만났고, 그들의 삶 속에서 고귀한 가치를 발견하고, 발견한 가치에 대하여 꿈과 비전을 가지고 열심히 노력한 결과 오늘날 72명의 노벨상 수상자를 배출하게 된 것이다. 우리는 삶 속에서 패배주의, 열등의식, 부정적인 생각들에 의해 방황을 하면서 사는 사람들이 많다. 그러나 우리는 한 권의 책을 만나면서 자기 인생이 완전히 바뀌는 삶을 사는 사람들도 많이 볼 수 있다. 허친스는 1929년부터 1951년까지 총장을 역임했다.

빌 게이츠 성공 비결은 빌 게이츠의 부모는 부자라는 점이다. 아버지는 성공한 변호사였고, 어머니는 은행가 집안의 딸이었다. 19세기 미국의 철강왕 **앤드류 카네기**는 자신이 부자가 된 비결에 대해 "가난이라는 엄격하지만 효율적인 학교를 다녔기 때문."이라고 했다. 하지만 빌 게이츠는 '가난'이라는 학교를 다니지 않고도 세계적인 갑부가 됐다. 빌 게이츠 정보광이 될 것은 강조했고 정보의 수집 대상은 '책'으로 하도록 했다. 빌 게이츠의 부모는 자녀들이 책을 읽는 데 집중하도록 주중에는 텔레비전 시청을 금지했다. 빌 게이츠는 일곱 살 때 부모가 사준 백과사전을 처음부터 끝까지 읽기로 결심했다. 그 후 전기, 과학책 등으로 독서 범위를 넓혀갔다. 현재 시애틀에 있는 빌 게이츠의 집에는 1만 4000여 권의 장서를 소장한 개인 도서관이 있다. 그가 자신의 집에서 가장 아끼는 공간이다. 빌 게이츠는 자녀에게 독서 습관을 물려주고 있다. 빌 게이츠는 "내 아이들에게 당연히 컴퓨터를 사줄 것이다. 하지만 그보다 먼저 책을 사줄 것이다."라고 말했다. 그의 할아버지는 빌 게이츠에게 직접 책을 읽어 주었고 아버지는 차 트렁크에 항상 새로운 책으로 쌓아 넣을 정도로 엄청난 책을 읽었다. 이러한 습관이 빌 게이츠에게도 전해져서 독서를 통한 지식욕이 자기계발의 발판이 되었다. 빌 게이츠는 동네 도서관에 있는 모든 책을 다 읽겠다는 야심찬 계획을 가질 정도로 책 읽기에 나섰고 친구가 책을 다섯 권 읽었다면 자신은 그 두 배를 읽으려고 하였다. 일반사람보다 독서량이 5배인 **워렌 버핏**은 열여섯 살 때 이미 사업 관련 서적을 수백 권 독파한 지독한 독서광이다. 워렌 버핏의 유명한 하루 일과가 있다. "나는 아침에 일어나 사무실에 나가면 자리에 앉아 읽기 시작한다. 읽은 다음에는 여덟 시간 통화를 하고, 읽을거리를 가지고 집으로 돌아와 저녁에는 전화로 통화한다." 정보싸움이 곧 투자의 성공인 주식시장에서 워렌 버핏이 마이더스의 손으로 불릴 수 있는 것은 바로 이같이 지독한 독서습관을 지니고 있기 때문이다.

벤자민 프랭크린(1706~1790)은 미국 건국 초기에 많은 영향을 끼친 인물이다. 그는 학력이라고는 불과 1년도 못되는 사람이지만 평생을 독서생활로 탁월한 식견을 높인 인물이다. 프랭클린은 정치가이며 자기계발서를 쓴 작가이기도 하다. 그는 13가지의 생활 황금률을 남겼는데, 그 글은 시대와 장소를 초월하여 지금도 우리들에게 가슴에 새기도록 깊은 감명을 안겨주고 있다. 미국 제7대 대통령이었던 **앤드루 잭슨**(1767~1845)은 열네 살에 고아가 되었지만 법률 책을 읽고 독학으로 성공한 인물이다. 독서에 대하여 나폴레옹을 빼놓을 수가 없다. **나폴레옹**은 3가지가 유명하다. 첫 번째는 철저한 독서광, 두 번째는 문인(文人), 세 번째는 철저한 군인이었다, 그는 전쟁 중에도 수레에 책을 가득 싫고 다니면서 하루도 빠짐없이 책을 읽는 독서광이었다. **에이브라함 링컨**은 불우한 환경에서 태어나 학교라고는 초등학교 10개월이 전부이다. 에이브라함 링컨은 여러 직업(농사, 어부, 점원, 우체부, 군인, 측량기사, 변호사 등)을 가졌다. 수없이 연속되는 실패에도 끝까지 지탱하며 역경을 극복하며 대통령이 되기까지 숨은 공로자는 수많은 책이다. 그는 대통령이 되고 나서도 하루도 책을 놓지 않을 만큼 책을 많이 읽었다. 대통령이 된 후 스토우 부인이 쓴 자그마한 책자인 Uncle Toms Cabin이란 책을 보고 흑백문제가 얼마나 심각한지 깨닫고 후에 1826년에 노예를 해방시켰다. 위대한 사람들은 책을 통해서 성공의 계기를 만든 사람들이 무수히 많다. 링컨이 가장 존경받는 인물이 되는 과정에서 결코 독서를 빼놓고 얘기할 수가 없다.

책 읽기란 이처럼 중요한 일이다. **빌 클린턴** 대통령도 한 권의 책이 대통령이 되게 하였다고 그의 자서전에서 밝히고 있다. 책을 꼭 읽어야 할 필요가 있을까? 돈이 없어서 책을 살 수가 없다든가, 시간이 없어서 책을 볼 수가 없다고 하는 것은 대단히 어리석은 바보들이나 하는 짓이다. 당신도 명예와 부를 원하는가? 그렇다면 독서광이 되어보라.

성공하는 사람들은 성공하는 사람들의 좋은 습관을 내 것으로 만들 줄을 안다. 독서를 하면 다음과 같은 유익을 갖다 준다. 책은 동기부여를 해준다. 책은 정확한 지식을 전달해준다. 책은 읽는 독자의 영원한 자산이다. 책은 집중하게 한다. 책을 사는 돈에 비해 수백수천 배 이상의 가치를 갖다 준다. 책은 독자의 훌륭한 스승 역할을 한다. 능력을 향상시켜주고 생각과 생활을 건전하게 해준다. 건강한 습관을 만들어준다. 기분전환하게 하고 좋은 감정을 갖게 해준다. 인생관을 바꾸어 준다. 문제를 해결해준다. 꿈과 비전을 실현하도록 촉매제 역할을 해준다. 가치관을 높여준다. 내공의 힘을 길러준다. 분발하게 만들어 준다. 새로운 운명을 만들어 내게 한다. 새로운 세상이 보이며 새로운 세상을 만들어낸다. 성찰하게 한다. 변하게 한다. 희망을 갖게 한다. 이렇듯 책을 읽으면 헤아릴 수 없이 유익한 점들이 많다. 희망이란 모든 것을 낫게 해주는 만병치료약이다. 새로운 인생을 창조하고 싶은가? 역사적인 인물이 되고 싶은가? 명예와 부와 행복을 누리고 싶은가? 그렇다면 당신도 지금 당장 평생 동안 책을 가까이하고 독서하며 살아라.

책을 읽어라. 책에 인생의 길이 있다. 인생을 멋있게 살고 싶은가? 그렇다면 책을 매일 읽는 사람이 되어라.

– 공한수 –

시란 무엇인가?

小子 何莫學夫詩 詩 可以興 可以觀 可以羣
(소자 하막학부시 시 가이홍 가이관 가이군)

시는 한마디로 언어로 이루어진 예술이다. 시는 오직 인간만이 쓰고 있으며 우리의 인생의 노래이며 애환이 담겨 있다. 시는 가장 행복하고 가장 선한 마음과 가장 행복한 순간의 기록뿐만 아니라 가장 참기 힘든 고통을 토해 내기도 한다. 그 시대의 단면이 잘 표현되기도 한다. 시는 언어가 만들어 내는 소리이다. 시는 자연이나 인생에 대하여 일어나는 감흥과 사상 따위를 함축적이고 운율적인 언어로 표현한 글이다. 사람의 생각이나 느낌을 일정한 형식에 의하여 통일된 언어의 울림, 리듬, 하모니 등의 음악적 요소와 언어에 의한 이미지, 시각 등 회화적 요소에 의해 독자의 감각이나 감정에 호소하고, 상상력을 자극하여 깊은 감명을 주는 것이 시이다.

공자(孔子)는 "小子 何莫學夫詩 詩 可以興 可以觀 可以羣(군) 可以怨 邇之事父 遠之事君 多識於鳥獸草木之名(소자 하막학부시 시 가이홍

가이관 가이군 가이원 이지사부 원지사군 다식어조수 초목지명) — 아이들아 어찌하여 시를 공부하지 않느냐? 시는 정서를 일깨워주고, 뜻을 살펴 볼 수 있게 하고, 시는 벗과 어울릴 수 있게 하고, 불의를 원망할 수 있게 하고, 가까이는 부모를 섬기게 하고, 멀리는 임금을 섬기게 하며, 시를 통하여 조류, 짐승, 풀과 나무의 세계를 많이 알게 하는 것이다."라고 말씀하셨다. 우리가 일상적으로 쓰고 있는 '시(詩)'라는 말은 원래 〈시경(詩經)〉에 실린 고대 중국의 노래 가사를 가리켰다. 그래서 옛날에는 그냥 '시'라고만 했다 '시경'이란 명칭은 '시'가 지금의 모습으로 정비된 후 약 1,600여 년이 지난 남송(南宋) 초에 등장했다. 『시경』은 서주(西周) 초인 기원전 11세기 무렵부터 춘추(春秋) 중엽인 기원전 6세기 무렵까지, 민간이나 조정에서 불리던 노래 가사를 모아둔 책이다. 한대(漢代)의 역사가 사마천(司馬遷)은 노(魯)나라 왕실에 보관되어 있던 앞선 시대의 시 3,000여 수를 공자가 305현으로 정리했다고 한다. 곧 시경(詩經)의 시는 지금 전하는 가장 오래된 시인 셈이다.

원효는 거리에 나가 "誰許沒柯斧 我斫支天柱(수허몰가부 아작지천주)"이라는 노래를 불렀다. "누가 내게 자루 없는 도끼를 주겠는가? 내가 하늘을 받칠 기둥을 깎으리라."란 뜻이었다. 하지만 당시 대부분의 사람들은 원효의 그 뜻을 이해하지 못하였다. 다만 무열왕이 그 노래를 듣고 뜻을 알았다. 귀부인을 얻어 훌륭한 인재를 낳고 싶어 하는 것이라고 알아차린 무열왕은 원효를 요석궁으로 들게 하였다. 요석은 무열왕의 둘째 딸로 공주는 그 당시 과부였다. 요석공주와 아들을 낳은 것이 바로 설총이다. 원효는 원래 성이 설(薛)씨다. 원효(617~686)는 지금으로부터 1천3백여 년 전 이 땅에 한국 불교사상과 철학사상의 새로운 장을 열었을 뿐만 아니라 불교를 처음으로 대중화한 고승이다. 간혹 원효의 위상은 그러한 사실들보다는 원효의 기행이나 파계행각만 잘못 이해되는 경우가 없지 않다. 원효는 일정한 스승 없이, 일정한 거처 없이 공부하다가 45세 무렵 늦은 나이임에도 유학을 시도하였던 정열적인 구도자였다. 유학 도중에 해골바가지 옆에 고인 물을 마시고 크게 깨달은 바가 있어 가던 길을 되돌아 왔다. 그 깨달음이란 '모든 것은 마음먹기에 달려 있다(一切唯心造)'는 유심(唯心)의 도리였다.

윤동주 〈서시〉

죽는 날까지 하늘을 우러러/ 한 점 부끄럼이 없기를/ 잎새에 이는 바람에도/ 나는 괴로워했다/ 별을 노래하는 마음으로/ 모든 죽어 가는 것을 사랑해야지/ 그리고 나한테 주어진 길을/ 걸어 가야겠다/ 오늘 밤에도 별이 바람에 스치운다.

윤동주는 일본 유학생활을 하다 29세의 나이에 세상을 떠났다. 그의 짤막한 서시에는 한국인으로 사람답게 살아가고자 하는 다짐과 일제시대 핍박받는 한국인들을 대변했다. 조국을 그리며 안타까워하는 마음이 잘 드러나 있으며, 현실이 어렵지만 묵묵히 자기 갈 길을 걸어가겠다는 각오를 담아냈다. 서시는 친구인 정지용의 소개로 세상에 알려졌다.

시는 어떻게 써야 하는가? 공자가 말씀하시길 "시는 시(詩)를 쓴다고 하는 것은 칼로 자르는 듯이 하고, 줄칼로 쓴 듯이 하고, 정으로 쪼아내듯이 하며 갈아서 광택을 내듯이 하는 것."이라고 하셨다. 시를 감상하거나 시를 해설하는 사람은 어떻게 해야 되는가? 다른 사람의 시를 해설하는 사람은 시의 내용을 보면서 단순히 보이는 글로만 이해해서는 안 된다. 그 단어로만 지은 사람의 뜻을 단정 지어 해하지 말아야 하고, 읽는 사람의 뜻으로서가 아니고 지은 사람의 뜻을 총체적으로 헤아려야 되는 것이다. 그 시를 통하여 담아내려고 하는 그 시대의 배경과 작가의 마음을 읽을 때 그 시의 맛을 느낄 수 있다.

시란 무엇인가? 정의를 내리라고 묻는 다면 시인 **네루다**는 "그건 안 돼. 세상에서 가장 어리석고 무서운 일이야."라고 했다. 한 편의 시는 한 세계와 같다. 시는 그만큼 무궁무진한 힘을 갖고 있기도 하다. **칼릴 지브란**(kahlil Gibran 1883~1931, 레바논 태생, 미국 작가)는 "시는 그대의 마음을 먹고, 그대가 품은 사랑을 마시며, 그대 가슴속에서 자라난다. 그렇지 아니한 것은 거짓 구원일 뿐이다. 발가벗은 그대로의 세상을 바라보고 싶은 신성한 소망의 표현, 그것은 삶을 노래하는 시의 정신이다. '시인이란 그저 시를 쓴 사람이 아니라 가슴속에 생명의 기운으로 충만한 이들이다.'라는 말이 있다. **토마스 스티언스 엘리엇**(영국, 1888~1965, 시인, 평론가–1948년 노벨문학상 수상)은 "위대한 시인은, 자신을 표현하는 가운데, 그 시대를 쓴다.(The great poet, in writing himself, writes his time, Thomas Stearns Eliot)"라고 하였다.

안나 엘리너 루즈벨트(Anna Eleanor Roosevelt) 〈Today is a gift.〉

Many people will walk in and out of your life/ But only true friends will leave footprints in your heart./ To handle yourself, use your head,/ To handle others, use your heart./ Anger is only one letter short of danger./ If someone betrays you once, it is his fault,/ If he betrays you twice, it is your fault./ Great minds discuss ideas;/ Average minds discuss events;/ Small minds discuss people;/ He, who loses money, loses much;/ He, who loses a friends, loses much more;/ He, who lose faith, loses all./ Beautiful young people are accidents of nature,/ But beautiful old people are works of art./ Learn from mistakes of others,/ You can't live long enough to make them all yourself,/ Friends, you and me./ You brought another friend./ And then there were three./ We started our group./ Our circle of friends./ And like that circle./ There is no beginning or end./ Yesterday is history./ Tomorrow is mystery/ Today is a gift/

많은 사람들이 당신의 삶에 스쳐 지나갑니다./ 그러나 오직 진정한 친구들만이 당신의 가슴속에 발자국을 남기지요./ 스스로를 조절하려면 당신의 머리를 써야 하고/ 다른 사람들을 다루려면 당신의 가슴을 사용해야 하지요./ 노여움(anger)이란 위험(d-anger)에서 한 글자가 빠진 것입니다./ 누군가가 당신을 처음 배신했다면 그것은 그의 잘못이지만/ 그가 또다시 당신을 배신했다면 그때는 당신의 잘못이지요./ 훌륭한 사람들은 이상에 대하여 이야기하고/ 보통사람들은 사건에 대하여 이야기하고/ 소인들은 사람에 대하여 얘기하지요./ 돈을 잃은 사람은 많은 것을 잃은 것이며/ 친구를 잃은 사람은 더 많은 것을 잃은 것이며/ 신념을 잃은 사람은 모든 것을 잃는 것이지요./ 아름다운 젊음은 우연한 자연의 현상이지만/ 아름다운 늙음은 예술 작품이지요./ 다른 사람들의 잘못에서 배우세요./ 당신 그리고 나 역시도,/ 그들 모두를 당신 자신처럼 만들만큼,/ 또 친구로 만들만큼 충분히 살수 없지요./ 당신은 또 다른 친구를 데려왔어요./ 그렇게 하여 셋이 되었지요./ 우리는 우리의 모임을 시작했지요./ 친구들로 구성된 우리의 모임/ 그리고 그 모임과 비슷한 것/ 거기에는 시작도 끝도 없지요./ 어제는 역사이고/ 내일은 신비이며/ 오늘은 선물입니다./

저자 시 한 편 소개 – 공한수 〈송강의 향기〉

정철은 이미/ 알고 있었다네/ 오늘/ 영광의 빛을/ 신선도/ 비경에 놀라서/ 떠나기 싫어했던 곳/ 송강(松江)도/ 관동 팔경에 흠뻑 취해/ 깊은 잠에서/ 깨어나지 못했는데/ 송강의 풍류와/ 시혼이 다시 깨어나니/ 물밀듯이/ 세계인이/ 찾아와/ 관동 8경 8백리 길에/ 말로/ 글로 써/ 감탄을 담아내느라/ 탄성 연발이네/ 관동 8경에/ 그 이름을/ 묻은 자/ 관동별곡 8백리 길에/ 살아 숨 쉬리라/ 우리들 가슴속에/ 영원한 등불이 되어.

한 편의 시는 한 세계와 같다. 당신도 시인이며 시를 쓸 수 있다. 시를 당장 써보자.

삶의 기본도리

仁義禮智信(인의예지신)

✦✦✦

　사람은 만물의 영장으로 사람답게 살아가야 한다. 사람으로 태어나서 짐승만도 못한 꼴을 보인다든가, 낳아준 부모님을 나 몰라라 하며 인륜을 거스르는 행동을 해서는 안 된다. 동물인 개도 주인이 열심히 보살펴주면 뒷날 주인의 따뜻한 사랑받은 것을 알고 되갚을 줄 안다. 정성들여 보살펴주던 주인이 갑자기 이 세상을 떠났는데도 주인의 고마움에 보답이라도 하려는 듯 매일같이 길목에서 주인이 집에 돌아오기를 무려 5년이 넘도록 기다리는 개의 사연이 TV 통해서 방영되기도 했다. 우리 인간들이 동물한테 배우고 반성해야 되겠다. 우리가 공동체로 삶을 살아가기 위해서는 질서를 위해 서로가 지켜야 할 기본 도리를 잘 지켜야, 그 가정이 행복하고 그 사회가 발전하게 되며, 나라가 미래가 있다.

　"仁義禮智信(인의예지신)" — 유학에서 사람이 마땅히 지켜야 할 다섯 가지 도리는 어질고, 의롭고, 예의 바르고, 지혜롭고, 믿음직함을 말한다. 공자는 인(仁)사상을 가장 중요하게 강조하였다. 인(仁)을 잘 실천하는 것은 예이다. 공자는 "예(禮)를 알지 못하면 떳떳하게 살아갈 수가 없다. 인간으로서 행동하는 이상, 예의는 필수 불가결한 요건이다."라고 하였다. 인간으로 태어나서 사람도리를 하면서 사는 것은 너무나도 중요한 일이다. 기본 도리를 지킨다는 것은 쉽지만은 않다.

인의예지신(仁義禮智信)에서 인(仁)은 공자가 처음으로 강조한 "효제(孝悌)는 인의 근본이다."라는 혈연적인 가족 결합의 윤리를 중시하여 거기에서 찾을 수 있는 자연스런 애정을 전개하는 것이었다. '인(仁)'자는 본래 등에 짐을 진 사람을 의미한다. 따라서 인이란 '남을 사랑하는 것'이라 하여 사랑을 바탕으로 삼은 조화된 정감(情感)에 의거한 덕이며 그것을 가까운 혈연에서 비롯하여 멀리 미치게 함으로써 사회적·국가적 평화를 얻을 수 있다고 하였다. 공자는 어릴 때서부터 중요하게 생각하는 것이 예(禮)이다. 이 예(禮)는 국가 간의 외교, 관혼상제, 어버이와 자식 간에 예의범절까지 공사의 구별 없이 여러 가지 일들과 예는 깊은 관련이 있다. 논어에서 인(仁)은 인생의 최종 목표이며, 그 목표를 달성하기 위해서는 예(禮)의 실천이 가장 필요하다. 그만큼 예가 중요한 것이다. 중국에서는 "人不知禮 出世不能(인불지예 출세불능) — 예를 알지 못하면 입신출세를 할 수 없다."고 알려져 있다. 안연(顏淵)이란 제자가 공자한테 인(仁)이란 무엇인가에 대하여 물었다. **공자가 대답하시길 "자신에게 이기고 말이나 행동을 예에**

합치하도록 하면 이것이 인이니라. 자기 자신을 극복함으로써 자기의 언행이 모두 예(禮)에 합치한다면, 세상 사람들은 그대를 인자(仁者)라고 칭할 것이다. 인덕(仁德)을 실행하는 것은 자기 자신이지 다른 사람에게 의지하는 것이 아닐 것이다." 안연은 또 물었다. "인덕을 실행할 구체적인 조건을 가르쳐 주십시오." 공자가 말했다. "비예물시(非禮勿視) — 예(禮)에 맞지 않는 것은 보지 말고, 비예물청(非禮勿聽) — 예에 맞지 않는 것은 듣지 아니하고, 비예물언(非禮勿言) — 예에 맞지 않는 것은 말해서는 아니 되며, 비예물동(非禮勿動) — 예에 맞지 않는 것은 해서는 안 된다."라고 말했다. 이것이 바로 사물(四勿)이다. 중국에는 예의 역사가 무려 5,000년 전부터라고 한다. 한문으로 예(禮)자를 파자해보면 왼편의 시(示)는 나타낸다는 뜻이고, 바른쪽의 풍(豊)은 예의 의식을 행할 때 그릇(器)을 의미한다. 말하자면 제기(祭器)를 나타내 신을 숭상하는 모습을 보여주는 것이 예의 원점(原點)이라고 한다. 은나라를 멸망시킨 주나라 때부터 엄밀한 예법이 확립되었다. 예는 영어의 매너이고 에티켓이다. 지켜야 할 교통규칙 예를 들어 보자. 신호가 푸른색이면 건너갈 수 있고, 빨간색이면 건너가지 말고 정지해야 된다. 우회전하거나 좌회전하기 위해서는 신호를 어떻게 지켜야 하는 것인지 바로 이런 것이 예인 것이다. 만약에 교통규칙을 지키지 않으면 큰 사고가 발생될 수 있다. 사회에서 예의 도리를 지키지 않으면 큰 교통사고가 나듯이 큰 위험을 초래하게 된다. 아무리 실력 있고 지체 높은 사람이라 하더라도 예를 무시하면 누가 좋아하겠는가. 아무도 무례한 사람을 환영하거나 등용하고자 하지 않게 될 것이다.

경영에서 최고의 경쟁력은 바로 윤리경영이다. 윤리경영도 바로 예인 것이다. 공익은 무시한 채 자기회사 이익만을 챙기고, 사회를 위해서는 하는 일이 별로 없게 사업을 한다면 사람들의 관심을 끌 수가 없게 된다. 그런 회사는 계속 번창하는 데 한계가 있다. 비즈니스를 하는 것도 예에 맞게 하여야 한다. 보다 많은 이익을 고객에게 주려고 노력하고 공익을 위해 돈도 쓸 수 있어야 한다. 바로 이런 회사를 예를 아는 기업이라고 말할 수 있다. 인의예지는 지금도 성균관대의 교지(교훈)로 쓰일 정도로 유가철학에서 중요한 말이다. 그런데도 그 의미가 무엇인지 아는 자도 말하는 자도 드물다. 인이라는 것은 일반적으로 사랑이라고 풀이하는 데 이에 이의를 제기하는 경우는 없다. 문제는 사랑이 무엇이냐에 대한 주석이 복잡하지만 그냥 상식적 의미의 사랑으로 보면 된다. 사랑은 크게 두 가지 정도가 있다. 친애나 연애, 잔잔한 정 같은 것이 있고 크게는 인류애나 만물에 대한 자연애도 있다. 사랑을 이렇게 넓게 보면 인은, 나머지 의예지신(義禮智信)을 다 포괄하는 사상이다. 이는 바로 유가철학을 다 설명할 수 있는 핵심사상이 되는 것이다. 그러나 사람들에게 인이라는 한마디로는 유가철학의 사상을 다 전할 수 없는 한계가 있다. 그래서 인을 분리해서 다시 인의예지신으로 나누는 것이다.

이때 인은 인류애 같은 큰 사랑도 있으나 친애나 인정 정도의 작은 사랑도 있다. 의는 사회적 인이다. 인이 사회적으로 확장되었다고 볼 수도 있다. 정의는 사랑을 전제로 하지 않으면 안 된다. 사랑이 없는 정의는 폭력으로 전락하게 되어 그래서 의도 인이 되는 것이다. 예는 예의하고는 다르다. 예의는 사랑이 없이도 성립할 수 있지만, 예는 사랑을 전제로 하는 것이다. 사랑을 하되 겉으로 드러나는 형식도 사랑으로 하라는 것이다. 사랑을 한다면서 폭행을 하거나 함부로 대하면 사랑이 아니니까 형식이 중요하다. 그래서 예도 인이고 인의 완성이 예다. 예(禮)의 효용은 화(和)를 존중하는 데 있다. 예를 갖추는 데 있어 조화로움(和)이 가장 중요한 것이다. 지는 지혜이다. 선악을 판단하고 실천하는 것이다. 인의가 아무리 좋아도 구체적으로 그것이 무엇을 의미하고 상황에 따른 선악을 적절히 판단하지 못하면 무용지물이다. 그래서 지도 인의와 밀접한 관계가 있다. 무엇이 인이고 정의인지 아는 것도 결코 간단치 않다. 신은 공맹 이후에 추가된 사상인데 인의가 믿음을 전제로 하는 것은 너무도 당연한 것이다. 믿음은 사랑과 정의의 전제조건인 것이고 인의와 하나이다. 따라서 인의예지신은 절대로 분리할 수 없는 하나로 꿰어진 유가의 핵심윤리이자 사상이라고 보는 것이 좋다.

오늘날 화교를 지탱하게 해주는 힘은 바로 공자의 논어(論語)다. 특히 화교들이 철저하게 준수하고 있는 사항이 바로 인의예지신(仁義禮智信)이다. 사랑으로 대하는 것을 인이라고 하고, 규범을 지키는 것을 의라고 하며, 예의 바르게 행동하는 것을 예, 지혜로운 것을 지라하며, 상호 간에 신뢰하고 신용을 지키는 것이 신이다. 공자가 말하는 가르침의 기본원칙을 중국인들은 가장 중요하게 생각한다. 화교들이 미국에 살든, 어느 나라에 살든 간에 인의예지신을 충실하게 지켜냄으로 그들의 영역을 넓혀가는 버팀목 역할을 해주고 있다.

우리도 인의예지신 정신으로 인간의 기본 도리를 다하여 사회의 안정과 국가의 번영을 가져오는 일에 기여하는 사람이 되어보자.

시 삼백 수면 사리통달

誦詩三百(송시삼백)

⁝

셰익스피어는 「뜻대로 하세요」에서 "세상은 무대요/온갖 남여는 배우라네/각자 퇴장도 하고 등장도 하면서/주어진 시간 동안 각자 자신의 역할을 하네."라고 썼는데 짧은 글 속에서도 많은 것을 배우게 한다. 시에는 모든 만물의 풍상이 녹아 있으며 시는 모든 세상을 알게 해준다. 한 편의 시는 한 시대가 녹아 있고, 한 세계가 그려져 있다. 시를 깊이 아는 사람은 세상 모습을 훤히 꿰뚫어보는 통찰력이 생긴다. 시로써 언어의 미학을 담아내는 사람의 향기는 바로 다른 사람의 마음까지 향기롭게 만드는 힘이 있다.

공자는 "誦詩三百 授之以政 不達 使於四方 不能專對 雖多 亦奚以 爲(송시삼백 수지이정 부달 사어사방 불능전대 수다 역해이위) ─ 시 삼백 편을 외우고도 정사를 맡기는 데 잘 처리하지 못하고, 다른 나라에 사신으로 가서 일을 제대로 처리하지 못하면, 제아무리 시를 많이 읽었다 한들 무엇에 쓰겠느냐?"라고 말씀하셨다. 시를 많이 읽은 사람은 사리에 통달하기 때문에 어떤 일을 맡아도 잘 처리하는 능력을 갖게 되며, 외교를 할 때도 시를 이용하며 풍자적으로 대화를 잘 진행시킨 사례들이 있다는 것을 제자들에게 알려 주었다. 시를 알면 세상이 보여 일과 외교도 훌륭하게 처리하는 능력이 갖추어진다는 의미다. "시를 삼백 편 외우고 있으면 한마디로 나쁜 것을 생각하지 않는다."(위정편)는 구절도 있다. 국내를 다스리는 사람이나 외교를 하는 사람이나 모든 사람이 『시경』에 수록된 305편을 지침서로 삼기도 했고 참고문헌으로 활용하기도 했다. 또한 『성경』에 있는 시편에는 243편의 주옥같은 시들이 있어 우리의 마음을 다스리고 생활에 적용하여 삶을 정화시키고 안식을 준다. 중국 학생들은 기본적으로 시를 많이 암송하도록 교육을 시키고 있다. 그러나 우리나라 사람들은 보통 시인들을 제외하고는 시를 많이 암송하는 경우는 그리 많지 않다. 최소한 좋은 시(詩) 몇 수라도 암송하고 있다가 좋은 자리에서 시를 낭송해보라. 그러면 그 사람 이미지가 확 달라진다. 물론 시를 수백 편을 외워 생활화하고 그때그때 알맞게 활용한다는 것은 쉬운 일은 아니다. 그런가 하면 시를 흥관군원(興觀群怨)으로 요약한 것(양화편)도 있다.

'흥(興)'은 감흥을 자아내게 하고, '관(觀)'은 사물을 관찰하는 데 도움을 주고, '군(群)'은 여럿이 함께 어울릴 수 있게도 하고, '원(怨)'은 마음에 맺힌 응어리를 풀게 하는 것이다.

석인(碩人) — 일부 소개

수여유제 (手如柔荑) 손은 부드러운 띠풀 같고

부여응지 (膚如凝脂) 살결은 기름 바른 듯 부드러우며

영여추제 (領如蝤蠐) 목은 탐스럽게 주름이 지고

치여호서 (齒如瓠犀) 이는 박씨처럼 빛나며

진수아미 (螓首蛾眉) 매미 같은 이마와 나방 같은 눈썹이여

교소천혜 (巧笑倩兮) 웃으면 보조개가 파이고

미목반혜 (美目盼兮) 아름다운 눈은 초롱초롱하다.

소완(小宛) 1장 — 일부 소개

완피명구 (宛彼鳴鳩) 조그만 산비둘기 꾹꾹꾹꾹

한비여천 (翰飛戾天) 하늘 저쪽으로 날아서 사라지네.

아심우상 (我心憂傷) 내 마음 어둡고 아파할 때

염석선인 (念昔先人) 돌아가신 부모님 간절한 생각

명발불매 (明發不寐) 날이 새도록 뒤척거리며

유회이인 (有懷二人) 두 분을 한없이 그리워하네.

사포오(인류 최초 시인-2700년 전-그리스)

내게는 그분이/내게는 그분이 마치 신처럼 여겨진다/당신의 눈앞에 앉아서/얌전한 당신의 말에 귀 기울이고 있는/그 남자 분은/그리고 당신의 애정 어린 웃음소리에도/그것이 나였다면 심장이 고동치리라/얼핏 당신을 바라보기만 해도 이미/목소리는 잠겨 말 나오지 않고/혀는 가만히 정지된 채 즉시/살갗 밑으로 불길이 달려 퍼지고/눈에 비치는 것이란 아무것도 없어 귀는 멍멍 하고/차디찬 땀이 흘러내릴 뿐/온몸은 와들와들 떨리기만 할 뿐/풀보다 창백해진 내 모습이란

마치/숨져 죽어 버린 사람 같으리니.

이백(701-762)

　천약불애주(天若不愛酒)/주성부재천(酒星不在天)/지약불애주(地若不
愛酒)/지응무주천(地應無酒泉)/천지기애주(天地旣愛酒)/ 애주불괴천(愛
酒不傀天)/이문청비성(已開淸比聖)/복도탁여현(復道濁如賢)/성현개이음
(聖賢旣已飮)/하필구신선(河必求神仙)/삼배통대도(三盃通大道)/일두합자
연(一斗合自然)/구득취중취(俱得醉中趣)/물위성자전(物謂醒者傳)

　하늘이 만일 술을 즐기지 않았다면/ 어찌 하늘에 주성이 있으며/
땅이 또한 술을 즐기지 않으면/ 어찌 술샘이 있으리요/ 하늘과 땅이
마냥 술을 즐기었거늘/ 술 좋아함을 어찌 부끄러워하리/ 맑은 술은
聖人(성인)에 비유하고/ 흐린 술은 또한 賢人(현인)에 비유하였으니/
성현도 이미 마신 것을/ 헛되이 신선을 구하는가/ 석잔 술은 大道에
통하고/ 한 말 술은 자연에 합하거니/ 모두 취하여 얻는 즐거움을/ 취
하지 않은 사람에겐 전하지 말라.

두보 — 두보의 대표 시 〈春夜喜雨〉

　좋은 비는 그 내릴 시절을 알고 있나니/봄이 되면 내려서 만물을
소생하게 하는구나/비는 바람 따라 살며시 밤에 내리나니/사물을 적
시거늘 가늘어서 소리가 없도다/들길은 낮게 드리운 구름과 함께 캄
캄하고/강 위에 떠 있는 배의 고기잡이 불만 밝게 보인다/날 밝으면
붉게 비에 젖어 잇는 곳을 보게 되리니/금성관에 만발한 꽃들도 함초

롬히 비에 젖어 있으리라.

〈하늘의 옷감〉

　금빛과 은빛으로 무늬를 놓은/하늘의 수놓은 옷감이라든가/밤과
낮과 어스름한 저녁때의 푸른 옷감/검은 옷감이 내게 있다면/그대의
발밑에 깔아드리오리만/내 가난하여 가진 것 오직 꿈뿐이라/그대 발
밑에 내 꿈을 깔았으니/사뿐히 밟으소서/내 꿈 밟고 가시는 이여. —
윌리엄 예이츠(William Butler Yeats 1865.6.13~1939.1.28)는 아일랜드의 시인
이자 극작가로 노벨 문학상을 수상했다.

김소월 〈영변의 약산 진달래꽃〉

　나 보기가 역겨워/가실 때에는/말없이 고이 보내 드리오리다/영변
에 약산/진달래꽃/아름 따다 가실 길에 뿌리오리다/가시는 걸음 걸
음/놓인 그 꽃을/사뿐히 즈려 밟고 가시옵소서.

푸쉬킨 〈삶이 그대를 속일지라도〉

　삶이 그대를 속일지라도/슬퍼하거나 노여워하지 말라/마음 아픈
날엔 가만히 누어 견디라/즐거운 날이 찾아오리니/마음은 미래를 산
다/지나치는 슬픔엔 끝이 있게 마련/모든 것은 순식간에 날아간다/
그러면 내일은 기쁨이 돌아오느니.

　그림은 "천 마디 말보다 그림 한 장이 더 낫다."라는 속담이 있다.
시도 그 시에는 많은 상징을 내포하고 있다. 그림은 언어가 할 수 없

는 기능을 가지고 있다. 시는 당시대의 삶을 표현하기도하고 그들이 겪고 있는 딜레마와 인간관계, 모순과 시대를 초월하는 주제를 다뤄 담아 내기도 한다. 당신은 당신 인생을 사랑하는가? 그렇다면 당신 인생을 위해 시 300편을 암송해보라.

내면에 꽁꽁 얼어 있는 빙산을 녹여 써라. 그 빙산은 신도 놀라게 하는 인간의 능력덩어리이다. 잠만 재우다 떠나가면 인생은 아깝지 않은가?

— 공한수

◆ 6 ◆

인간의
무한능력

박학다식하라 博學而篤志

한계 없는 인간능력 君子不器

경지에는 단계가 있다 吾十有五에 而志于學 三十而立하고 四十而不惑

다재다능이 밥 먹여준다 仰之彌高 鑽之彌堅

음악이 있어 좋은 세상 子在齊聞韶 三月不知肉味

1+1은 2가 아니다 君子和而不同 小人同而不和

공자 象 : 지산 박영길 화백 畵

세종대왕

레오나르도 다빈치

미켈란 젤로

요한 볼프강 폰 괴테

다산 정약용

토머스 에디슨

君子不器

군자불기란 한 가지만 잘하는 전문가가 아니라

다양한 분야를 두루 잘하는 통합형의 이상적인 인간형이다.

박학다식하라

博學而篤志(박학이독지)

21세기는 멀티전문가 시대이다. 한 가지만 잘 알고 살아가기에는 너무나 힘든 시대를 살아가고 있다. 한 우물이 떨어지기 전에 새 우물을 준비해야 되듯이 미리 준비하고 대비하는 일이 부족하면 고생하며 한세상을 살아가야 되는 시대가 도래한 것이다. 알지 못하면 힘든 길로 계속 따분하게 걸어가야 된다. 박식해야 바른 길로 나아갈 수 있는 능력이 생긴다.

공자는 "博學而篤志(박학이독지) ― 널리 배우고 뜻을 깊게 알아야 한다."고 말씀하셨다. 사람은 넓게 배워야 한다. 사람이 전문가가 되기 위해서는 한 가지에 대하여 일정 기간을 열심히 배우면 그 분야 전문가가 될 수 있다. 한 가지만 알게 되면 편협하기 쉽고 사리판단을 더욱 바르게 하는 데 한계가 있다. 사람이 여러 가지를 분야를 깊게 알기 위해서는 많은 노력과 많은 시간을 투자해야 된다. 박식해야 사물에 대한 관찰력이 뛰어나고 객관적 시선으로 보는 힘이 생기며 일처리 또한 매끄럽게 해 나가게 된다. 예를 들어 산에 소나무를 그린다고 해도 그 산에 맞는 환경, 즉 토질, 기후, 그 산세에 조화를 이루며 성장한다는 것을 알아야 한다. 단지 소나무만 표현하여 그린다면 전체적으로 부조화된 작품으로 평가될 것이다. 경제면 경제, IT면 IT 한 분야만 많이 알면 모날 수 있다.

전 세계에서 이스라엘 사람만큼 상식적으로 많은 것을 두루 아는 민족도 없다고 한다. 이스라엘 사람들은 대서양에 무슨 물고기가 많이 살고 수심 몇 백 미터 깊이에서는 어떤 물고기 종류들이 살고 있는 것까지 알고 있다고 한다. 외국 사람들과 상담을 잘하기 위해 상대방의 취미에 대하여도 미리 조사하여 전문가 수준 못지않은 실력으로 대화를 나누게 되니 바로 친밀감을 만들어 내는 능력을 가지고 있다. 이처럼 상식이 풍부한 민족이 바로 이스라엘 사람들이다. 여러 가지를 제대로 많이 알고 있는 사람을 만나면 그렇게 매력적일 수 없다.

여름에 왜 수박, 참외, 오이와 여름과일을 먹어야 될까? 겨울에는 왜 엽채류가 아닌 근채류를 먹어야 되는지 알아야 한다. 여름에 나는 과일들은 햇빛을 많이 받고 자란다. 햇빛을 많이 받고 자라는 과일이나 엽채류는 음의 성질을 가지고 있기 때문에 몸을 식혀준다. 반대로 땅속에서 자라는 근채류인 무, 인삼, 황계, 토란 등은 양의 성질을 가지고 있어 몸을 따뜻하게 해주는 성질이 있다. 자연의 섭리를 알면 알수록 오묘함을 느끼게 한다.

경이적인 천재 **레오나르도 다빈치**(1452~1519)처럼 많이 알려진 화가도 드물고, 또 그만큼 비밀에 쌓인 인물도 드물 것이다. 경이적인 천재로 평가받은 레오나르도 다빈치도 노력 없이 이루어낸 것이 아니다. 레오나르도 다빈치는 뛰어난 화가 일뿐만 아니라 진정한 아르키메데스이며 또한 위대한 철학자이다. 레오나르도와 가까운 사람들조차도 이렇게 칭찬하며 고대의 현자 같은 그의 위엄 있는 풍채에 경애심을 가졌다고 한다. 레오나르도 다빈치는 다방면에 천재성을 지니고 있는 전문가였다. 그의 업적에 대하여 소개하는 책만도 21권이나 될 정도라 하니 그의 탁월한 업적이 얼마나 크고(수학자, 철학자, 화가, 과학자, 건축가) 위대한지 가늠하기조차 어렵다. **조르조 바사리**는 레오나르도를 평하기를 "그가 무엇을 하든 그 몸짓 하나 하나는 아주 신적인 것이어서 모든 사람은 이것에 가려지게 된다. 이것은 인간의 노력이 아니라 '신'의 은총과 관련이 있음을 분명히 알 수 있다."라며 극찬했다. 레오나르도의 대표작은 최후의 만찬, 동방박사의 예배, 아름다움의 대표작인 모나리자, 암굴의 성모 등 르네상스 시대를 대표하는 위대한 예술가, 레오나르도 다 빈치가 그림 그리는 일보다 전쟁무기를 개발하거나 쓰임새도 확실하지 않은 엉뚱한 발명에 더 많은 열을 올리기도 했다. 「최후의 만찬」을 그리면서 장갑차나 화염포를 개발하고 비행장치, 전쟁용 기계, 수력으로 작동되는 장치, 악기, 잠수함과 자전거 따위를 열정을 바친다. 레오나르도는 우리가 상상하기가 힘들 정도로 천재임에는 틀림없는 것 같다.

이건희처럼 박식하라. 이건희 회장은 정식 박사학위를 받지 않았지만 실제 박사보다 더 박사인 분야가 여러 개가 된다. 이건희 회장은 초등학교를 다섯 군데나 옮겨 다녔다. 초등학교 5년 때인 1953년 일본 도쿄에 유학을 가게 되었다. 고 이병철 회장이 "선진국을 보고 배우라."라는 지시에 의해서다. 카메라를 뜯어보기도 하고 VTR과 자동차를 뜯어보며 기계를 조립할 수 있는 능력을 키웠다. 개와 말에 대해서도 박사다. 이건희는 일본 와세다 대학을 졸업하고 미국에서 공부를 하였다. 중 1때는 집에서 페키니즈(Pekignese)를 기르기 시작했다. 훗날 한남동 집에서는 진돗개, 요크셔테리어, 푸들, 치와와, 페키니즈, 불독, 라삼스 등 200여 마리를 기르기도 하였다. 1960년 후반에 이사로 있을 때는 우리나라 대표 개인 진돗개에 관심을 가지고 진도로 직접 내려가 30마리를 구입하여 번식시켜 150마리까지 늘리면서 순종 진돗개를 길러내고 1979년에는 진돗개협회를 만들고 1979년 일본에서 열린 세계견종 종합 전시회에서 진돗개 암수 한 쌍을 출품하여 인정받게 하였다. 그런 노력으로 1983년 이건희 회장은 진돗개를 까다롭기로 소문난 세계견종협회에 공식등록을 시켰다. 일본 초등학교 시절 영화도 3년 동안에 무려 1,200~1,300여 편을 보았다. 그 무렵 일본에서 10년간 영화를 만든 편수와 맞먹는다고 한다. 영화나 다큐멘터리에 대하여는 웬만한 마니아보다 더 나을 정도다. 한때 10,000개가 넘는 비디오를 가지고 있었다. 그리고 국내에서 상영되는 영화나 다큐멘터리는 거의 빼놓지 않고 보았다고 한다. 그런 이유 때문에 훗날 공익광고 제작 지시를 하고 스티븐 스필버그(Steven Spielberg)와 영화합작 사업에 나서게 된다. 이건희는 고등학교 때 레슬링을 배우기도 했다. 역도산의 영향으로 배우게 됐는데 훗날 레슬링협회 회장 직 까지 맡고 후원하여 비인기 종목에서 1988년 서울 올림픽 때 금 2, 은 2, 동 5개 메달을 따게 된 원동력이 되어 주었다. 이건희 회장이 꼽는 CEO의 덕목은 '지행용훈평(知行用訓評)'으로 많이 알고, 직접 할 줄 알고, 시킬 줄 알고, 지도하고 그리고 평가할 줄을 알아야 한다는 뜻이다. 그룹의 최고 총수 혼자만 잘 알고 이해해서는 안 된다. 이건희 회장은 이공계 출신 CEO들에게는 문학과 철학을, 상경계 출신 CEO 들에게는 기술을 전공 못지않게 터득할 것을 요구했다. 그 예로 1994년 봄 이건희 회장은 이우희 비서실 인사팀장에게 "경영자는 기술을 알아야 하고 기술자는 경영을 알아야 한다."며 방안을 강구할 것을 지시했다. 이건희 회장은 지시만 하는 것이 아니고 그 당시 심상철 카이스트 원장을 찾아갔다. 카이스트에 찾아간 이건희 회장은 정원의 반 이상을 삼성인으로 채우겠다며 테크노 MBA과정이 꼭 설립되어야 된다고 역설하여 그 다음해에 설립한 테크노 경영대학원에 100명의 과장급 간부를 보내 차세대 인재 육성에 돌입했다. 이 회장은 "CEO는 종합예술가다."라고 표현했다. 이건희 회장 자신도 대학에서 경제학을 전공했지만 전자제품을 분해, 역 조립할 정도로 전자기술에 대한 전문가이다. 그런 이유로 이건희 회장은 '와세다 대학 상학부 전자공학과 출신'으로 불리기도 한다. 이 회장은 두루 박식하게 알고 깨달아야 회장의 비전을 설정하고 앞을 내다보는 안목을 가질 수 있다는 판단에서였다. 1989년 사장단 10명, 비서실 팀장 10명과 점심식사를 같이하면서 당시 소병해 비서실장한테 "삼성전자가 언제쯤 이익 1조 원을 낼까요?"라고 물었다. 그 당시만 하더라고 누적적자가 1,300억에 달해 1987년에는 메모리 때문에 망한다는 말까지 돌 정도였다. 그런 정도라 소 실장은 "10년 뒤쯤이면 나지 않겠습니까?"라고 대답했다. 10년이란 표현과 1조 원은 생각도 못할 수치나 다름없다고 한다. 그 대답을 들은 이건희 회장은 정색을 하며 "나는 2~3년 안에 1조원을 낼 것이라고 생각합니다." 라고 말했다. 그런데 웬일인가, 1992년 삼성전자는 경상이익을 2조 원이나 내는 성과를 올렸다. 이와 같은 통찰력과 선견은 이건희 회장 동양방송이사 시절부터 일본 전자업체 기술자들을 보고 배우며 끊임없이 배우고 깨달은 결과였다고 한다.(홍성하 이건희 개혁 10년 중에서) 한 사람의 박식이 새로운 세계를 창조해 나감은 물론 수십만 명을 먹여 살릴 수 있다는 것을 이건희 회장은 잘 입증해주고 있다. 한국이 나은 세계적인 참 경영인, 이건희 회장이 자랑스럽다.

명 CEO가 되기 위해서는(각 분야의 최고 책임자에서 대통령에 이르기까지) 경제, 정치, 과학, 법률, 행정, 문화, 회계, 예술 등 다양하게 잘 알아야 경영을 잘 할 수 능력을 갖게 된다. 경영자는 종합예술가가 되어야 한다. 최고의 경쟁력을 갖기 위해 박식하라. 각 분야에 조예가 깊은 사람들하고 대화를 나누게 되면 시간 가는 줄 모르고 재미에 취하게 된다. 사람이 사람다운 매력이 없으면 그 사람이 아무리 해박하다 하더라도 제대로 대접을 받지 못하게 된다. 사람이 마음을 끌어당기는 매력이 없는 사람은 군자라 할 수 없다. 요즈음 말로 표현하면 진정한 리더라고 말할 수 없다. 그런 매력이 우러나오게 하는 것도 박식하고 어진 사람은 더 감칠 맛나게 된다.

한계 없는 인간능력

君子不器(군자불기)

君子不器(군자불기) - 고암 정병례 새김글

　인간은 신도 놀랄 만한 능력을 가지고 있다. 역사를 보면 그런 힘을 보여준 사례가 많다. 인간은 무한한 능력을 가지고 태어난다. 그 무서운 능력을 가지고 있으면서도 무엇이 아까운지 잠재능력을 개발하는 것을 꺼려한다. 무궁무진한 잠재능력을 깨워서 사용하는 것이 아까워서 창고에서 거의 꺼내 쓰지도 않고 그대로 방치하여 썩히고 있다. 이런 식으로 삶을 살기 위해서 이 세상에 온 것이 아닌데 말이다. 잠재능력을 개발하여 전인적인 인간이 되도록 노력해야 된다. 사람은 어떤 그릇에도 담을 수 없는 능력을 가지고 있다. 큰 인물이 될 사람은 세상에는 널려 있다. 그릇이 크다고 빛나는 것이 아니다. 그릇에 맞게 채워지는 인격수양이 잘 훈련되고 윤리적이고 도덕적이며, 내용물이 알차게 순수한 것으로 채워져야 큰 그릇이라 말할 수 있다. 기능이 국한되지 않고 편협하지 않은 사람이 참된 군자이다.

공자는 "君子不器(군자불기) ― 군자는 그릇이 아니다. 군자는 그 크기가 물건을 담는 데 불과한 그런 그릇이 아니다."라고 말씀하셨다.

공자는 가장 이상적인 인간을 군자로 여겼다. 군자불기는 한 가지만 잘하는 전문가가 아니라 다양한 분야에 두루 잘하는 통합형이며 이상적인 인간형을 말하는 것이다. 요즘 개념으로는 한 가지만 잘하는 사람은 군자가 될 수 없다. 한 가지 전문 지식만으로는 창조적인 역량을 발휘하기에는 너무나 부족한 시대에 살고 있다. 한 영역의 학문을 벗어나 다른 분야 학문과 결합하고, 동양과 서양학문이 만나고, IT도 여러 학문과 융합되어야 새로운 창조를 만들어 내는 시대이다. 군자는 한 가지만 담아내는 그릇이 아니라 다양한 것을 포용하고 통섭하는 사람이 오늘날 군자라 할 것이다. 옛날에 말하던 성인군자라고하면 성인이나 군자는 모두 참된 인물을 말하는 것이다. 군자는 어느 것에 국한되면 안 된다. 군자는 먼저 배워야 한다. 그 배움은 먼저

기(器)를 이루는 것이다. 그릇의 크기는 흔히 사람의 됨됨이를 평가할 때 사용된다. 그릇이 작다면 편협한 사람이고, 큰 그릇이라면 포용력 있고 여유 있는 사람을 뜻한다. 군자는 그릇처럼 국한되지 않는다. 그릇마다 본래의 용도가 있다. 집에서는 국그릇, 밥그릇, 반찬 그릇 등 다양한 그릇들이 사용된다. 장독대에도 크고 작은 항아리를 비롯하여 많은 종류의 그릇들이 옹기종기 놓여 있다. 다양한 그릇은 원래 만들어진 기능대로 사용되어야 편하고 멋도 있다. 군자의 배움은 성기(成器)를 통하여 불기(不器)의 경지에 이르는 것이다. 즉 '군자불기(君子不器)'는 기(器)를 통하여 기(器)를 초극하는 것이요. 성기(成器)의 행위를 통하여 기를 부리는 대도(大道)의 경지에 나아가는 것이다. 그렇다면 대도의 경지란 무엇이냐? 앞에서 언급했듯이 배우고 정진하여 하나의 그릇을 이뤘으면 그 그릇을 뛰어넘어야 한다. 어느 하나의 그릇에 국한되지 않고 다양한 용도로 쓰일 그릇들을 배치하여 그릇들이 제 역할을 할 수 있도록 지휘하고 인도해야 한다. 공자는 "군자란 한 가지 용도로 사용되는 그릇 같아서는 안 된다."고 강조한다. 군자는 다른 사람들을 인도하는 지도자이므로 그릇처럼 그 기능이 좁게 국한되어서는 곤란한 것이다. 군자가 지식의 습득에만 그친다면 시야가 좁아지고 다른 사람들로부터 존경과 신뢰를 받을 수 없다. 그릇에 갇히지 않고 그릇의 단계를 뛰어넘어 마음을 다스리고 신체 단련을 위해 예(禮), 악(樂), 사(射), 어(御), 서(書), 수(數)의 육예(六藝)를 익히도록 했다. 한마디로 군자불기(君子不器)는 전인교육을 목표로 했다. 군자불기는 유가사상이 제시하는 이상적 인간상이다. 공자 스스로의 '군자불기(君子不器)'의 모습을 살펴보자. 공자는 가난하여 부모

봉양을 위해 물고기를 잡기도 했고, 사냥도 직접 했다. 또한 때를 만나지 못해서는 창고의 출납을 맡아 낮은 직급의 회계직도 감내했고, 때를 만나서는 제후의 초청을 받아 재상(총리)벼슬도 지냈다. 그래서 그는 일재일예(一材一藝)에 국한되어 쓰이는 인물을 경계했던 것이다. '군자불기'라는 말은 크기가 물건을 담는 데 불과한 그런 그릇이 아니라는 말이다. 그래서 지식이 좀 있다고 해서 누구나 군자가 되는 것은 아니다. 반면에 지식과 아울러서 인격도 동시에 갖추고 덕을 실천하는 참된 인물이 군자인 것이다. '군자불기(君子不器)'의 정신은 21세기 화두인 집단지성, 소통, 통섭, 융합의 정신과 일맥상통하는 가치이다. 전인적(全人的)인 인간이 되려면 모든 면을 두루 갖춰야 한다는 논리이다.

장영실은 조선 세종 때의 과학기술자이다. 그는 동래현의 관노로 있을 때 그의 재주가 세종에게 인정되어 중국에 파견, 천문기기연구의 기회를 가지게 되었다. 1423년(세종 5) 상의원별좌(尙衣院別坐)에 임명되어 궁중기술자로서의 활동이 시작되었다. 등용된 그 다음 해인 1424년에 물시계를 완성하였다. 세종실록에 의하면 중국의 체재를 참고하여 청동으로 경점(更點)의 기(器)를 부어 만들었다고 씌어 있다. 그 공로로 정5품의 행사직(行司直)으로 승진하였다. 1432년에 경복궁과 서운관 두 곳에 설치할 많은 천문관측의기(天文觀測儀器)를 만드는 계획이 착수되었는데, 이때부터 이천(李蕆)과 함께 천문기기를 설계하고 제작을 지휘하였다. 먼저 간의(簡儀)와 혼천의(渾天儀)의 두 기본관측기계를 완성하였고, 1437년에 완성된 천문관측의기에는 대간의 · 소간의를 비롯하여 휴대용 해시계인 현주일구(懸珠日晷) · 천평일구(天平日晷) · 정남일구(定南日晷) · 앙부일구(仰釜日晷) · 일성정시의(日星定時儀) · 규표(圭表) 등이 있다. 그가 이룩한 가장 훌륭한 업적은 1434년에 완성된 자격루(自擊漏)의 제작이었다. 세종의 명을 받아 김빈(金鑌)과 함께 제작한 이 자동시보장치의 물시계는 중국과 아라비아의 자동물시계를 비교, 연구하여 새로운 형태의 물시계를 만든 것이었다. 그 공로로 대호군에까지 승진하였고, 그 은총에 보답하려고 다시 천상시계와 자동물시계 옥루(玉漏)를 만들어냈다. 1438년에 만들어져 흠경각(欽敬閣)에 설치된 이 옥루는 그가 심혈을 기울여 중국과 아라비아의 물시계에 관한 모든 문헌들을 철저히 연구하여 이룩한 독창적인 천상시계였다. 또, 이천 등과 함께 금속활자의 주조 사업에도 심혈을 기울여 조선시대의 활판인쇄기술을 대표하는 갑인자(甲寅字)와 그 인쇄기를 완성하였다. 장영실은 비천한 신분에도 불구하고 타고난 재능과 기술로 조선 전기 과학기술 수준을 비약적으로 끌어올리는 데 큰 역할을 했다. 장영실을 통해서 보듯 한 가지를 잘하면 다른 것도 잘하게 된다는 것을 알 수 있다. 장영실은 오늘날로 말하면 다기능 전문가의 사례를 보여준다. 그는 그 당시 소통할 줄을 알았고, 서로 협력하여 융 · 복합하여 가치성을 더 높게 창출해내는 전인적인 능력을 보여주었다.

괴테(Goethe, Johann Wolfgang von 1749.8.28~1832.3.22)는 독일이 낳은 대문호다. 보통사람들은 한 분야에서도 탁월한 업적을 만들어 내기도 힘든데 괴테는 시인, 비평가, 언론인, 화가, 무대 연출가, 정치가, 교육가·과학자, 저술가로서 경이적인 업적을 남겼다. 괴테는 세계 문학사의 거인으로 널리 인정되는 독일 문호이면서 다재다능함을 보여준 인물이다. 제대로 된 한 권의 과학서를 쓰기도 어려운데 괴테는 과학에 관한 저서만도 14권에 이른다. 그가 쓴 방대한 량의 저술과 그 다양성은 알면 놀라지 않는 사람이 없다. 서정성 짙은 작품들에서는 다양한 주제와 문체를 능숙하게 구사했고 허구에서는 정신분석학자들의 기초자료로 사용된 동화로부터 시적으로 정제된 단편 및 중편소설(novella)들, 〈헬름 마이스터 Wilhelm Meister〉의 '개방된' 상징형식에 이르기까지 폭넓음을 보여준다. 희곡에서도 산문체의 역사극·정치극·심리극으로부터 무운시(無韻詩 blank verse) 형식을 취한 근대문학의 걸작 중 하나인 〈파우스트 Faust〉에 이르기까지 다양하다. 그는 82년간의 생애를 통해 인간의 한계를 넘어서는 신적 경지의 예지를 터득했으면서도 사랑이나 슬픔에 기꺼이 그의 존재를 내맡기곤 했다. 배운다는 것은 지혜롭게 만들고 성찰하게 만들어 발전을 이끈다. 그리하여 자기 꿈에 가까워지도록 만든다. 괴테는 "꿈꿀 수 있는 것은 무엇이든 다 이룰 수 있다."라고 하였다. 괴테는 만년에 논어에 매료하여 중독영시시(中獨詠時時) 14수를 발표하기도 하였다.

한 가지만 전문가일 경우에는 편협할 수 있다. 예를 들어 한 가지 종교만 알고 자기 종교가 최고라고 하기보다는 타 종교도 심도 있게 접해보므로 타 종교를 이해하게 된다. 오르지 자기 종교만 아는 사람은 자기 종교도 깊이 있게 알지 못하는 것과 같다고 할 수 있다. 우리는 지금 통섭시대에 살고 있다. 당신도 여러 분야에 대하여 깊이 있게 알지 못하면 경쟁력이 없는 상태라는 것을 알아야 한다. 오늘날은 세계가 하나의 지구촌이다. 세계적 수준에 맞는 모범을 보이고 나눌 줄 아는 리더십을 가진 사람이 바로 군자불기이다. 성인은 사랑을 몸소 실천한 사람이다. 알고 있는 것을 몸소 실천한 사람들이 위대한 것이다. 꿈도 행동 없이는 아무 변화도 일어나지 않는다. 당장 행동하는 사람이 되어보자.

경지에는 단계가 있다

吾十有五에 而志于學 三十而立하고 四十而不惑
(오십유오에 이지우학 삼십이립하고 사십이불혹)

♦♦♦♦

　　만리장성이나 각 나라에서 문화재로 내려오는 성(城)을 보아도 긴
긴 세월을 거쳐서 만들어졌다. 한 숟가락에 배부르지 않듯이, 하루아
침에 역사에 남는 성이 만들어질 수가 없다. 사람도 정상에 도달하기
위해서는 긴 세월과 씨름하며 싸워야 한다. 과정마다 시련도 있고 실
패도 있을 것이며, 눈물을 흘리는 과정도 있을 것이다. 훌륭한 일군
으로 성장하는 데, 그 분야에 정상으로 가기 위해서는 넘어야 할 고
비들이 수없이 도사리고 있을 것이다. 그러나 그런 과정을 무난하게
통과해야 정상에 이르게 되며 영예로움을 맞보게 된다.

　　공자가 "吾十有五에 而志于學하고 三十而立하고 四十而不惑하고
五十而 志天命하고 六十이 耳順하고 七十而 從心所欲하여 不踰矩(오
십유오이지우학, 삼십이립, 사십이불혹, 오십이지천명, 육십이순, 칠십이종심소
욕불유거) — 나는 15살에 학문에 뜻을 두고, 30살에 서고, 40에 불혹

하고 50에 지천명하고 60에 이순하고 70에 하고 싶은 바대로 하되 법도에 어긋남이 없었느니라."라고 말씀하셨다. 공자는 나이 들어감에 따라 더 높은 단계로 진입하게 되었음을 말해주고 있다. 보통사람들의 삶은 일반적으로 구별되어지는 삶이 아니다. 경지에 이르는 길은 다 시간이 필요하고 노력과 연습과 공부와 경험들이 필요한 것이다. 어떤 과정 없이 최고의 단계에 도달할 수가 없다. 30에 이립이란 말은 공자(孔子)가 30세에 자립(自立)했다는 데서 유래하고, 40의 나이를 불혹(不惑)의 나이라고 하는데 공자(孔子)는 40세에 모든 것에 미혹(迷惑)되지 않았다는 데서 유래한다. 40이 되면 사물의 이치를 터득하고 세상일에 흔들리지 않을 나이, 인생을 어떻게 살아야 하는지 확실히 알고 자기얼굴에 책임을 질 줄 알아야 하는 나이다. 50의 지천명(五十而知天命)은 나이가 50이 되어 하늘에 뜻을 알아 그에 순응할 줄 알며 또한 하늘이 만물에 부여한 이치를 아는 나이다. 40까지는 주관적 세계에 머무르는 단계였다면 50세에 이르러 보다 객관적이고 보편적인 세계인 성인(聖人)의 경지로 들어섰음을 의미한다. 40대까지는 교육자였던 공자가 50대에 훌륭한 정치가가 될 수 있었던 것은 그의 탁월한 정치력에 있었다. 사기를 쓴 사마천도 공자의 정치력을 칭찬하기도 했다. 오랫동안 유랑 생활을 하면서 공자는 예순 살이 되어 이순(耳順)이란 말을 남겼다. 60살이 되니 남이 하는 말을 귀 기울여 잘 듣게 되었다는 것을 깨달았다. 사람이 남의 말을 잘 듣는다는 것처럼 어려운 것이 없다. 공자는 남에게 도(道)를 가르치는 사람으로서 남에게 가르치는 일을 주로 해왔기 때문에 남의 말을 듣는 것이 얼마나 중요하다는 것을 60에 이르러서 더욱 중요하게 생각한 것 같다. 군자라면 주위 사람들 말에 경청할 줄 알고 남을 생각할 줄 아는 일이 중요함을 더욱 깊게 인식하게 되었다. 공자는 말년에 들어선 70이 되어서는 종심소욕불유구(從心所欲不踰矩)라 했다. 마음에 따라 어떤 일을 하여도 어긋남이 없었다고 하였다. 이는 마음에 움직이는 대로 행동을 해도 법도에 어긋남이 없이 행동을 했다는 것은 천리(天理)대로 따라 했고, 최고의 경지에 이른 성인의 행동이라고 볼 수 있다.

　미국의 **헬렌 켈러**(1880~1968)는 정상적으로 태어났으나 생후 19개월부터 중병에 걸려서 눈이 보이지 않고, 귀도 들리지 않고, 말도 하지 못하는 3중고의 장애를 가지고 있었다. 단지 우는 것과 소리 지르는 것밖에 모르고 얼굴을 씻는 것, 머리를 빗는 것, 나이프와 포크로 식사하는 방법을 전혀 알지 못한 아이였다. 그녀의 가정교사들은 헬렌 켈러를 가르치는 것을 포기하기 일쑤였다. 그러나 **설리번** 선생은 인내심을 가지고 깊은 애정과 신앙심으로 헬렌 켈러를 가르쳤다. 헬렌 켈러의 마지막 남아있는 촉각을 통하여 암흑에 갇힌 영혼을 자극했다. 어린 소녀의 응어리진 마음의 문을 열기 위해 촉각으로 단어 하나하나를 읽혀 나갔다. 마침내 설리번 선생의 눈물겹고 헌신적인 사랑과 노력으로 헬렌 켈러는 하버드대학에서 공부하게 되었다. 밥을 어떻게 먹는 것이 예법이며, WATER(W-A-T-E-R) 물이라고 하는 것이 무엇이며, 철자는 어떻게 쓰는지, 생각은 어떻게 하고, 어둠에서 빛을 어떻게 찾아내야 되는지를 설리번 선생을 통하여 알게 된 것이다. 헬렌 켈러는 세계최초로 대학교육을 받은 맹, 농아로서 그녀는 우수한 성적으로 졸업을 하고 사회사업가의 길을 걸었다. 헬렌 켈러의 사례에서 보듯 한 삶이 정상에 서기까지에는 각 단계가 있다는 것을 잘 보여준다. 말할 수 없는 역경을 이기고 난 다음에 영광의 자리가 만들어진다는 것을 깨닫게 해준다.

맹자(孟子)**의 고자편**(告子編)**에 이런 말이 있다.** "天將降大任於是人也(천장강대임어시인야) 必先苦其心志(필선고기심지)하고 勞其筋骨(노기근골)하고 餓其體膚(아기체부)하고 窮乏其身(궁핍기신)하여 行拂亂其所爲(행불란기소위) 하나니 是故(시고)는 動心忍性(동심인성)하여 增益其所不能(증익기소불능)이니라." 뜻은 하늘이 장차 어떤 사람에게 큰 임무(책임)를 맡게 할 때에는, 반드시 먼저 그 사람의 마음을 괴롭히고, 그들의 살과 뼈를 지치게 만들며, 그들의 배를 굶주리게 하고, 그들의 생활을 곤궁하게 해서 행하는 일이 뜻과 같이 않게 만든다. 그것은 그들의 마음을 분발케 하고 자기의 성질을 참게 하여 자기가 해내지 못했던 일을 더 많이 할 수 있도록 하게 한다. 그렇게 함으로써 어떤 고난도 이겨낼 수 있으며 어떤 어려운 일도 과감하게 수행할 수 있도록 만든다. 이처럼 큰 인물은 되는 것은 이러한 단계를 잘 극복하는 자들의 몫이다. 과일은 하루아침에 익지 않는다. 봄, 여름, 가을과 겨울의 과정을 거쳐야 성숙하고 좋은 열매가 된다. 공자도 70대에 이르러서야 원숙한 경지에 이르게 되었다는 교훈을 깨우쳐 주고 있다. 공자는 마지막 순간에 이르기까지도 도를 연구하고 학문을 닦는 모습을 보여주었으며 옳은 일을 실천하는 행동의 표범을 보여주었고, 착한 것을 지향하는 태도를 견지했다고 한다. 정상에 오르는 길은 그리 순탄치가 않은 것이다.

비틀즈(The Beatles ; 존 레논(기타), 폴 매카트니(베이스), 조지 해리슨(기타), 링고 스타(드럼))는 무명밴드로 1962년 1월 1일 첫 오디션을 보게 되었다. 그동안 준비를 많이 했다고 생각한 밴드멤버들은 혼신의 힘을 다하여 자신들의 기량을 보여주었다. 그러나 심사원들의 평가는 매우 가혹했다. "무슨 노래를 부르는 것인지 모르겠다.", "시대에 한참 뒤떨어진 노래다.", "대체 누가 당신들의 노래를 돈을 주고 듣겠는가?" 심사원들의 혹평과 냉대를 받으며 오디션 장소를 떠나 합숙소로 돌아온 다섯 명의 청년들은 기죽지 않고 계속해서 연습했다. 그들은 매일같이 연습하는 것을 조금도 게을리하지 않았다. 계속하여 기회가 있을 때마다 오디션에 임했지만 밥 먹듯이 고배를 마셨다. 그들은 그럴 때마다 더욱더 마음을 가다듬었다. 그 결과 49번의 오디션 실패 후에 드디어 50번째 오디션에서 꿈을 이루게 되었다. 실패를 딛고 연습을 게을리하지 않는 사람들만이 정상에 도달할 수 있다는 교훈을 그들에게서 얻을 수 있다.

원효대사가 의상대사와 당나라 유학을 떠나기 위해 당진포구에 도착했다가 거기서 하룻밤을 머물게 되었다. 잠을 잘 때 목이 너무 말라 움푹 파인 곳에 물을 발견하고 맛있게 마셨다. 그 다음 날 보니 해골에 고인 물을 마신 것을 알게 되었다. 그 순간 그는 구역질을 했다. 그리고 나서 그는 모든 것이 마음먹기에 달려있다(一切唯心造)는 것을 깨달았다.

이 세상에 완벽한 사람은 없다. 이 세상에 완전한 인격자도 없고,

완전히 학문에 도달한 사람도 존재하지 않는다. 살아있는 한 항상 꿈을 이루기 위해 정진하고 발전하기 위해 노력하는 것이 정상에 도달하는 길이 되는 것이다.

다재다능이 밥 먹여준다

仰之彌高 鑽之彌堅(앙지미고 찬지미견)

❖❖❖

　21세기는 집단 지성의 시대로 재주가 많은 사람이 각광을 받는 시대이다. 재주 많은 사람은 배고픈 것이 아니라 재주가 많은 사람이 먹거리 창출을 많이 하는 시대에 돌입하였다. 한 가지만 잘해서 먹고사는 데 지장 없던 직업들이 빠른 속도로 사라져가고 있다. 한 가지만 잘해서 먹고사는 시대는 옛말이 되고 있다. 한 가지를 똑 부러지게 잘하는 사람은 다른 일들도 두루 잘한다. 천재 중에 경이적인 천재로 꼽히는 레오나르드 다빈치는 여러 분야에 다재다능함을 보여주는 대표적인 인물이다.

　공자가 뒷날 출세하고 자신의 이상을 펴기 위하여 열국을 돌아다니던 일대기는 본인의 저서 〈춘추시대 이야기〉에 있다. 공자에 대한 평가는 누구도 감히 간단하게 말할 수는 없다. 공자의 수제자(首弟子)이며 공자의 다음 가는 성인으로 추앙받는 안연(顔淵, 안회)은 『논어』자한편(子罕編)에서 이렇게 말하였다. "선생의 인품과 학문은 위로 우러러 볼수록 더 높아 보이고, 뚫어보려고 할수록 더욱 단단해진다. 바로 앞에 있는가 하여 바라보면 어느새 저 뒤에 가 있다. 선생님께서는 모든 것을 어렵지 않게 사람들의 마음을 잘 깨우쳐준다. ― **仰之彌高, 鑽之彌堅, 瞻之在前, 忽焉在後, 夫子循循然善誘人**(앙지미고, 찬지미견, 첨지재전, 홀언재후, 부자순순연선유인) 〈논어〉 자한편(子罕編)" 이와 같이 공자는 누구도 그 학문의 깊이를 한마디로 말할 수 없다. 그리고 공자는 학문만 뛰어난 사람이 아니었다. 우선 공자의 성인이라는 측면을 빼고 순수한 인간적인 면에서 마치 소경이 코끼리의 일부를 만지는 식으로라도 몇 가지 느낌을 들어 보면, 첫째 박학다능(博學多能)할 뿐 아니라 큰 실학자(實學者)이며 경험철학자(經驗哲學者)이다. 대재(大宰) 벼슬을 하는 사람이 공자의 제자 자공(子貢)에게 이렇게 물었다. "선생님은 성인(聖人)이라서 그런가, 어찌 그리 다능하신가요? ― 부자 성자여, 하기다능야, (夫子 聖者與, 何其多能也)"이 말을 공자가 전해 듣고 이렇게 답하였다고 한다. "나는 젊어서 가난하였으므로 천한 일들을 많이 하였다네. ― 吾少也賤, 故多能鄙事(오소야천 고다능비사)"―『논어』자한편(子罕編) 이는 젊었을 때 노나라 가신(家臣)의 하인(下人)들과 친하게 사귀면서 책도 빌려보고, 창고지기와 가축관리를 맡아보기도 하면서 실천과 현실에서 얻은 경험철학을 뜻하는 것이다. 그리고 공자는 누구보다도 부지런하였다. 둘째 위대한 음악가(音樂家)다. 음악은 공자의 첫째 소질에 속하기도 하다. 여러 분야에 걸쳐 박식하다 보니 음악에 대하여는 문외한처럼 인식이 되어 있다. 공자는 어릴 때부터 음악에 심취해 있었는데 29세 때 노나라 궁궐의 악사(樂師)인 사양자(師襄子)에게 거문고를 배우고, 34세에 동주왕조(東周王朝)의 수도인 낙양(洛陽)에 가서 장홍(萇弘)에게 전통의 왕실음악(王室音樂)을 배웠으며, 36세 때 제(齊)나라에 가서 악사인 태사(太師)에게 옛날 순(舜)임금의 음악이라고 알려진 소악(韶樂)을 듣고 3개월 동안이나 심취(心醉)하여 고기를 먹어도 무슨 맛인지 몰랐다고 한다. 이리하여 그는 음악의 대가로 성숙한 뒤에 그의 제자들에게도 늘 음악을 가르치어 제자 중 자유(子游)가 노나라 무성현(武城縣)의 원이 되었을 때 공자는 몇 사람의 제자들을 데리고 그곳을 들른 일이 있었다. 성안에 들어서자 거문고 타는 소리가 은은히 들리니 공자는 그 제자를 돌아보며 빙그레 웃으면서 이렇게 말하였다. "닭 한 마리 잡는 데 소 잡는 칼까지 동원할 필요가 있을까? ― 할계언용우도(割鷄焉用牛刀)?" 이것은 한 개의 고을을 통치하는 데, 나라를 다스리는 데 필요한 방법까지 쓸 필요가 있겠는가 하는 말이지마는 사실은 제자에 대한 대견스러운 마음을 표시한 것이다. 그와 같이 그는 어려울 때나 좋을 때나 마음을 순화시키는 음악을 듣고 또 연주하였는데 그가 63세 때 초(楚)나라를 가는 도중에 진채(陳蔡) 두 나라를 지나다가 박해를 받아 7일 동안 양식이 떨어져 굶주리는 중에도 제자들에게 강의를 하고 음악을 연주하는 일을 조금도 게을리하지 않았다고 한다. 이와 같이 그에게 음악은 생활의 수단이고 정서 순화의 수단이었다. 그러나 뒷사람들이 그의 학문만 숭상하고 이 음악 부문은 무시해 버리어 마침내 공자의 도학은 무미건조한 학문으로 흘러가고 말았던 면이 있다고 볼 수 있다. 공자의 사상적 기반은 예절과 음악을 뜻하는 예악(禮樂)이 우선이었다. 그리하여 공자는 어릴 때부터 제사나

기타 의식(儀式)을 행할 때 사람들의 행동 기준에 질서를 유지하기 위하여서는 사람들이 지킬 예절이 앞장선다는 것을 터득하였다. 그가 34세에 낙양에 갔을 때 도가(道家) 종사(宗師)인 노담(老聃)에게 예절에 대한 것을 배웠다고 한다. 예절에 대하여 본다면 오히려 도가에서 앞선다고 본다. 그러나 조선 5백 년 동안에 공자를 숭상하는 유가(儒家)에 부정적인 이미지가 많이 생긴 것 같다. 셋째 공자는 실용주의자이고 무사(武士)이다. 공자는 교육 목표인 육예(六藝) 곧 예악사어서수(禮樂射御書數) 중에 인간의 심성을 교화시키는 예악 다음으로 육체를 단련시키고 적으로부터 신체를 보호할 수 있는 무예에 속하는 사어(射御, 곧 말달리고 활 쏘는 일)에 능하였다. 당시 서민 중에 누군가가 이렇게 비아냥거렸다. "공자라는 사람은 참으로 훌륭하긴 하지. 그런데 박학한 사람치고 한 가지도 성취한 것이 없다는군. ― 대재공자, 박학이무소성명 (大哉孔子, 博學而無所成名)" 공자가 그 말을 듣고 제자들을 바라보며 이렇게 대답하였다. "내가 무엇을 하여야 성취하였다고 할까? 활을 쏘는 일을 해 볼까, 말 모는 일을 해 볼까? 남의 말을 몰아 뛰어난 능력을 보여주어서 잘한다는 소리를 들어야겠군. ―오하집, 집어호, 집사호, 오집어의(吾何執, 執御乎, 執射乎, 吾執御矣) 〈논어〉 자한편(子罕編)" 이와 같이 공자는 무엇이나 다 잘할 수 있음을 보여주었다. 공자의 제자 3천 명 중에 이 육예에 능통한 자가 72명이나 되었다고 한다. 넷째. 인(仁)이다. 그러나 이 '인'에 대한 정의는 그리 쉬운 일이 아니다. 공자도 그 제자들에게 각자 그들의 특성에 맞게 달리 가르쳐 주었다.

레오나르드 다빈치(Leonardo da Vinci : 1452.04.15.~1519.05.02.)는 이탈리아 피렌체 근교인 빈치에서 태어났다. 어릴 때부터 수학을 비롯한 여러 가지 학문을 배웠고, 음악에 재주가 뛰어났으며, 그림 그리기를 좋아하였다. 14세에 화가이자 조각가인 **베로키오**에게서 그림과 조각·수학 등을 배웠으며, 20세에 피렌체의 화가 조합에 들어가 그림을 공부하였다. 1482년에 밀라노 궁정의 기술자가 되었는데, 이 시기에 남긴 작품이 벽화 〈암굴의 성모〉와 〈최후의 만찬〉이다. 그 후 밀라노가 프랑스군의 공격을 받자, 피렌체로 돌아와 〈모나리자〉의 제작을 시작하는 한편, 과학 연구와 입체 기하학을 연구하였다. 군사 시설 및 밀라노 운하의 수문 장치, 야외극장의 회전 무대 등 건축물을 설계하였으며, 대포와 전차 등의 무기를 발명하였다. 과학 및 의학 분야 연구에도 힘써 몸의 순환 체계를 그대로 옮겨 놓은 〈인체 해부학〉을 완성하였고, 헬리콥터의 원리도 고안하였다. 1506년 루이 12세의 궁정 화가가 되었다. 이후 로마에 가서 바티칸 궁에 머물렀으며, 프랑스의 앙부아즈에 가서 운하 설계와 궁정 설계를 지휘하였다. 그는 만능이라 할 정도로 여러 분야에 재주가 있어 각종 연구 기록과 함께 많은 업적을 남겼다. 레오나르도 다빈치는 미술과 과학 등 다방면에 걸쳐 뛰어난 업적을 남긴 이탈리아의 화가·건축가이자 조각가이다. 4,000쪽이나 되는 각종 연구 기록을 남겼는데, 회화론을 위한 첫 자료집, 종교적인 건축과 평범한 건축의 전형적인 스케치 모음집, 기계학 기초 이론서, 인체에 관한 논문의 첫 번째 부분 등이 그것이다. 이들 기록은 건축과 물리학, 천문학, 해부학 등 여러 분야에도 막대한 영향을 끼쳤다. 미술 작품으로는 벽화 〈암굴의 성모〉, 〈최후의

만찬〉, 〈성 안나〉, 〈세례 요한〉, 〈모나리자〉, 〈세례자 요한〉, 〈수태
고지〉, 〈동굴의 성모〉, 〈열매가 달린 오크나무 잎〉 등 수많은 명작을
남겼다. 레오나르도 다빈치는 전인적인 사람의 대명사다.

에디슨(Edison, 1847.2.11~1931.10.18)은 초등학교를 3개월밖에 다니지
못한 사람이지만 독학으로 피눈물 나는 환경 속에서 악전고투하여
세계의 발명왕이 되었다. 에디슨은 축음기, 전기, 영사기, 전신기, 축
전기 등 일생에 1,300여 종의 발명과 특허를 창출해 낸 위대한 발명
가이다. 경이로운 마음이 느껴지게 하는 인물이다. 그의 84년의 생
애 동안 발명과 연구로 인류문명 발전에 큰 영향을 주었다. 에디슨은
"나의 인생철학은 일하는 것이다. 우주의 신비를 탐구하여 인류의 행
복에 이바지하는 일이다. 만물을 밝게 보고, 인류의 행복의 견지에서
사물을 보는 것이다."라고 말했다. 그대는 그대 인생을 사랑하는가?
그렇다면 당신도 다재다능한 전인적인 인간이 되어 보라.

음악이 있어 좋은 세상

子在齊聞韶 三月不知肉味(자재제문소 삼월부지육미)

❖❖❖❖

　악성소리를 듣는 **베토벤**은 음악에 대하여 "**음악은 어떤 지혜나 철학보다도 더 높은 계시를 준다.**"라고 하였다. 영국의 대문호 셰익스피어는 "음악은 우리에게 사랑을 가져다주는 분위기 좋은 음식이다."라고 하였다. 음악이야말로 우리인간에게 희로애락을 느끼게 하며, 모든 병을 치료하는 가장 뛰어난 것이 바로 음악이 지닌 힘과 언어라고 할 수 있다. 음악은 인간이 발명한 최대 발명품 중에 하나이다. 오늘날은 음악 없는 세상을 하루도 상상할 수 없다. 모든 학문을 아우르는 것이 바로 음악이다.

　논어(論語)에 "子在齊聞韶(자재제문소), 三月不知肉味(삼월부지육미)日(왈) **不圖爲樂之至於斯也**(부도위락지지어사야) ─ 공자가 제나라에 있었을 때 소(韶)를 듣고 석 달 동안이나 듣고 배우느라 고기 맛까지 잊었다(三月不知肉味). 그리고 낙이 이런 경지까지 이르리라고는 생각하지 못했다."라고 말씀하셨다.

　소(韶)는 순(舜)임금의 '악곡'을 가리킨다. 그리고 '무(武)'라고 표현된 음악은 주(周)나라 무왕(武王) 시대에 만들어진 악곡이다. 공자는 소(韶)라는 음악에 대해서 "지극히 아름답고 지극히 좋다."라고 하였고 무악에 대해서는 "지극히 아름답지만 지극히 착하다고 말할 수 없다."라고 하였다 무왕은 무력으로 상(商) 왕조를 무너뜨렸다. 그러므로 평화스러운 순 임금 때의 음악은 마음을 편하게 해주지만 무력을 좋아하는 무왕 때의 음악은 새로운 시작과 나라를 세우는 음악이었을 것이다. 공자는 예악(禮樂)을 인간이 생존하기 위한 조건으로 보았다. 특히 악에 대해서는 예기(禮記) 악기(樂記)에서 이렇게 밝혔다. '부악자상성자(夫樂者象成者)' 무릇[夫] 악이란[樂者] 성공을[成] 본뜨는[象] 것이다. 상성(象成)의 성(成)은 목적한 것을 이루어 낸 것(成功)을 말한다. 뿐만 아니라 선미(善美)를 이루어 낸 것은 바로 진선(盡善)과 시가무(詩歌舞)를 그만큼 소중히 했음을 알 수 있다. 시가무는 악(樂)의 본바탕을 이룬다. 소(韶)가 더할 바 없는 선미(善美)의 시가무로 어우러짐을 말하고 있다. 공자가 새삼 소의 덕음(德音)을 찬탄하고 있다. 덕치(德治)란 바로 이런 악(樂)을 떠날 수 없다. 음악으로서 마음을 순화시키고 관객을 감동케 하여 정서적으로 마음의 안정과 즐거움을 느끼고 때로는 슬픔이 무엇인지 알게 하며, 하나의 마음으로 묶어주는 데는 음악만한 것도 별로 없다. 바로 이런 점 때문에 음악을 강조하였던 것이다. 여기서 말하는 악(樂)이란 '음이 모여서 하나의 체계적 구성을 이룬 완벽한 악곡을 가리킨다.'고 한다. 이 '악'은 노래가 아니라 심포니 기악곡을 지칭한다고 한다. 2500여 년 전에 고기를 먹는다는 것은 참으로 어려운 일이었을 것이다. 내가 자라던 어린 시절 1950~1960년대에도 1년에 몇 번 고기 먹기가 힘든 시기였다. 하물며 공자가 살던 그 시절은 가히 짐작이 되고도 남는다. 그렇게 귀한 고기 맛도 3개월 동안이나 잊을 정도로 공자는 음악에 푹 빠졌다. 공자는 음악의 신비한 세계에 심취했을 뿐만 아니라 음악이 무엇을 알려주는지 음악에 대하여 제대로 터득한 사람이다. 공자는 제나라의 태사(太師)와 음악을 토론하였으며 소(韶)라는 음악을 듣고 그 음악을 익혔다. 공자가 모든 것을 잊고 음악에 심취하자 제나라 사람들이 모두 공자를 칭송하였다고 한다. 공자는 스스로 "풍류가 이 경지에 이른 줄을 알지 못했다."고 하셨다.

공자의 음악에 대한 일화를 소개한다. 공자(孔子)가 음악선생인 양자(襄子)한테 거문고를 배울 때 이야기다. 공자는 열흘이 지나도 거문고에 별 진전이 없는 것 같았다. 양자가 말하기를 "이젠 다른 것을 배우는 것이 낫겠군요."라고 하였다 그러자 공자는 "나는 이제 멜로디를 익혔지만 박자와 리듬은 익히지 못했습니다."라고 하였다. 며칠이 지나 양자가 "이제 다음 단계를 배우는 것이 낫겠군요."라고 하였다. 이에 공자는 "나는 아직 그 뜻을 익히지 못했습니다."라고 하였다. 며칠이 지나 "그 뜻을 알았으니 다른 것을 배워야 합니다."라고 하자 공자께서는 "아직 그 작곡자의 인격(사람됨)을 알지 못합니다."라고 하였다. 며칠 후 공자께서는 "깊은 생각이 있고, 즐거워하는 높은 희망이 있고, 멀리 미래를 내다보는 꿈이 있는 듯하다."고 하시면서 "이제

는 그 작곡자의 인격을 알았습니다. 그는 피부 빛이 검고 키가 크며 인품이 있는 사람으로 멀리 보면 끝도 없는 듯도 문왕(文王)이 아니고 야 누가 이것을 능히 작곡하였겠습니까?"라고 하셨다. 이에 **양자는 자리에 일어나 공자께 두 번 절하고 "참으로 군자이시고 성인이십니 다. 이 곡이 '문왕조(文王操)'라는 곡조입니다."라고 하였다.** 음악에 있 어서도 공자가 얼마나 탁월한 능력이 있나 단면을 엿볼 수 있는 대목 이다.

모차르트(볼프강 아마데우스 모차르트(Wolfgang Amadeus Mozart 1756.1.27~ 1791.12.5))는 오스트리아의 서양 고전 음악 작곡가이다. 모차르트는 잘츠부르크에서 아버지 레오폴트 모차르트(대사교의 궁정 음악가)와 어 머니 안나 마리아 페르틀 모차르트 사이에서 태어났다. 막내아들로 태어난 레오폴트는 뛰어난 바이올린 연주자로, 작곡도 하고 바이올 린 주법에 관한 저작도 남겨 놓았다. 모차르트는 일찍부터 신동의 재능을 발휘했다. 주위 사람들이 그의 예사롭지 않은 재능을 알아챈 것은 3세 때였는데, 얼마 안 있어 레오폴트는 초보적인 음악 교육을 시작했고, 그는 어렸을 적부터 재능을 나타내어 4세 때 건반 지도를 받고 5세 때 생일을 전후해서는 최초의 소곡(小曲)을 작곡했다. 모차르트 아버지는 그의 뛰어난 재능을 각지의 궁정에 알리기 위하여 겨우 6세가 될 무렵인 1762년 초부터 10년 남짓 동안은, 모차르트를 유럽 각지로 여행을 보냈다. 첫 여행지는 뮌헨이었는데, 여기서는 겨우 3주간을 머물렀다. 같은 해 가을부터 이듬해 초에 걸쳐서는 빈을 방문하여, 쇤브룬 궁전에서 여황제 마리아 테레지아 앞에서 클라비어 연주를 했다. 뮌헨, 아우크스부르크 등지를 거쳐 시베찡겐에서 처음으로 만하임궁전악단의 연주를 들었고, 프랑크푸르트에서는 14세의 괴테도 모차르트의 연주를 들었다. 그는 영국에 가서 크리스티안 바하의 음악을 접했고, 네덜란드, 파리, 스위스, 독일을 다니면서 각 나라의 음악을 접했다. 그 음악을 소화하며 흡수를 하면서 여행 중에도 작곡을 활발히 하여 **모차르트**는 무려 1,000여 개가 넘는 곡을 작곡했다. 불멸의 천재 음악가로 불리어지는 모차르트는 죽은 지 200여 년이 지났어도 그는 살아서 생생하게 춤추고 있다. 이것이 바로 음악이 주는 묘미인 것이다. 모차르트는 음악이 있는 한 공자처럼 영원히 살아 숨 쉴 것이다.

성왕 소리를 듣는 **세종대왕**은 음악에 대하여 많이 연구를 한 왕이다. 세종대왕은 직접 작사를 하였으며 작곡까지 하였다. 세종대왕은 많은 악기들을 개발시켰으며 우리나라 음악사에도 큰 업적을 남겨 놓았다.

　농부든 어부든 어려운 일을 하는 사람들은 노래를 부르면서 시름
을 달래고 새로운 에너지를 채워 넣었다. 노래야말로 만국 공통어이
며, 음악은 천상의 말이기 때문에, 음악이 있는 곳에 악이 있을 수 없
다고 본다.

1+1이 2가 아니다
君子和而不同 小人同而不和(군자화이불동 소인동이불화)

⋮

　다양성이 존중되는 사회이다. 최고의 경영자라도 밑에 있는 직원
한테 배우지 않으면 안 되는 시대이다. 그 만큼 세상이 빠르게 변하
고 서로 협력하여야 시너지 효과를 낼 수 있는 세상이다. 아무리 뛰
어난 사람도 여러 합의 힘을 능가할 수 없다. 개인 생명은 유한하나
집단 생명은 무한하듯이 개인능력은 유한하나 집단능력은 무한하여
상상력을 초월하는 성과물을 만들어 낸다. 다양성이 존중되고 다양
한 지식을 융·복합하여 새로운 가치를 만들어 내야 되는 세상에 우
리는 살고 있다. 다양성이 존중되는 가운데 가장 중요한 것은 공익가
치가 있고 의로운 일에는 서로 공유하여 집중하는 것이 중요하다. 이
럴 때 분열을 일으킨다면 분쟁을 만드는 소인배인 것이다. 진정한 리
더는 상호간에 의존할 줄 안다.

　공자는 "君子和而不同 小人同而不和(군자화이불동 소인동이불화) ―

벗과 사귐에 있어 군자는 화합할지언정 아첨하지 않고 소인배는 아첨은 하지만 화합할 줄을 모른다."라고 말씀하셨다. 군자는 뚜렷한 개성을 가지고 있으나 서로 화합(和合)을 잘하는 데 반(反)해, 소인은 잘 어울리기는 하나 서로 화합을 이루지 못한다는 뜻이다. 공자는 조화를 제대로 실현하는 사람은 군자로 보았고, 그렇지 못한 사람은 소인으로 보았다. 군자들의 사귐은 서로 진심으로 어울려 조화롭지만 의리를 굽혀서까지 모든 견해에 '같게 되기'를 구하지는 않는 데 반해, 소인배들의 사귐은 이해가 같다면 의리를 굽혀서까지 '같게 되기'를 구하지만 서로 진심으로 어울려 조화롭지는 못하다는 것이다. 군자(리더)는 공동목표를 추구할 적에 자기와 똑같아지기를 강요하지 않는다. 그러나 소인은 나와 똑같아지기만을 원하고 화합할 줄을 모른다. 조직이 발전하려면 다양성이 존중되어야 한다. 유유상종한다면 발전을 가로 막을 수 있다. 제나라 경공이 사냥에서 돌아올 때 간신 양구거가 수레를 몰고 나아가 경공을 맞이하였다. 이를 보고 경공이 양구거를 칭찬하자, 재상인 안영은 이를 국끓이기에 비유하여 양구거의 행실을 비판하였다. 즉 요리사가 고기 국을 끓일 때 싱거우면 소금을 넣고, 짜면 물을 더 넣듯이 임금이 옳다고 하는 것에 대해 잘못이 있으면 바로 잡아 주는 사람이 아니라, 임금이 옳다고 하면 옳다고 말하고, 임금이 그르다고 하면 그르다고 말하기 때문에 짠 국에 소금을 더 넣고, 싱거운 국에 물을 더 넣는 것과 같다는 것이다. 그러니까 안영은 양구거를 '동이불화'하는 소인으로 보았던 것이다. 군자의 덕목을 줄인 말이다. 군자는 잘 어우러지면서도 획일화되지 않는다는 뜻이다. 군자는 자기(自己)와 다른 사람의 차이를 인정하여 남을 지배하거나 자기와 동일한 것으로 흡수하려 하지 않기 때문에 평화로움이 있다. 그러나 소인은 다른 사람을 용납하지 않으며 지배하고 흡수하여 동화하려 애쓰기 때문에 불화가 일어난다. '和而不同(화이부동)'의 우수한 사례는 산업계에서도 찾아볼 수 있다. 최근 산업계에서는 서로 전혀 다른 상극의 기술을 하나로 융합해 시너지 효과를 나타내는 하이브리드 상품들이 속속 출시돼 좋은 반응을 보여주고 있다. 컴퓨터 업계에서는 디지털과 아날로그라는 상반의 개념을 조합한 하이브리드 컴퓨터가 있고 자동차 업계에는 휘발유와 전기를 조합한 하이브리드 자동차가 상용화되었다.

리더는 각자가 가지고 있는 개성과 능력을 다른 사람과 하나로 융·복합시키는 역할을 해야 한다. 목표를 위해서는 같이 힘을 합해 달성을 해내야 된다. 리더는 조직의 사람들과 조화롭게 융합할 수 있어야 한다. 그러면서도 의로운 일에는 반드시 의롭게 행동을 해야 한다. 맹목적으로 남의 말을 따르거나 부화뇌동은 하지 않는다. 화(和)라 함은 각자 다른 사람들의 장점을 최대한 살려 더 큰 목표물을 달성해내는 것이다. 물에 물을 더하면 물이 되는 것처럼 1더하기 1은 1 되는 것과 같다. 촉진 시키는 요소가 존재하지 않는다. 다른 환경, 생각, 입장을 가지고 있음을 인정하고 그 속에서 갈등 대신에 화합을 선택하는 것이 옳다. 리더는 다름을 인정하고 다른 것들끼리의 조화를 도모할 줄 알아야 한다. 그러나 소인은 다름을 인정하지 못하고 억지라도 써서라도 무엇이든 같게 만들거나 혹은 같아지려고 발버둥을 친다.

2014년 6월, 브라질에서 월드컵으로 세계를 뜨겁게 달굴 것이다. 모든 축구선수가 한 사람같이 같아지기를 바란다면 절대로 상대 국가를 이길 수가 없다. 각자 포지션에 맡게 제 기량을 발휘하여 조화롭게 능력을 발휘해야 그 만큼 승률이 높아진다. 각 선수의 장점이 살려지면서 더 좋은 골을 만들기 위해 서로 화(和)하는 축구를 구사할 줄 알아야 한다. 재능이라고 하는 것은 어떤 것을 성취할 수 있다는 희망을 주지만 보장이 되지는 않는다. 보장은 끈기만이 갖다 주는 것이다. 끈기는 재능의 문제가 아니다. 시간의 문제이고, 마무리의 문제이다. "수 천 명의 사람들이 재능을 가지고 있다. 그러나 이것은 축하 받을 일이 아니다. 중요한 것은 당신이 지구력을 가지고 있는가 하는 것이다."라고 **노엘 코워드**라는 사람이 말했다.

월드컵 대표팀의 태극 전사들 중에 자랑스러운 선수들이 참 많다. 그중에 **박지성** 선수는 많은 선수들에게 귀감이 된다. 그는 열악한 신체 조건을 가졌지만 지독하게 노력해서 영국 명문구단 맨체스터유나이티드 구단에서 뛰게 되었다. 성공도 끈기 앞에는 무릎을 꿇게 된다는 것을 박지성 선수가 보여주고 있다. 세계적으로 이름을 날리는 사람들은 꿈을 이룰 때까지 결코 주저앉지 않는다. 성공의 모순은 처음에 성공하게 만든 요소가 계속적으로 성공을 유지시켜주지 않는다는 것이다. 새로운 아이디어와 새로운 기술을 배우고 익혀야 된다. 훌륭한 리더라 하더라도 과거에 성공했다고 해서 지금 또 성공한다는 법이 없는 것이다. 지속적으로 성장하기 위해서는 끊임없이 노력해야 된다. 배우지 않으면 재능은 아무짝에도 도움이 안 된다. 유연성이 있어야 목표에 더 빨리 도달하게 된다. 감사할 줄을 모르는 사람들은 자기 발전을 가로 막게 된다. 멘토가 있어야 미래가 더욱 발전하게 만들어준다. 참을 줄 모른다면 아무리 멋진 꿈도 일장춘몽이 된다. 인내할 수 있어야 성공이라는 열매를 따 먹을 수가 있다. 학습효과에 있어 나는 재능이 많은 사람이라고 자부심만 강한사람은 크게 실패하게 작용하는 것이다. 재능이 방해가 되지 않도록 하는 태도가 필요하며 늘 학습하는 것을 게을리해서는 안 된다.

보통 성공이라고 하면 다른 사람과 비교를 바탕으로 한다. 성공은 외부적인 것에 초점을 맞춘다. 그러나 우수성은 내부적인 잠재력에 집중한다. 기량향상을 위해 연습할 때는 우수성에 목표를 두고 최선을 다해야 된다. 같은 팀 선수가 집중하여 같은 연습을 한다 하더라도 결과는 달라지기 마련이다. 문제는 자기 자신의 잠재력이 어떤 것인지 알고 집중적으로 연습할 때 놀라운 결과가 나타난다. 가장 중요한 것은 지금하고 있는 일을 성공적이라 하더라도 더욱더 잘할 수 있는데 그것을 모르고 재능낭비하고 있는 사람들이 많다는 것이다. 때문에 조직에서는 자기가 좋아하고 잘하는 일에 적재적소에 배치하는 문제가 대단히 중요하다. 통계에 의하면 하고 싶은 일을 하는 사람은 겨우 20%에 불과하다는 사실이다. 어떤 분야에 최고인지를 발견하고 일하게 해야 된다. 그렇지 않으면 가지고 있는 능력을 향상시키지 못하며 갖은 능력도 잃게 될 수 있다. 말하자면 자기의 잠재력은 마치 예금통장과 같이 작용한다. 보통 예금통장에 넣은 돈은 시간이 지남에 따라 돈이 점점 불어난다. 건드리지 않아도 돈이 불어난다. 그러나 잠재력 문제는 완전히 다르다는 데 있다. 그냥 놔두면 점점 약해진다.

무궁무진한 재능을 꺼내 쓰지 않으면 녹이 슬어버리게 된다. 잠재력은 남들이 생각하는 기준보다 자기 스스로 세운 기준이 훨씬 높을 때 그 능력이 발휘된다. 코넬 대학 위스콘신 총장이었던 **찰스 켄델 애덤스**는 "자신에게 요구되는 것만 해서는 큰 성공을 얻을 수 없다. 그 외에 것을 해야만 한다."라고 하였다. 위대한 성취는 본인 스스로의 의지와 정신에 따라 평범함과 비범함의 차이가 나타나는 것이다. 세계적인 명성을 누리는 CEO들은 1주일에 거의 100시간을 자기 하는 일에 투자한다는 사실을 잘 눈여겨봐야 한다. 그뿐만 아니라 세계적인 명성을 얻은 선수들 역시 별도의 노력을 남다르게 많이 하고 있다는 사실을 주목하여야 한다. 성공한 사람들은 그렇지 않은 사람보다 더 열심히, 더 오랫동안 연습을 한다. 모든 성공한 사람들의 공동 특징은 포기하고 싶은 유혹과 계속 싸운다는 것이다. 인내하여 시간을 더 투자하면 재능도 나날이 발전하게 된다. 리더는 각자가 가지고 있는 능력을 융·복합하여 최대의 가치를 창출하도록 조화롭게 이끌어야 하고 의로운 일은 당당한 모습을 보여주는 사람이 되어야 한다.

월드 클래스
리더십

마하트마 간디

마틴 루터 킹

존 데이비슨 록펠러

스티브 잡스

앤드류 카네기

빌 게이츠

국가도 국격(國格)이 다르듯, 리더십도 세계에 통하는 월드 클래스 리더십
이 필요한 시대다.　　　　　　　　　　　　　　　　　　　　　 -공한수

모범 보이는 리더

修身齊家治國平天下(수신제가치국평천하)

修身齊家(수신제가) – 고암 정병례 새김글

　리더십은 솔선을 보여야 한다. 모범을 보이는 것이 글로벌 리더로
서의 역량을 갖추는 것이다. 영어 속담에 "No Pain, No Gain."이란 말
이 있다. 고통의 대가를 치르지 않고 아무것도 얻을 수 없다는 뜻이
다. 고난과 역경을 이겨내고 스스로 담금질을 계속해야 진정한 리더

가 될 수 있다. 스스로 중심이 잡히지 않은 상태에서 다른 사람을 마음대로 이끌 수가 없다. 가장 어려운 것은 스스로를 잘 다스리는 것이다. 링컨은 "국민의 전부를 일시적으로 속이는 것은 가능하다. 또한 국민 일부를 끝까지 속일 수도 있을 것이다. 그러나 국민 전체를 끝까지 속이는 것은 불가능하다."라고 말했다. 통치자나 지도자들은 링컨이 한 말을 깊이 되새겨 불행한 역사를 만들어내는 우를 범하지 말아야 한다.

"修身齊家治國平天下(수신제가치국평천하)"는 4서3경 중의 하나인 대학에 나오는 말이다. 대학은 덕(德)에 관한 책으로 여덟 가지 조목(8條目)을 들어 논한다. 내용은 자신의 몸과 마음을 먼저 수련하고 어떻게 덕을 닦을 것이며 천하에 어떻게 덕을 펼 것인가를 주로 다룬다. '수신제가치국평천하(修身齊家治國平天下)'에서 핵심은 수신(修身)이다. 수신(修身)은 먼저 자신의 몸과 마음 행실을 돌보고 바르게 행하는 것이다. 리더십을 발휘하려면 자신의 언행심사(言行心思), 말과 행동과 마음과 생각을 하나가 되도록 스스로 잘 다스려야 한다. 제가(齊家)는 자식은 자식으로서 몸가짐을 바르게 하고, 아내는 아내로서의 몸가짐을 바르게 하고, 남편은 남편으로서의 몸가짐을 바르게 할 때 화목한 가정이 되는 것이다. 치국(治國)은 가정을 잘 다스리는 제가(齊家)를 이루는 사람은 나라도 잘 다스린다. 평천하(平天下)는 나라를 잘 다스리는 사람은 나아가서 나라를 평안하게 하여 국민들이 평화스럽게 살아가도록 하는 것이다. 자신을 다스리지 못하는 사람은 가정을 다스리지 못하며, 그 가정은 화목하지 못하다. 자기 자신 하나 조절하지 못하고 가정 하나 제대로 화목하게 못 하는 사람이 어떻게 큰일을 한다고 할 수가 있겠는가? 더 나아가 나라를 잘 다스리기는 더더욱 어려운 일이 된다. 성경에서도 자신을 지키라고 이르고 있다. 자신조차 제대로 추스르지 못하고 가정과 사회 그리고 나라를 위해 큰 죄악을 저지르는 사람들을 많이 보게 된다.

수신제가를 잘해서 우리나라 공무원사회에서 가장 빛나는 **오명** 전 부총리, 전 건국대 총장의 예를 살펴보자. 그는 고시에 합격을 하거나 정통 관료 출신도 아니다. 육사를 나왔고 공학을 전공했다. 우리나라에서 1980년대까지 집집마다 전화를 놓는 일은 쉬운 일이 아니었다. 더군다나 지금처럼 아이들까지 가지고 다니는 휴대전화는 상상도 할 수 없는 일이었다. 집에다 전화를 놓으려면 최소한 1년 이상을 기다려야 했다. 교환기가 턱없이 부족했기 때문이다. 그 당시만 하더라도 전자교환기 제작기술은 불과 선진국 6개국밖에 없었다. 그가 체신부 차관으로 있을 때였다. 그는 전자교환기를 개발하기로 결심한다. 전자교환기를 개발한다는 것은 거의 불가능한 것처럼 생각하던 시절이었으며, 막대한 예산이 투입되어야 하고 예산이 투입된다 하더라도 다른 나라에서는 실패한 사례가 있어 예산 확보와 기술자 확보하는 일, 어느 것 하나 만만한 것이 없는 상황이었고 주위에서 무시까지 했다. 그러나 오명 차관은 전자교환기를 완벽하게 개발해 내어 전화를 신청하면 당일 설치가 가능하게 해놓았다. 오명 총리는 청와대 경제 비서관을 시작하여 겨우 마흔에 체신부 차관이 되고 체신부장관, 교통부장관, 건교부장관, 과학기술부 부총리로 일했다. 1983년에는 대전 엑스포 조직위원장 일을 맡아 성공적인 엑스포를 치러냈다. 오늘 날 한국이 IT 강국으로 부상하는 데는 오명 장관의, 업적을 간과할 수 없는 기초 작업이 있었기에 가능했다. 역대 대통령으로부터 일해 줄 것을 부탁 받은 것도 유능하면서도 수신제가의 모범을 보이는 사람이라 계속 진가가 발휘된 것이다. 그가 그렇게 화려한 고위공직에 있으면서 청렴하지 않았거나 조금이라도 흠이 되는 일을 했다면 찬란한 공직을 두루 거칠 수가 없었을 것이다. 오명 전 부총리야말로 수신제가의 아름다운 모습을 보여주는 표상의 인물인 것 같다. 그는 리더십도 탁월하다. 술자리에서 난동을 부리는 과장의 행패를 보고 바로 사표를 받았지만 그의 유능함을 알고 사표는 수리하지 않고 오히려 몇 개월 후에 국장으로 승진을 시켰다. 그 유능한 과장은 훗날 철도청장까지 했다. 오명 총장은 겸손의 미덕까지 겸비하고 있다. 아래부하들을 다그치는 것이 아니고 신나게 일할 수 있도록 환경을 만들어 주고, 일을 잘할 수 있도록 늘 칭찬, 격려와 사랑과 관심을 가지고 베풀어주는 리더십도 발휘하는 역사에 남을 훌륭한 사람이다. 오명과 같은 고위공직자와 정치가 그리고 사회의 지도자가 많을 때 우리나라도 더욱 잘사는 나라로 빛나게 되리라.

GE **이멜트** 회장이 프라스틱 사업부를 맡았을 때 회사 사정이 나쁜 때였다. 그러나 그는 어려운 상황에서 사업을 정상궤도에 올려놓았다. 이멜트는 "어느 누구도 다른 사람이 힘든 시기를 보낼 때 같이 하려 하지 않는다. 그럴 때는 스스로의 힘으로 해결할 수 있어야 한다. 리더십은 이를테면 우리의 영혼 깊숙한 곳으로 향하는 여행이라고 말할 수 있다."라고 했다. 수익을 올려야 된다는 압박은 이멜트에게도 상상을 초월할 정도로 강력한 것이었지만 압박을 잘 견뎌 내어 플래스틱 사업부의 수익을 장기적으로 정상적인 수준으로 올려놓았다. 장기적인 적자에서 지속적인 수익구조를 만들어 내는 데 성공하였기 때문에 잭 웰치의 후계자가 될 수 있었다. 스스로 훈련이 제대로 안되어 있으면 조직을 이끌어 목표를 제대로 달성하기가 어렵다. 리더는 젊은 시절부터 어떤 자아의식을 가지고 성장하느냐가 매우 중요하다. 자기를 에워싼 환경, 문화적 배경, 지도자 재목이 되기 위한 훈련을 자연스럽게 받게 되느냐는 성장하여 크게 영향을 미치게 한다. 리더에게 가장 중요한 자질은 바로 확고한 자아의식 확립이 되어 있어야 한다. 자아의식은 바로 자신을 아는 일로 수신과 매우 밀접한 문제다. 리더가 제대로 수신하지 않으면 회사의 목표를 달성해 나가는 과정에서 동력을 잃을 수 있다. 직원들에게 일을 위임하고 전 조직원들의 힘을 모아 목표 달성을 위해 나아가려면 리더가 제대로 훈련이 되어 있어야 하고 자아의식이 분명해야 된다. 그렇지 않으면 창의적인 업적을 달성해내기가 어렵다. 제대로 수신된 리더는 임파워먼트(Empowerment)를 잘한다. 직원들에게 격려나 동기부여를 통해 힘을 심어줄 때 자신들이 달성할 목표를 위해 더욱 노력을 하게 된다. 유능한 지도자는 직원들 스스로 좋은 감정과 감동을 받도록 끊임없이 찾아야 한다. 직원들 자신이 하는 일에 자긍심을 느낄 때 자신감이 더욱 확고해진다. 그럴 때일수록 적절한 보상이 뒤따르지 않으면 안 된다. **나폴레옹 힐**은 "그 누구도 당신이 일을 더 하겠다는 것을 막을 수 없다."고 말했다. 중국 속담에 "지도자가 되려는 사람은 복종하는 법을 배워야 한다."는 말이 있다. 오늘날 비추어 봐도 성공한 CEO들은 젊은 시절에 유능한 팀원으로 어느 누구보다도 팀워크에 자발적으로 가장 크게 기여를 한 사람들이다. 자신의 업무를 빠르고 훌륭하게 마무리할 줄 아는 사람이라고 명성을 얻는다면 미래에 당신한테 많은 문이 열리게 될 것이다. 항상 조직에 크게 공헌하는 방법을 찾고 다른 어느 누구보다도 조직에 필요한 사람이 되어 보라. 중요한 사람은 항상 주목받고 자연적으로 눈에 띈다. 팀에 가장 크게 공헌하는 사람은 자발적으로 열정을 바쳐 임무를 훌륭하게 완수하는 사람이다.

무슨 일을 시작하기 전에 사전에 준비를 철저히 하면 좋은 결과를 얻을 수 있다. 5P를 알고 있는가. 'Prior Preparation, Prevents Poor Performance'는 사전 준비로 형편없는 결과를 막을 수 있다는 말이다. 수신제가가 잘된 사람 즉 리더는 하는 일에 집중도가 그만큼 높아지게 된다. 일은 혼자 하는 것보다 다른 사람과 함께함으로 더욱 빨리 완성하게 되고 결과는 수십 배 수백 배까지도 높아진다. 더 많이 알고 있는 사람이고 수익을 높인다는 사실은 일반화되어 가고 있다. 교육은 바로 '가속기' 역할을 해주기 때문이다. 전문지식을 많이 가지고 있으면 시간과, 에너지, 노력, 헛된 낭비요소를 줄이고 자원을 아낄 수가 있다. 더 많이 벌려면 수신제가를 많이 하면 할수록 결과를 빠르고 확실하게 얻을 수가 있다. 소득 수준을 높이고 싶은가? 그러면 더 많이 배우지 않으면 안 된다. 더 많이 닦아야 한다. 배울 수 있는 사람은 언제나 새로운 아이디어에 대하여 개방적이고, 모든 사람들로부터 배우려는 마음가짐을 갖는다. **헤리스**는 "승자는 다른 사람들이 그를 전문가라고 생각할 때조차도 자신이 얼마나 더 많이 배워야 하는지를 알고 있다. 패자는 자신이 아는 것이 얼마나 적은지 알기도 전에 다른 사람들이 자신을 전문가로 여겨주기를 바란다." 이것은 바로 태도의 문제라고 본다. 당신도 수신제가하여 리더가 되어 보지 않겠는가?

마음의 등불을 켜자

夫哀幕大於心死(부애막대어심사)

❖❖❖

영국 속담에 "마음이 늙으면 몸도 더 빨리 늙기 마련이다. 남자는 마음으로 늙고, 여자는 얼굴로 늙는다."라는 말이 있다. 마음이 이처럼 중요한 것이다. 실개천에 놀 것인지, 바다에서 헤엄치게 할 것인지는 마음에 달려 있다. 마음이 살아야 사는 것이다. 마음이 죽으면 산 것이 아니다. 죽은 거나 마찬가지라 슬픈 일이다. 마음은 샘물 같은 것이다. 물이 없으면 살 수 없듯이 마음의 등불을 켜지 않으면 죽은 자나 다를 바 없다. 마음에 문을 열고 서로를 사랑하는 순간부터 행복이 열린다.

공자는 "夫哀幕大於心死(부애막대어심사) - 무릇 슬픔 중에 마음이 죽는 것처럼 슬픈 일이 없다."라고 말씀하셨다. 마음은 나를 이끄는 주인이다. 우리는 평생 마음에 등불을 켜고 살아야 한다. 그래야 발전하고, 영광이 뒤따르게 되며 행복하게 살아갈 수가 있게 된다.

사무엘이 쓴 〈청춘〉이란 시 중에 "청춘은 인생의 어느 기간이 아니라 마음의 상태다."라고 한 것처럼 마음이 늙으면 젊은이라도 늙은 것이요, 노인이라도 마음이 젊고 싱싱하면 바로 청년인 것이다. 마음속으로 자기만이 불행하다고 자학해서는 안 된다. 다른 사람들도 똑같은 고통을 겪고 있거나 겪어왔다는 사실을 우리는 알아야 한다. 지금 우리가 겪고 있는 불운과 마음의 고통이 없다면 우리 미래의 행복과 아름다운 인생살이가 찾아오겠는가? 마음은 무한 능력을 가지게 하고 불가능을 가능하게 바꾸어 마르지 않는 생명력이 넘쳐나게 하는 에너지는 바로 마음에서 만들어진다. 마음은 모든 것을 생성되게 하고 가공되고 포장되어 멋진 상품으로 내놓게 한다. 마음에도 순수한 마음, 선한 마음, 착한 마음이 있듯이 악하고 고약한 마음, 더 나아가 사악한 마음도 있다. 마음에 따라 결과물도 차이를 내보이게 된다.

일체유심조라(一切唯心造)는 말과 같이 세상사 모든 것은 "마음먹기에 달려 있다." 몸은 마음 따라간다. 어린 강아지가 어미 개한테 와서 하는 말이 엄마 행복이 어디 있는지 알게 되었다고 자랑을 하였다. 어미 개가 물었다. "그래 행복이 어디 있더냐?" "행복은 꼬리에 있어." "그래. 나도 행복이 꼬리에 있다는 것을 알고 평생을 꼬리를 잡으려고 발버둥을 쳐도 꼬리를 잡을 수가 없었단다." 그렇다. 행복이란 것은 우리 멀리 있는 것이 아니라 우리 가까이에 있다. 하지만 행복은 잡으려고 해서 잡히는 것이 아니다. 현명한 사람은 자신의 행복을 소중히 여기며 다른 사람의 행복도 소중히 여길 줄 아는 사람이다. 오늘 나의 행복이 다른 사람을 불행하게 만든다면 내일 다른 사람의 행복으로 인하여 내 자신이 불행해질 수 있기 때문이다. 우리는 행복하게 살아야 한다. 우리 곁에 있는 행복도 누리지 못하는 사람은 어리석은 사람이다. 자신에게 주어진 행복을 가볍게 여기고 거창한 무언가를 추구하는 사람들은 어떤 행복도 누리지 못하는 사람들이다. 바로 행복은 내 마음에 달려 있는 것이다. 행복은 먼 데에 있는 것이 아니고 가까이 있으며 내 마음에 달려 있는 것이다. 아파 봐야 지금 상태가 행복한 것을 알고, 굶어 봐야 밥을 먹을 수 있다는 자체가 행복하다는 것을 알게 된다. 모든 것을 다 가지고 있어도 마음이 텅 비어 있다면 이것처럼 허무한 일이 없을 것이다. 가진 것 없어도 마음이 부자인 사람은 행복한 사람이다. 부자여도 마음이 가난한 사람은 불행한 것이다. 작은 것이라도 다른 사람에게 베풀 줄 아는 사람이 진정 행복할 수 있다는 것을 우리는 명심해야 한다. 언제나 마음의 여유가 있으면 다른 이에게 관대해져 무엇이든 다른 사람들에게 골고루 나누어 줄 수 있는 것이다. 선한 일을 한다 하더라도 숨겨진 의도가 있다면 그것은 선행이 될 수 없다. 선행의 진정성은 어떤 목적이나 바람 없이 행하는 것이다. 발전하는 사람은 마음의 벽을 허무는 데 있다. "나는 할 수 있어, 나도 할 수 있어, 나는 해내고야 말겠어."라고 다짐하는 사람들은 마음의 벽을 허물어 승리자가 되고 행복한 생활을 해나갈 수가 있다. 하지만 무의식 중에 '할 수 없다.'는 두려움, 불안감에 사로잡힌 사람은 잠재능력을 발휘할 수가 없게 된다. 마음의 벽을 허무는 사람은 스스로 동기부여를 하여 목표를 달성하고 꿈을 실현해나가게 된다. 행동과학을 연구하는 행동 과학자들은 자기가 가지고 있는 잠재능력 가운데 극히 일부만 사용하면서 살아가고 있다는 것을 밝혀냈다. 원래 인간은 자기가 사용하고 있는 것보다 훨씬 많은 재능과 능력을 가지고 있다고 한다. 우리가 살아가면서 가장 큰 장애물은 우리 스스로가 만들어 놓은 장애물이다. 1마일을 4분대에 주파하는 기록은 인간에게 불가능한 것으로 인식되어 왔다. 하지만 로저 베니스(Roger bannister)라는 육상선수에 의해 4분벽이 깨졌다는 소식이 세계에 알려지자마자 다른 수 십 명의 육상 선수들도 간단히 그 벽을 뛰어 넘게 되었다. 이처럼 마음의 장벽이 우리의 능력 발휘뿐만 아니라 잠재력을 개발하는 데 걸림돌이 되고 있다. 무서운 마음의 벽을 무너뜨리는 사람들은 자기의 운명까지도 쉽게 바꿀 수 있다. 마음을 살려내는 마음의 등불을 켜야 된다. 4분벽이란 비록 육상의 경우만 있는 것이 아니다. 자기가 하는 일에 있어서도 4분벽이 존재하고, 회사에서 업무 중에도 4분벽이 존재하는 것들이 있다. "나는 4분벽을 깨는 사람이다." 라고 생각하고 4분벽을 깨는 일에 도전해보라.

베토벤은 귀가 들리지 않은 상태에서도 수많은 명곡을 작곡했다. 실낙원을(失樂園)쓴 영국 최고의 시인 **밀튼**은 장님이었다. 그가 그렇게 최고의 시인이 될 수 있었던 것은 바로 마음이 살아 있기 때문이었다. 단순하게 바람을 가지는 것과 소망을 현실로 받아들이는 마음의 준비를 하는 것과는 근본적으로 차이가 있다. 소망에 대한 확신이 없는 것은 준비되어 있지 않는 것과 마찬가지다. 마음이 여유롭지 않거나 초조하면 신념도 용기도 발휘할 수가 없다. 부자가 되자. 성공하자. 행복하자 계속 마음을 다잡는 일이 얼마나 개인생활에 변화를 만들어 내는지 마음관리를 잘해야 된다. 마음도 관리를 잘못하면 인생이 엉뚱한 길로 갈 수 있게 된다.

매년 연초가 되면 작심삼일(作心三日)이란 말이 유행하게 된다. 금년에는 담배를 끊어야지 술을 먹지 말아야지 계획을 세우지만 대부분이 그 실천을 삼 일도 안가서 못 지킨다.

빅토르 위고는 "마음의 향기와 인품의 향기가 자연스럽게 우러나는 삶을 살아야 된다."고 말하였다. 좋은 일을 하려고 생각하는 것도 중요하지만 더욱 중요한 것은 좋은 인간이 되려고 마음먹고 노력하는 것이다. 인간의 영혼은 유리그릇 속에 살고 있는 것과 같이 보아야 된다. 인간은 그 그릇을 더럽힐 수도 있고 깨끗한 채로 둘 수도 있다. 그릇의 유리가 더럽지 않을수록 진리의 빛은 유리를 통해서 빛나게 된다. 인간에게 있어 가장 중요한 것은 내면적인 것이며 자기의 그릇을 더럽히지 않도록 마음을 써서 노력하는 일이다.

일일신우일신(日日新又日新)**은 중국 탕왕의 반명**(盤銘)에 있는 말로서 '날마다 잘못을 고치어 그 덕(德)을 닦음에 게으르지 않음'을 이르는 말이다. 몸에 때가 생기듯이 마음의 때도 생기게 마련이다. 매일 같이 새로워져야 되겠다는 다짐이 있어야 발전할 수 있다. 몸을 매일 샤워하듯 우리 마음을 매일 샤워하여 깨끗하게 써야 한다. 우리 육체는 영혼의 그림자일 뿐이다. 우리 인간의 삶은 언제나 영혼이 더 아름답게 빛을 발하게 한다. 우리 육체는 욕망을 추구하지만 영혼은 아름다움을 추구한다. 육체는 위험한 유혹에 빠져들기 쉬우므로 아름다운 영혼을 살찌우게 하기 위해서는 마음이 항상 살아 있어야 한다.

공자는 낮잠 자는 재여를 보고 "썩은 나무로는 조각을 할 수 없고, 썩은 흙으로 만든 담장은 흙손질을 할 수 없다."고 말씀하셨다. 이는 정신이 죽어있으면 아무것도 제대로 이룰 수 없다는 것을 비유해서 말한 것이다. 인간을 발전시키고, 눈을 뜨게 하고, 자극주어 분발하게 하고, 변하게 하는 것은 바로 정신(精神)에 달려있다. 사람이 정신이 죽어 있으면 행시(行屍)와 같다. 마치 산송장과 같다는 뜻이다. 정신이 죽은 사람이 무엇을 할 수 있겠는가? 정신이 살아 있어야 세상을 뒤흔드는 힘도 저절로 나오게 되는 것이다. 정신이 살아 있는 사람은 어떤 역경도 극복해나간다. 의식이 깨어 있는 정신이 마음에 불을 붙여야 진정한 변화가 일어난다. 당신도 풍요로운 삶을 위하여 마음의 등불을 켜자.

정직이 최고 경쟁력

擧直措諸枉(거직조저왕)

◆◆
◆◆

　세상에서 정직만큼 빛을 오래도록 발하게 하는 것도 없다. 영국의 시인 포우프는 "정직한 인간은 하나님이 창조한 가장 고상한 작품이다."라고 말했다. 영국의 상징인 셰익스피어는 "정직만큼 값진 유산은 없다."고 말했다. 지구가 하나인 글로벌 시대에 개인이든 기업이든 정직해야 자기 능력을 발휘할 수 있는 시대이다. 특히 기업경영에서 정직하고 투명하게 하지 않으면 지속적으로 성장 할 수 없고 도태되는 것은 시간문제일 뿐이다. 정직은 우리 삶의 기준이며 사회의 사회적 생존의 필수 조건으로 공기나 물처럼 중요하다. 미국이 발전하는 것도 여러 가지 가치 중 정직을 최우선 가치로 두고 있는 데 있다.

　논어 위정편에 "擧直措諸枉 則民服(거직조저왕 즉민복), 擧枉措諸直 則民不服(거왕조저직 즉민불복)"이라는 말이 있다. 공자는 "곧고 올바른 사람을 등용해서 곧지 않은 사람 위에 놓으면 백성들은 마음까지 복종하지만 반대로 부정직한 사람을 등용하여 정직한 사람 위에 놓으면 백성들은 복종하지 않는다." 하고 말씀하셨다.

애공(哀公)이 공자한테 백성을 다스리는 일에 대하여 물었는데 그에 대하여 공자가 대답하기를 "곧은 사람을 굽은 사람 위에 놓으시면 백성이 따르게 되겠지만, 그 반대로 그릇된 사람을 뽑아서 정직한 사람위에 두시면 백성이 복종하지 않게 됩니다."라고 하셨다. 곧은 사람(정직한 사람)을 위에 두면 그 밑에 있는 굽은 사람(부정직한 사람들)도 상사의 모범을 보고 정직한 사람이 된다는 가르침이다. 애공은 아버지가 죽고 어린 나이에 왕권을 물려받다 보니 모든 실권은 맹손씨, 계손씨, 숙손씨 세 사람이 뒤흔들고 있었다. 이 세 사람을 '삼환씨'라고 한다. 그 무리들이 득세해 나쁜 짓을 하여 백성들의 원성이 하늘을 찔렀다. 이런 현실을 보고 공자는 애공한테 조언을 해줬으나, 애공은 제때 굽은 자들을 걷어내지 못해, 결국에는 이웃 나라를 떠도는 서글픈 운명을 맞이하게 되었다. 공자는 "인간의 천성은 원래 정직한 것이라고 하면서 정직하지 않고도 생존한 이는 요행과 형벌을 면한 것뿐이다."라고 말씀하셨다. 윗사람들이 부정이나 하고 정직하지 못하면 국민들의 원성을 사게 되고 나라꼴이 우습게 되는 것이다. 2,500여 년이 지난 지금에도 유효기간이 끝나지 않아 현실에 딱 들어맞는 말이니 얼마나 놀라운 일인가?

현재 통치자들도 공자의 '거직조왕'의 교훈을 새겨 바른 조각을 하는 지혜를 가졌으면 한다. 글로벌 시대에 지도자는 무엇보다 정직해야 되고 모범을 보이지 않으면 자기 자리에 오래도록 아름답게 머물러 있을 수가 없다. 공직자의 경우는 자신의 자리 때문에 혼탁해질 수도 있다. 그럴수록 본연의 임무에 충실하고, 정도와 정직성을 벗어나지 않도록 해야 된다. 나라를 이끌어가는 지도층과 공무원들은 투철한 윤리관이 확립되어 있어야지 그렇지 않으면 각종 문제들을 시도 때도 없이 만들어 낸다. 정직 가치관의 확립은 아무리 강조해도 충분하지 않다고 본다. 제대로 된 사람들을 써야지 정실인사를 하게 되면 큰 문제를 일으켜 나라경쟁력을 잃게 된다. 우리나라에서도 국가 경쟁력을 위해 국회의원, 지방자치 단체장과 모든 선출직위원들을 뽑을 때 국민들이 정직한 사람들을 뽑아야 미래에 희망이 있다.

맹사성(1360~1438)은 고려 말(공민왕 9년) 태어났다. 맹사성은 유명한 **최영 장군**의 손자사위이며 고려 말, 조선 초의 이름난 재상이다. 10세 때 어머니가 세상을 떠나자 7일 동안이나 단식할 정도로 효성이 지극하였다. 호는 고불(古佛)이다. 충남 온양 출신으로 어려서 **권근**에게 글을 배웠고 문과에 급제하여 예문춘추관검열을 거쳐 공직생활을 시작했다. 맹사성은 대사헌, 예조판서, 호조, 공조판서를 역임하고 1419년(세종 1)이조 판서로 예문관 대제학(藝文館 大提學)을 겸했으며 우의정. 좌의정에까지 올랐으며, 1430년에 〈태종실록〉을 엮는 일을 감독하고, 이듬해에는 〈팔도지리지〉를 지어 세종에게 바쳤다. 황희와 함께 조선 초기의 문화 발전에 크게 기여했다. 시·음악에도 뛰어나 향악을 정리하고 스스로 악기도 만들었다. 정직하며 생활이 검소하고 평생을 초가삼간에서 살았던 청백리(淸白吏)의 표상이기도 하다. 어느 날 병조판서는 맹사성과 국사를 논하기 위해 초가집을 방문했다가 소낙비를 맞았다. 정승이 사는 집인데 집이 빗물이 새 떨어져 관복이 젖었다고 한다. 병조판서는 집으로 돌아와 정승한테 느낀 바가 많아 자기 집 행랑채를 모두 헐었다는 고사가 있다. 정승이 그처럼 곧고 청빈한데 아랫사람으로 어찌 양심의 가책을 받지 않을 수가 있었겠는가? 오늘날 우리 사회에 그러한 어른이 있다면 사회정화가 많이 될 것이다. 공직사회에 곧고 정직한 사람들이 많아져야 공직사회가 맑아질 것이다. 우리나라는 경제 수준은 9~10위권인데 청렴도는 OECD 하위권이니 얼마나 부끄러운 일인가?

  황희정승(1363~1452)은 조선 초기에 정승의 자리에 있으면서도 집이 가난하였어도 곧고 청렴하여 황희정승하면 모르는 사람이 없을 만큼 오랫동안 벼슬자리에 있었다. 황희정승은 검소한 생활을 하면서 임금의 마음도 편안하게 해 드렸다. 세종대왕께서 집현전 학자들과 오랜 세월 연구하여 마침내 우리의 글자 '한글'을 창제한 것도 황희정승 같은 어진 정승이 임금을 보필해 준 덕택일 것이다. 황희정승은 세종대왕 때 최고의 관직인 영의정을 지내면서도 집은 초라하고 살림살이는 늘 쪼들렸다. 정승 집 방안은 빗물이 샐 정도였다. 조금이라도 여유가 생기면 이웃의 가난한 사람들에게 나누어 주다 보니 자신은 언제나 생활이 어려웠다. 어떤 사람들은 '영의정 대감인데 뭐가 부족하겠어? 재물을 숨겨 두고 겉으로 엄살을 부리는 거 아냐?'라고 오해를 하는 사람들도 있었다. 어느 날 갑자기 황희정승 집에 세종대왕이 찾아왔다. 너무도 뜻밖이어서 황희정승과 그 부인은 버선발로 달려 나와 임금을 맞이했다. "상감마마 이 누추한 곳에 어인 행차이시옵니까? 어서 안으로 드시옵소서." "과인이 영의정 댁을 방문한 것이 뭐 그리 놀랄 일이요!" 세종대왕은 마당에서 황희정승의 초라한 집을 한번 둘러본 뒤 사랑방으로 들어갔다. 그런데 이게 어이된 일입니까? 조선의 최고 관직에 있다는 영의정의 집은 세종대왕이 보기에도 초라함이 느껴졌다. 방 안에 들어가자 바닥은 멍석이 깔려 있었고 손님이 앉을자리 한 곳만 낡은 돗자리가 깔려져 있었다. 천정은 여기저기 빗물이 새어 얼룩져 있었다. 세종대왕은 잠시 앉았다 일어서 밖으로 나왔다. "허, 내 곁에 이런 일꾼이 있다는 건 참으로 큰 복이 아닐 수 없군!" 이렇게 생각한 세종이 황희정승에게 웃으며 말했다. "경의 집이 과인의 집보다는 좀 작지만 등이 가려울 때 그 멍석에 긁으면 얼마나 시원하시겠소? 허허허." 황희는 조선건국 초기에 네 임금을 섬기면서 어진 정치를 편 명재상이었다. 신분이 높고 낮음에 관계없이 모든 사람을 사랑하고 인격적으로 대했던 그는 높은 인품과 청렴한 생활로 백성들의 존경을 한 몸에 받았다.

민족지도자인 **안창호** 선생은 "죽더라도 거짓이 없어라. 농담으로라도 거짓말을 말아라, 꿈에라도 성실을 잃었거든 통회하라." 하였다 삼성을 창업한 **이병철** 회장은 기업경영을 하면서 도덕과 윤리 그리고 정직을 주요한 덕목으로 삼았다. 직원들이 업무상 실수나 실패는 용서하고 협조를 아끼지 않았지만 정직하지 않은 직원에 대해서는 어느 경우든 용서하는 법이 없었다. 한 사람을 용서해주면 다른 사람들이 따라서 부정행위를 할 수 있기 때문이다. 오늘날 지속적으로 성장하는 기업들은 윤리적이고 도덕적이며 투명경영을 하는 회사들이다. 그렇지 않으면 시간문제일 뿐 언제 살아질지 모르는 운명을 맞이하게 된다. 이처럼 정직이 최고의 무기인 셈이다.

곧은 사람이란 드러나는 행위가 올바르게 보일지라도 행위를 하는 동기가 잘못되면 곧은 사람이라고 할 수 없다. 또한 겉으로는 정신이 바르다 해도 오르지 자신의 영광과 배를 채우는 사람은 곧은 사람이라 할 수 없을 것이다. 동기나 행위 그리고 목표가 조화를 이루고 언제나 한결같을 때 그 사람을 일컬어 우리는 정직한 사람 즉 곧은 사람이라고 할 수 있다.

그대는 인생을 사랑하는가? 그렇다면 정직한 사람이 되어라. 정직한 사람이 환영받고 존경받는 시대에 우리는 살고 있다. 정직이 바로 당신의 경쟁력이다.

참다운 리더상

智者不惑 仁者不憂 勇者不懼(지자불혹 인자불우 용자불구)

⁘

우리가 배우는 것은 지혜를 갖기 위함이다. 사람이 지혜롭지 못하면 매사에 육체가 괴롭다. 지혜는 저절로 생기는 것이 아니다. 영국의 윈스턴 처칠은 "용기는 인간이 지닌 첫 번째 자질로 올바르게 평가되어야 한다. 용기는 다른 모든 것들을 보증하는 자질이기 때문." 이라고 하였다. 용기라고 하는 것은 두려워하는 것을 행동하는 것을 말한다. 두려움이 없다면 용기라는 것은 필요가 없는 것이다. 유능한 지도자 특징은 "위험을 기꺼이 감수하는 자세"를 가졌다. 용기는 목숨과 같은 값어치 있는 위대함이다. 용기는 문을 여는 키와 같다.

공자는 "智者不惑(지자불혹), 仁者不憂(인자불우), 勇者不懼(용자불구) — 지혜로운 이는 미혹하지 않고, 어진 이는 근심하지 않으며, 용감한 이는 두려워하지 않는다."고 말씀하셨다. 논어(論語) '자한(子罕)'에서 삼달덕(三達德)은 온전하게 지, 인, 용을 발현하는 사람이다. 삼달덕

(三達德) 지도자는 합리적이고 인간적이고 용감해야 한다. 참된 지도자는 유연해야 하며 본인 스스로 인격자가 되고 덕목이 있어야 한다. 지(知)와 인(仁)과 용(勇)이 갖추어져야 덕이 있다고 할 수 있다. 참된 지도자는 반드시 합리적이고 인간미가 있어야 되고 발전하는 모습을 보여주어야 한다. 여기서 합리적이란 지(知)의 덕을 말하고 인간적이란 인(仁)의 덕을 말하며 발전은 용(勇)의 덕을 말한다. 단지 인자하고 용기만 있고 지혜롭지 못한 사람이 지도자가 된다면 사람들을 올바르게 이끌 수가 없다. 또한 인자하지는 못하고 지혜롭고 용기만 있는 사람이 지도자가 되면 목표를 향해 나아가는 데 사람들이 힘들어 할 수 있다. 제대로 된 지도자는 삼달덕을 갖추어 머리는 지혜롭고 마음은 인자하고 행동은 용감해야 진정 지도자라고 할 수 있다.

영국 **스코트**(Scott) 대장과 노르웨이 **아문센**(Amundsen)이 남극점을 누가먼저 도달하나 경쟁을 벌였다. 스코트 대령은 계급의식이 강한 사람으로 부하에게 강압적으로 순종만 강요하였다. 스코트는 군인답게 명령에 의해 대원을 움직이기를 좋아하였다. 그러나 아문센 대장은 대원들의 자주성을 존중하고 무엇인가를 할 때는 대원들을 참가시키고 질문을 통하여 그 일의 방식, 순서, 위험 요소 등을 생각하도록 하였다. 아문센은 '이것은 이렇게 하는 것이 좋겠다. 이렇게 해야 한다.'고 알고 있을 때도 질문을 던져 대원으로부터 아이디어가 나오면 "그것은 좋은 생각이다. 그렇게 하자."라며 부하가 처음부터 스스로 생각한 것처럼 문제를 풀어 나갔다. 아문센은 부하를 사랑하고 대원들의 자주성을 존중하여 자발적으로 움직여 나가는 인간적인 모습을 보였기 때문에 강압적인 스코트 대장보다 1911년 먼저 남극점에 최초로 도달하게 되었다. 리더의 용기는 따르는 사람들로부터 헌신하는 자세를 갖도록 한다. 미국 **빌리그라함** 목사는 "용감한 사람이 자세를 취하면 다른 사람들은 모두 부동자세를 취하게 된다."고 했다. 리더십도 사람들로 하여금 옳은 일을 하게 만드는 용기를 보여주는 것이다. 조직 내에서 용기 있는 직원이 되려면 어떻게 행동하면 될까? 첫째는 용감하게 책임을 완수해야 한다. 용기는 책임과 관련 있으며 강한 책임이 강한 용기를 불러일으킨다. 둘째로 용감하게 직무를 수행해야 한다. 용감해지는 목적은 당당한 자아를 만드는 데 있다. 당당한 자아를 만들기 위해서는 중요한 순간에 용감하게 직무를 수행해야 한다. 셋째는 용감하게 도전한다. 상사와 부딪치고 적극적으로 해결 방법을 제시하여 문제해결을 도와라. 그리고 용감하게 떠나라. 조직의 발전과 개인의 성장을 위해 불가피하게 떠나야 할 때가 오면 떠나야 된다. 용감한 직원이 되는 비법은 **유비**가 등용하려 했을 때 제갈량의 빙부인 **황승언**에게 가르침을 받은 내용이다.

배우면 지혜가 생긴다. 지혜는 삶에서 다른 사람의 말이나 행동이나 사물을 통해서 지혜를 얻게 되는 것이다. 다음은 두 사람의 우정에 관한 이야기이다. 두 사람이 사막을 걸어가고 있었다. 여행 중에 문제가 생겨 서로 다투게 되었는데 한 사람이 다른 사람의 뺨을 때렸다. 뺨을 맞은 사람은 기분이 나빴지만 아무 말을 하지 않았다. 그는 모래에 이렇게 적었다. "오늘 나의 가장 친한 친구가 나의 뺨을 때렸다." 그들은 오아시스가 나올 때까지 말없이 걸었다. 마침내 오아시스에 도착한 두 친구는 그곳에서 목욕을 하기로 했는데 뺨을 맞았던 사람이 목욕을 하러 들어가다 늪에 빠지게 되었다. 그런데 웬일인지 뺨을 때렸던 친구가 그를 구해 주었다. 늪에서 빠져 나왔을 때 이번에는 돌에 이렇게 썼다. "오늘 나의 가장 친한 친구가 나의 생명을 구해 주었다." 그를 때렸고 또한 구해준 친구가 의아해서 물었다. 내가 너를 때렸을 때는 모래에다 적었는데 왜 너를 구해준 후에는 돌에다 적었지? 친구는 대답했다. "누군가가 우리를 괴롭혔을 때 우리는 모래에 그 사실을 적어야 해. 용서의 바람이 불어와 그것을 지워 버릴 수 있도록. 그러나 누군가가 우리에게 좋은 일을 하였을 때는 그 사실을 돌에 기록해야 해. 그래야 바람이 불어와도 영원히 지워지지 않을 테니까." 우리가 살아가면서 가슴 깊이 새겨두어야 할 이야기다. "원수는 물에 새기고 은혜는 돌에 새겨라."라는 우리 속담이 있다. 사람들은 은혜는 쉽게 잊고 자기가 작은 일을 해준 것은 깊이 간직한다. 소중한 은혜를 물에 새긴 듯 금방 잊어서는 안 된다. 은혜는 돌에 새긴 듯 고마움을 가슴깊이 새기고 감사한 마음으로 살아야 기쁨이 넘치는 것이다.

리더가 지혜는 있는데 인간미가 없으면 꽃은 꽃인데 향기 없는 꽃과 같이 인기가 없어지게 된다. 이 시대의 리더 즉 군자의 이상형은 공자가 말하는 '삼달덕(三達德)'을 갖춘 사람이다. 이러한 리더가 이사회에 많이 나왔으면 한다. 남을 배려하고 사랑하는 마음으로 지적이고 합리적인 판단, 과감한 실천력을 갖춘 리더가 필요한 사회이다. 21세기는 진정한 리더가 부족한 시대이다. 리더는 희생할 줄 알아야 하고 어떠한 경우라도 사물에 관해 흔들리지 않고 잘 분별할 줄 알아야 한다. 나라를 위해 의롭고 가치 있는 일에 대해서는 자기 목숨까지 바칠 수 있는 것이 바로 진정한 용기인 것이다. 논어에 있는 군자와 소인에 대하여 논한 내용을 들어보면 "군자의 마음은 평탄하고 너그러우며, 소인의 마음은 항상 근심에 차 있다. 군자는 덕을 생각하고 소인은 땅을 생각하며, 군자는 형벌을 생각하고 소인은 은혜를 생각한다. 군자는 의에 밝고 소인은 이(利)에 밝다. 군자는 위로 통달하고 소인은 아래로 통달한다. 소인은 남의 약한 일을 권장하여 이루게 하나 군자는 화(和)하되 동(同)하지 않고 소인은 동(同)하되 화(和)하지 않는다. 군자는 자신에게 책임을 추궁하나, 소인은 남에게 책임을 추궁한다. 군자는 자기 마음으로 귀와 눈을 인도하며 의지를 세워서 용맹스러운 일을 하지만, 소인은 이와 반대로 귀와 눈을 가지고 마음을 인도하여 공손하지 못한 태도를 용맹한 일로 안다.

일본의 세계적인 부호이자 사업가였던 마쯔시다 전기의 **마쯔시다 고노스께**는 전기 한 품목으로 570개의 계열사와 13만 명의 종업원을 거느리는 그룹을 일으켰다. 문자 그대로 입지전적(立志傳的)인 인물이다. 그는 어려운 가정 형편으로 학교는 초등하교 4학년이 전부이지만 자전거 점포의 점원을 시작으로 굴지회사의 총수가 되었다. 마쯔시다 회장은 가난하게 태어나고, 몸이 허약하고, 못 배운 것을 오히려 남을 탓한 것이 아니고 하늘의 큰 은혜를 입고 태어났다고 생각했다. 가난을 극복하기 위해 부지런히 일했고, 건강하지 못했기에 건강하기 위해 노력했고 못 배웠기 때문에 세상 모든 사람을 스승으로 받들어 배우는 데 노력했다. 마쯔시다도 에이브람 링컨 대통령과 같은 마음으로 만나는 사람이 나의 스승이라고 생각하고 배우는 것을 게을리하지 않았다. 성공하는 사람은 이와 같이 지혜를 얻고 행동에 옮기는 사람으로서 성공 신화를 만들어 냈다.

　세상이 어두워지면 빛보다는 어둠이, 선보다는 악이 설치는 세상이 된다. 등불이란 말은 의미심장한 상징성을 내포하고 있다. 등불이란 고대 그리스에의 철학자인 **디오게네스**(Diogness)가 떠오른다. 그는 무욕의 원리를 추구하면서 그것을 실천하여 노력했던 사람이다. 역사상 가장 뛰어난 영웅의 한 사람이었던 **알렉산더 대왕**이 통 속에 기거했던 디오게네스를 찾아와서 "내가 당신에게 무엇을 어떻게 도와주길 원하는가?" 이렇게 묻자 "다만 나에게 햇살이 막히니 비켜 달라."라고 요청했다는 일화가 전해내려 온다. 디오게네스는 대낮에도 등불을 켜들고 다니면서 "참다운 사람." "사람다운 사람."을 찾아다녔다는 유명한 일화가 있다. 21세기는 세상에 등불을 밝혀줄 용기 있는 지도자가 많이 필요하다. 우리 모두가 지혜 있고, 인간적이고, 용기 있는 사람을 찾기 위해 등불을 들고 찾아 나서야 될지 모르겠다.

리더의 9가지 생활신조

君子有九思(군자유구사)

❖❖❖

리더는 자기가 소중하게 여기는 가치가 있어야 한다. '리더다운 리더가 되겠다. 공부를 많이 해서 더 많은 사람들에게 배움의 기회를 제공하겠다. 사회를 위해 헌신하는 사람이 되겠다.' 등. 삶의 핵심가치를 가지고 있는 사람들은 그 꿈을 실현하기 위해 정도를 벗어나는 것을 예방하기 위해 체크리스트가 필요하다. 성공하는 사람들은 유연하고 모험심이 있으며 배우고자 하는 열의가 지독하고 독립심이 강하며 웬만한 어려움에도 결코 굴하지 않고 앞으로 나가는 모습을 보여준다.

공자는 "君子有九思(군자유구사) 視思明(시사명), 聽思聽(청사청), 色思溫(색사온), 言思忠(언사충), 事思敬(사사경), 疑思問(의사문), 忿思難(분사난), 貌思恭(모사공), 見得思義(견득사의)"라고 말씀하셨다. '君子有九思 군자유구사'란 어진 사람이 생각해야 할 9가지 생활신조로 논어

계씨편(季氏篇)에 나오는 한 구절이다. 군자가 생각해야 할 9가지 사항을 성찰하여 매일같이 실행에 옮기는 사람은 군자에 이르게 될 것이다. 9가지 사항을 구체적으로 하나하나 살펴보자.

1. 시사명(視思明)

사물을 볼 때에는 분명하게 보도록 하고 있는가를 생각하라. 모든 사물은 바로 분명하게 보아야 하고, 편견이나 사심 없이 객관적인 상태로 본질을 바르게 보아야 한다.

2. 청사청(聽思聰)

들을 때는 빠뜨리지 않고 똑똑히 들을 것을 생각하라. 들을 때는 대개의 경우 자기 입장에 따라 달리 듣게 된다. 그래서 중요한 이야기를 많이 놓치게 되어 문제가 생긴다. 들을 때는 세 귀로 들어야 되고 좋은 소리이든 귀에 거슬리는 소리라도 겸손한 마음으로 정확하게 들으려고 노력하면서 열심히 들어야 한다.

3. 색사온(色思溫)

얼굴빛은 온화한지를 생각하라. 얼굴은 그 사람의 거울이다. 현재 자기의 감정이 어떤 상태에 놓여있는가는 태도로 다 얼굴에 나타나게 된다. 온화한 마음을 가지고 미소 띤 얼굴로 공손하게 남을 부드럽게 대하라는 말이다.

4. 언사충(言思忠)

말을 할 때는 진심으로 할 것을 생각하라. 바로 탈로 나는 말인데도 거짓말을 쉽게들 한다. 말은 바로 내가 누구인지를 알려주는 광고판으로 생각하여 진솔한 마음으로 존칭어를 사용하여 말해야 된다. 특히 부부. 친구처럼 가까운 사이일수록 예를 갖추는 말을 사용해야 되는 것이다. 그러나 사람들은 오히려 가까울수록 말을 함부로 하여 금이 가게 만드는 잘못을 저지른다. 예의를 다하는 마음으로 가까울수록 정이 솟아나는 말을 해야 되는 것이다.

5. 사사경(事思敬)

일을 할 때는 신중한지를 생각하라. 대충하는 일은 결과가 뻔하다. 하는 일은 집중해야 성과가 난다. 열정 없이 대충하는 일은 성과가 높아질 수가 없다. 젊은 청년이 임금에게 성공 비결을 가르쳐 달라고 간청했다. "젊은이 성공하고 싶은가?" "예." 임금은 말없이 잔에다 포도주를 가득 따라 주면서 군인을 불러 명령했다. "이 청년이 저자거리를 한 바퀴 돌아오는 동안 포도주를 흘리면 목을 치거라." 청년은 식은땀을 흘리며 그 잔을 들고 무사히 돌아왔다. 임금은 시내를 도는 동안 무엇을 보고 들었는지 물었다. 청년은 아무것도 보지도 듣지도 못했다고 대답했다. 재차 물었지만 아무것도 보지도 듣지도 못했다고 대답했다. "그렇다 그것이 네 인생의 교훈이다. 네가 그 잔을 들고 돌면서 그 잔만 바라보면서 온 정신을 집중시킨 것처럼 살아가면 인생에 성공할 것이다."라고 임금은 성공 비법을 알려주었다.

6. 의사문(疑思問)

의심날 때는 물어볼 것을 생각하라. 잘 모르는 일은 겸손하게 질문하여 깨우쳐 알아야 한다. 모르는 일을 아는 것처럼 하다가는 일을 다 망칠 수 있다. 계속하여 모를 때는 모를수록 더욱 예를 갖추어 더욱 진지하게 물어서 깨우쳐야 한다. 그냥 넘기면 내 것이 안 된다. 질문도 하나의 실력인 것이다.

7. 분사난(忿思難)

성낼 때는 겪게 될 어려움을 생각하라. 화난다고 함부로 내뱉다가는 큰 화를 부르게 된다. 화가 날 때는 편지를 쓰면 온 감정이 글로 표현되어 큰 화를 면할 수 없게 된다. 화가 날 때는 한발 뒤로 물러나 역지사지하는 마음으로 생각한 다음 행동해야 된다. 분노를 삼키지 않고 화를 내면 결국 자기만 손해나는 일이 많다. 화가 날수록 두 번 생각하고 말하는 습관을 가져야 어려움을 겪지 않게 된다.

8. 모사공(貌思恭)

몸가짐을 낮추어 공손할 것을 생각하라. 사회적으로 지위가 높은 사람, 돈이 많은 사람이라 해서 거드름 피우다가는 망신당하기 십상이다. 공손해야 남한테 대접받는다. 늘 상대방을 높여주는 자세로 남을 편하게 대하는 습관을 가져야 된다. 자기가 최고야 하는 사람은 아무도 반겨주려 하지 않고 피한다. 남을 편하게 즐겁게 해주는 것이 세상을 아름답게 살아가는 방법인 것이다.

9. 견득사의(見得思義)

이득을 볼 때는 먼저 의로운가를 생각하라. 오늘날 물질만능주의에 젖어 있는데, 이는 위험한 일이다. 의롭지 않게 이득을 취하려 하거나 물욕에 집착하면 추한 사람 되기 쉽다. 나만 돈만 벌고 잘 먹고 잘살면 되지 어떻게 하든 나는 상관없다는 식으로 사회생활을 하지 말아야 한다. 지금은 같이 더불어 행복하게 살아야 하는 시대다. 혼자만 잘살겠다고 물욕에 집착하면 불행을 스스로 자초하게 되어 불쌍한 사람이 된다. 의롭게 벌고 의롭게 쓸 줄을 알아야 한다.

인간은 만물의 영장답게 사람의 도리를 다하면서 산다는 것은 그리 쉬운 일은 아니다. 하지만 인간이기 때문에 도리를 지키면서 살아야 할 의무와 책임이 있는 것이다. 삶을 살다 보면 때로는 괴로운 일이 있고, 힘든 일이 있어도 인내하고 참아내야 한다. 인내 앞에는 성공도 굴복하는 것이다. 살아가면서 공자가 말한 9가지 생활신조 체크리스트(check list)를 만들어 매일같이 소 되새김질하듯 성찰하며 생활하는 습관을 갖도록 하자. 훌륭한 리더가 되기 위해 자기 책상머리뿐만 아니라 체크리스트를 만들어 가지고 다니면서 수시로 보면서 제대로 실행하고 있는가를 점검하자.

운동선수가 운동하기 위해 운동화 끈을 졸라매듯 우리 인생도 자기 삶을 매일 성찰하며 살아야 운동선수 기량이 향상되듯 발전하고 행복한 삶을 살아가게 된다. 우리는 누구나 다 리더인 것이다. 리더로서 공자가 말씀하신 9가지 성찰 매뉴얼대로 매일같이 순간순간 체크하여 자기 정신을 늘 가다듬고 새롭게 출발하는 마음을 가져야 된다. 그렇지 않고 매일같이 느슨한 삶을 살다 보면 자기도 모르게 타성에 젖게 된다. 타성에 젖다 보면 모든 감각이 무뎌지고 어제가 오늘 같고 오늘이 어제같이 다람쥐 쳇바퀴 도는 것처럼 단조로운 삶을 살아가게 된다.

당신도 공자가 말한 군자유구사(君子有九思) 9가지를 리더의 롤모델로 삼아 체크리스트로 만들어 가지고 다니면서 생활에 멘토로 활용해 삶속에 적용해보라. 알찬 수확을 거두게 될 것이며, 성실한 삶이 되어 성공하고 행복한 인생이 될 것이다.

정치는 덕 리더십

道之以政 齊之以刑(도지이정 제지이형)

✦

　사람이 이성적으로 인격적인 행위를 하면서 살아 나가는 것은 누구에게나 쉬운 일이 아니다. 덕(Virture)이라는 말은 라틴어의 'virtus'에서 유래하며 힘 또는 남자다운 힘을 의미하고 그리스어의 'aretē'도 같은 의미로 행위를 하는 힘을 뜻한다. 고대 그리스에서는 지혜, 용기, 정의, 절제를 덕으로 여겼으며 소크라테스 또는 스토아 학파 등에서는 특히 지혜가 중시되었고 플라톤은 영혼의 성질에서부터 덕을 설명하였다. 유가는 덕을 신분적 질서를 지탱하고 유지하기 위해 필요한 사회적 · 도덕적 능력과 그 기능이라고 받아들였고, 도가(道家)에서는 덕을 주로 만물의 근원인 도(道)로부터 만물에 부여된 것으로 받아들였다. 군신(君臣)간, 부자(父子)간 등의 질서를 유지하는 덕목으로 군의 인(仁), 신의 충(忠), 부의 자(慈), 자의 효(孝)등이 설정 되었는데 이러한 신분 도덕의 원칙으로서 인의예지신(仁義禮智信)이라는 다섯 개의 덕이 절대시되었다.

공자는 "道之以政 齊之以刑 民免而無恥 道之以德 齊之以禮 有恥且格(도지이정 제지이형 민면이무치 도지이덕 제지이례 유치차격) — 정치로써 백성을 인도하고 형벌로써 다스리면 백성이 형벌은 면하여도 부끄러운 마음은 없어지나 덕으로써 백성을 인도하고 예법으로써 다스리면 백성들이 부끄럼도 알고 또 마음이 바르게 된다."라고 말씀하셨다. 이 말은 공자의 덕치주의 정치로써 백성을 다스려야지 법제(法制)와 형벌로써 백성을 다스리면 백성들은 형벌이 무서워서 법을 범하지 않아도 근본적으로는 착하게 되지 않는다는 것이다. 법치주의 단점을 지적한 것이다.

계강자가 **공자**에게 물었다. "백성으로 하여금 공경하고 충성하며 몸과 마음을 다하여 권면(勸勉)하게 하려면 어떻게 해야 됩니까?" 공자가 대답하시기를 "백성들에게 정중하게 대하면 공경스럽고, 효도와 자비를 보이면 충성스러워지며, 착한 이를 등용하고 능하지 못한 사람을 가르치면 권면하게 될 것이요."라고 했다. 또한 정치에 대하여 계강자에게 "정치란 바르게 하는 것이니, 당신이 솔선하여 바르게 되면 누가 감히 바르게 아니할 수 있겠소?"라고 말했다. 계강자는 공자한테 엉뚱한 질문을 하였다. "만약에 나쁜 사람을 죽이고 좋은 사람은 가까이하면 어떻겠습니까?" 그 말에 공자는 "정치를 함에 있어서 어찌 함부로 사람을 죽이려고 하는 게요? 당신이 착함을 행하려고 하면 백성도 착함을 행하게 되는 법이요. 다스리는 사람의 덕이 바람이라면 백성의 덕은 풀이요. 풀 위에 바람이 가면 풀은 바람을 따르게 된다오."라고 말했다. 풀은 바람이 가는 대로 눕는다는 표현은 너무나 멋지다. 덕 정치를 하고 국민을 위하는 정치를 한다면 국민이 다 행복해질 수 있지만, 만행을 부리는 공포정치를 일삼는다면 국민들이 풀처럼 이리 쏠리고 저리 쏠려 정신을 못 차리게 될 것이다.

논어 위정편(爲政篇)에 공자는 "**위정이덕**(爲政以德), **비여북진거기소**(譬如北辰居其所) **이중성공지**(而衆星共之) ― 정치는 덕으로 해야 한다. 북극성이 항상 같은 자리에 있지만 많은 별들이 북극성을 중심으로 질서 있게 움직이는 것과 같이 덕치를 하면 저절로 위정자에게 민심이 모여 따르게 된다."고 말씀하셨다. 정치는 기본적으로 덕치에 있어야 한다는 말이다. 덕은 법보다 근원적인 덕목이다. 법이 있어도 법집행을 소홀히 하거나 백성이 지키지 않으면 효력이 없다. 훌륭한 제도가 있어도 국민이 따르지 않으면 헛것이 아니겠는가? 정치하는 사람들은 국민의 마음을 읽을 줄 알아야 한다. 덕으로서 정치를 하면 천하 사람들이 다 감화를 받아 우러러보고 따르게 된다. 올바른 정치를 하려면 올바른 사람을 얻어야 한다. 올바른 사람을 얻자면 자기 몸부터 옳은 일을 해야 하며, 도를 닦는 데에는 어질게 해야 된다. 어진 일을 하는 것은 사람이다. 친한 자를 높여야 하지만 여기에는 정도와 절제가 있어야 한다. 어진 자를 높이는 데도 차등이 있어야 한다. 이것이 예법이며, 정치의 근본이 되는 것이다.

중국에는 "일부논어치천하(一部論語治天下)"라는 말이 있다. 논어 한 권만 있으면 천하를 다스릴 수 있다는 의미다. 한권의 책이 위에서 아래까지 모든 분야를 커버하는 그 책이 바로 논어인 것이다. 그래서 제왕에서 서민에 이르기까지 모든 사람이 보아야 할 책이기에 예나 지금이나 논어는 세계 베스트셀러의 책인 셈이다.

공자는 천하를 다스리는 9가지 요령을 애공한테 알려주었다. "첫째 자기 몸을 닦아야 하며, 둘째 어진 사람을 존경해야 하며, 셋째 친한 사람을 친하게 대해야 하며, 넷째 대신을 공경해야 하며, 다섯째 여러 신하들을 한 몸뚱이처럼 여겨야 하며, 여섯째 백성의 무리들을 중히 여겨야 하며, 일곱째 백가지 기술자들이 저절로 모여들게 하고, 여덟째 먼 지방 사람을 휘어잡아야 하며, 아홉째 모든 제후들을 품안에 넣어야 한다."라고 말씀하셨다. "내 몸을 닦으면 도가 절로 서게 되며, 어질고 바른 사람을 존경하면 의혹이 없어지게 되며, 인간관계를 잘하면 집안에 원망이 없게 되며, 대신들을 공경하면 모든 국정이 제대로 수행되며, 여러 신하들을 자기 몸처럼 여기면 대신들이 믿고 열심히 일하게 되며, 여러 백성을 중히 여기면 백성이 서로 권하여 임금님을 따르게 되며, 여러 기술자, 즉 전문가를 대접하면 재정이 넉넉하게 되며, 먼 지방, 즉 외국과 외교를 잘하면 여러 나라 사람들이 외교를 잘하고자 모여들게 되고, 모든 제후들을 품 안에 넣게 되면 천하가 모두 두려워하게 된다."고 말했다.

애공이 물었다. "무슨 수로 이런 일을 다 실천할 수가 있습니까?" 공자가 대답하셨다. "의복을 깨끗이 입고 예가 아니면 움직이지 않는 것이 몸을 닦는 일이며, 참소(譖訴) 하는 말을 듣지 않고 여색을 멀리하여 이익과 욕심을 천하게 여기고 덕을 귀하게 여기는 것이 어진 사람을 높이는 일이다. 능한 자를 벼슬시키고, 그 좋고 나쁜 노력을 같이 하는 것은 친한 사람을 친하게 하는 일이며, 그 관직을 풍성하게 하고 그 책임을 맡기는 것은 대신을 공경하는 일이며, 충성하고 미더운 마음으로 녹을 중하게 주는 것은 선비를 권장하는 일이다. 한가로울 때에 복역시키고 세금징수를 박하게 하는 것은 여러 백성을 모두 아들처럼 여기는 일이며, 날마다 돌아보고 달마다 살펴서 일하는 실적을 보고 급료를 주는 것은 여러 기술자들을 모여들게 만드는 일이다. 가는 자를 보내고 오는 자를 맞이하며 착한 사람은 아름답게 여겨서 권장하고 능하지 못한 자는 불쌍히 여겨서 독려하는 것은 먼 곳에 있는 자를 휘어잡는 일이다. 끊어진 세대는 이어주며 없어지게 된 나라는 도와주며 어지러운 곳은 잘 다스려주고 위태로운 곳은 들어주어서 조화와 외교에 대하여 때를 맞추어 하며, 가는 사람을 후하게 대접하고 오는 사람을 박하게 대우하는 것은 모든 제후들을 품 안에 넣는 일이다. 이것이 천하를 다스리는 아홉 가지 떳떳한 요령인데, 이것을 행함에 있어 오직 한 가지 길이 있을 뿐이다. 이 한 가지 길이란, 그 말과 모든 행동을 성실한 마음으로 한다는 것이다."라고 말씀하셨다.

우리는 대통령이 나와서 무슨 얘기를 해도 쉽게 무시하기 일쑤다. 물론 국민들의 각성도 필요하겠지만 무엇보다 정치가들의 각성이 필요하다. 정치가는 국민이 무섭다는 것을 알고, 국민을 존경하는 마음을 먼저 가져야 한다. 국가 발전을 위해 헌신할 수 없는 태도를 갖거나 무능한 모습을 보이는 정치인은 아름답게 물러갈 줄 알아야 한다. 연극무대 출연한 주인공이 연기를 아주 잘못하거나 어설프게 연기를 한다면 관객은 얼마나 짜증스러운 일이겠는가?

이제 정치가는 국민을 어렵게 생각하고 국민들한테 봉사할 줄 알아야 한다. 진정으로 나라발전을 위하여 고민하고 헌신해야 한다. 정치가들은 진솔하고 겸손한 태도로 따뜻한 덕치 리더십을 발휘해주기를 국민들은 언제나 원하고 있다.

二十五. 태산문정(泰山問政) - 태산에서 정치에 관하여 묻다.

　孔子께서 齊나라에 가려고 태산(泰山)을 지나가시는데 한 여인의 애절한 울음 소리가 들려왔다. 孔子께서는 그 소리를 듣다가 "이 곡성에는 마치 거듭되는 근심이 있는 듯하다."고 말씀 하시면서 자공(子貢)으로 하여금 그 사연을 물어보고 오게 하였다.
　자공이 가서 물어보니 "전에 시아버지가 호랑이에게 물려 죽었고 내 남편이 또 그것에 죽었는데 지금 내 아들마저 그것에 물려 죽었습니다."라고 하였다.
　자공이 "그러면 어찌하여 이곳을 떠나가지 않는거요?"라고 하니 그 부인이 대답하기를 "이곳엔 가혹한 정치가 없어요."라고 하였다.
　孔子께서는 자공으로부터 이 말을 듣고 "가혹한 정치는 호랑이보다도 더 사나운 것이니라."라고 말씀하셨다.

성공도 행복도 인간관계

海淸 孫敬植

자신이 원하지 않는 것은 남에게도 하지 말아야 한다.

말은 언어의 예술이며 입은 내 행운을 만들어 내는 관문이다. 한 길 되는 사람 속도 알 수 있다. 소리를 들어보면 그 사람이 누구인지 "도레미파솔라시도"처럼 다 알려준다.

—공한수

언어의 예술 말

可與言而不與之言(가여언이불여지언)

⁘

말은 언어의 예술이다. 말을 잘한다는 것은 그만큼 어려운 것이다. 입을 함부로 놀리다가는 모든 것을 잃을 수도 있다. 귀한 보약처럼 먹을 때만 병뚜껑을 따듯이 필요한 말을 할 때만 입을 여는 것이 좋다. 생각 없이 지껄이는 말은 다른 사람의 가슴에 평생 지워지지 않을 큰 상처를 주기도 한다. 말하기 전에는 몇 번씩 생각한 말만 하는 조심성을 갖는 것이 좋다. 말로써 망하는 사람들을 보고 있지 않은가? 말이 방정을 떨면 몸이 보통 고달픈 것이 아니다. 입 관리를 잘하는 사람들은 아주 현명한 사람이다. 여러 사람 입은 쇠도 녹인다. 해야 할 말과 해서는 안 되는 말을 분간하는 방법을 깨우쳐야 된다.

공자는 "可與言而不與之言 失人 不可與言而與之言 失言 知子 不失人 亦不失言(가여언이불여지언 실인 불가여언이여지언 실언 지자 불신인 역불실언) ― 더불어 말할 사람인데 말하지 않으면 사람을 잃고, 더불어 말할 필요가 없는데 말하면 말을 잃는다. 지자는 사람도 잃지 않고, 말도 잃지 않는다."라고 말씀하셨다.

　사람은 선한 마음도 악한 마음도 가지고 있기에 잘못에 빠져들기 쉽다. 사회 규범을 잘 지키려면 마음을 계속 갈고 닦고 정도를 걷겠다는 노력이 부단히 필요하다. 롯데그룹 신격호 회장이 일본 현직 국세청장 집을 방문해서 친한 친구 사이라 바둑을 두게 되었다. 우연히 현직 국세청장 부인이 세탁기가 없이 손빨래하는 모습을 보고, 가까운 친구 사이라 세탁기 하나를 보냈다고 한다. 국세청장 말이 "신 회장은 나하고 수십 년지기라 나를 정확하게 아는 줄 알았더니 매우 섭섭하오. 나는 20평도 안 되는 집에 살고 있고 부인이 손빨래를 해도 행복하게 살고 국민들로부터 존경받고 사오. 나는 많은 공직자 중에서도 첫째가는 깨끗한 공직자라는 자부심 때문에 박봉에 만족하고 나라 일을 바르게 처리하오. 비록 돈은 없지만 나는 일생을 깨끗하게 사는 것으로 국민에게 본받음을 주려는 사람이오. 내 목표대로 부끄럼 없이 살려는 사람이니 이런 선물을 거두어 가시오."라고 했다.

　말을 어떻게 하느냐에 따라 그 말이 빛나며 친구도 잃지 않고 존경을 받게 된다. 우리에게 많은 시사점을 느끼게 하는 대목이다. 미국 농구 슈퍼스타였던 **샤킬 오닐**(1972~)은 17살 때 어머니로부터 중요한 말을 들었다. 샤킬 오닐은 11살 때 벌써 키가 190cm여서 주위 아이들이 "샤킬라는 고릴라."라는 듣기 싫은 놀림을 당했다. 하지만 놀리던 아이들도 농구 하는 모습을 보고는 감탄을 연발했다. 그런데 여름 농구 캠프에 참여해보니까 오닐보다 농구를 훨씬 잘하는 아이들이 많았다. 자신을 다른 아이들하고 비교해보니 "이제 보니 내 실력이 별게 아니구나. 여기는 내가 있을 곳이 아닌가 보다."라고 낙심했다. 그 모습을 보고 어머니가 말했다. "꿈은 희망이 있을 때 채워가는 거란다. 네 힘껏 그 아이들하고 맞서거라. 지금처럼 좋은 기회가 또 어디 있니? 네 실력을 사람들에게 마음껏 보여주렴." 그 말을 듣고 오닐은 "지금 당장은 힘들어요, 엄마. 나중이라면 모를까?"라며 불평스러운 투로 말했다. 이 말을 들은 어머니는 호통을 치면서 "나중이란 누구에게나 오는 것이 아니야. 지금 최선을 다해라. 절대 나중을 기다리지 마라. 뒷자리에서 얼쩡거리지 말고 누군가를 목표로 삼고 따라잡겠다는 의지를 불태워라. 그렇지 않으면 아무것도 얻을 수 없다. 열정을 받쳐 노력하라. 그러면 보답을 얻을 것이다."라고 말했다. 어머니 뜻에 따라 생각을 바꾸고 용기 내어 열심히 운동을 한 결과 1992년 NBA 선수로 선발되면서 최고의 농구스타가 되었다. 말이란 이처럼 중요한 것이다.

가슴에 파고드는 말 한마디란 무한한 가치가 있다. 말 한마디로 인생이 바뀐 사람들을 보자. **무하마드 알리**는 고교 시절 선생님이 무심코 내뱉은 "넌 절대 성공하지 못할 거야."라는 말 한마디로 세계적인 복싱선수로 이름을 날리게 되었고 **빌리 크리스터, 월터 크롱 가이드, 케이티 쿠어틱** 같은 사람들도 사기를 꺾은 말 한마디에서 성취 욕구를 얻고 성공을 이루어 낸 사람들이며, 긍정의 말 한마디를 듣고 유명한 영화감독인 **스티븐 스필버그**, 노벨상을 탄 **피터 도허티** 박사 등 유명한 사람들이 된 예는 수없이 많다.

　말을 잘한다는 것은 상대방이 공감을 하게 하여 소통을 잘하는 것이다. 공감은 상대방 마음을 얻는 데 있다. 마음을 얻기 위해서는 경청을 잘해야 한다. 서로가 귀를 귀울이는 것은 서로가 사는 상생의 길이다. 남을 설득할 때 사람들이 저지르는 가장 큰 실수는 자신의 생각과 감정을 표현하려고만 애쓴다는 사실이다. 사람들이 정말 원하는 것은 상대방이 자신을 존중하고 이해하며 자신의 말을 들어주는 것이다. 당신이 상대방을 이해해주는 순간 그도 당신의 관점을 이해하고 노력하게 된다. 데이비드 슈어츠는 "크게 생각하는 사람은 듣기를 독점하고 작게 생각하는 사람은 말하기를 독점한다."며 듣기의 중요성을 강조했다. 그 유명한 데일 카네기는 "2주 동안 남의 말에 귀를 기울이기만 하면 남의 관심을 끌기 위해 2년 동안 노력한 것보다 더 많은 친구를 얻을 수 있다."고 경청의 마력을 말하고 있다. 잘 듣는 사람이 진정한 리더인 것이다. 자기 말만 많이 하고 부하 직원 말은 잘 듣지 않는 사람은 더 이상 리더라고 말할 수 없다. 말은 말이 통할 때 비로소 말이 되는 것이다. 말이 상대에게 통하지 않으면 말이 아니다. 자기가 말을 잘 못 한다는 것을 뼈저리게 느끼는 사람들이 남의 말도 잘 듣게 되고 말도 잘하는 사람이 된다. 존재하는 모든 것에 목적이 있듯이 우리가 말을 할 때도 분명 목적을 지니고 있다. 그 목적이 상대방에게 분명하게 전달되고 공감이 될 때 그것이 말이 되는 것이다. 원석도 갈고 다듬으면 보석이 되듯 우리가 하는 말도 갈고 다듬으면 보석처럼 빛나는 예술이 된다. 같은 말이라도 때와 장소를 가리지 않고 말하면 해가 될 수도 있다. 목욕물은 온도가 중요하다. 조금만 뜨거워도 사람들은 아주 민감하게 반응한다. 역시 말에도 온도가 있으므로 썰렁한 말 대신 화끈한 말을 사용해야 된다. 이왕이면 다홍치마란 말처럼 말이다. 사람들은 상대방이 듣고 싶어 하는 얘기를 하는 것이 아니라 자기가 하고 싶은 말에 열을 올린다. 나오는 대로 지껄이게 되면 쌀을 제대로 씻지 않아 밥에 돌이 씹히듯 말도 불량품이 튀어나와 남에게 잘근잘근 씹히게 된다. 강의를 하던 말을 하던 가능한 좋은 예화를 많이 들어가며 말을 해야 된다. 예화는 맛을 더해주는 천연조미료인 셈이다. 한 번 한 말은 두 번 다시 하지 말아야 한다. 되풀이하여 말을 하게 되면 상대방을 지겹게 한다. 상대방을 지겹게 하려거든 계속 되풀이하여 같은 말을 하라. 말도 일관성 있게 해야지 믿음을 잃으면 진실도 거짓처럼 들리게 한다. 말을 독점하지 말고 술잔 돌리듯 상대방에게 기회를 주어야 한다. 대화는 일방통행이 아니라 쌍방 교류여야 한다. 상대가 말을 할 때는 말을 끝까지 들어주어야 된다. 말을 자꾸 가로채면 돈을 빼앗긴 것보다 더 기분 나쁜 것이다. 당신이 재판관이 아닌 이상 시시비비를 가려서는 안 된다. 옳고 그름은 시간이 판결하게 된다. 눈은 입보다 더 많은 말을 하므로 입으로 말하지 말고 표정으로 말을 해야 된다. 조리 있게 말을 하라, 전개가 잘못되면 동쪽이 서쪽 된다. 말을 할 때는 편집하며 말을 해야 된다. 분위기에 맞게 넣고 빼면 차원 높은 예술의 말이 된다. 재미있는 말을 해라. 사람들 극장가는 것도 재미가 있기 때문이 아닌가? 말에도 맛이 있는 법이다. 입맛 떨어지는 말은 하지 말고 감칠맛 나는 말을 하도록 노력해야 된다. 밝은 음색을 만들어 말을 해야 된다. 듣기 좋은 소리는 음악처럼 아름다운 것이다. 상대방을 높여서 말하라. 말의 예절은 몸으로 하는 예절보다 높은 자리에 있는 것이다. 말의 최고 백미는 상대방이 말할 때 열심히 듣는 것이다. 말을 잘하고 싶은가 그렇다면 전문가에게 하루 빨리 말하는 방법을 배워야 한다. 말은 마력을 지니고 있다. 사람은 말하는 대로 이루어지는 성향이 있기 때문에 긍정적인 말, 힘이 나는 말, 성공하기 위한 말, 행복하기 위한 말을 하는 것이 중요하다. 성공하는 사람들은 확신에 찬 말, 힘이 나는 말을 하며 산다. 말은 일단 뱉으면 말이 자기를 지배하기 때문에 희망적인 말을 구사해야 한다. 말은 자기 운명을 바꾸는 힘을 지니고 있을 뿐만 아니라 세상을 바꾸는 힘도 있다. 성공하려면 남의 말을 잘 들어라. **생텍쥐페리**는 "세상에서 가장 어려운 일은 사람이 사람의 마음을 얻는 일이다."라고 하였다.

자신의 얼굴을 건 실천과 책임을 건 말은 한마디 한마디가 사람들 마음속에 등불이 되어 빛나게 되는 것이다. 우리는 상대방에게 즐겁고 기쁘게 하는 따뜻한 말 한마디, 격려의 한마디, 칭찬의 한마디, 말 한마디는 치유의 힘이 있고 에너지를 주어 꿈을 이루게 한다. 살아가면서 아끼지 말아야 할 것이 있다면, 그것은 항상 나와 남에게 힘이 되어 주고 빛나는 말이다. 그 빛나는 말들이란 칭찬, 격려, 사랑, 감사, 용기, 당신이 최고야 이처럼 에너지를 듬뿍 담아주는 말들이다. 도움 되고 환영받고, 활력이 넘치는 말, 흥(興)하는 말을 하자.

인간 최고의 미덕 '인(仁)'

仁(인)

⁂

   공자의 사상 가운데 가장 중요한 개념은 '인(仁)'이라고 할 수 있다. 인간의 가장 숭고한 가치는 바로 사랑이다. 사랑은 모든 생명을 아름답게 진화시킨다. 공자의 인, 석가의 자비와 예수의 사랑은 다 인류를 사랑하는 것이 최고의 가치임을 알 수 있다. 공자의 인(仁)이라고 하는 것은 사람에게 행복과 이익을 주는 것을 말하고 있다. "자기가 하고 싶지 않은 일을 남에게도 시키지도 말라." 그러한 태도가 인(仁)이라고 공자는 제자들에게 가르쳤다.

   "仁者安仁(인자안인) — 인이 쌓이고 쌓여서 덕(德)이 되며 행복하게 된다." 공자는 "인덕(仁德)이 없는 사람은 오랫동안 역경에 처하게 되면 견뎌내지 못하고, 또한 오래도록 안락을 누릴 수도 없다."고 말씀하셨다. 인을 가까이 하지 않고, 인을 목표로 삼지 않는 사람은 무엇을 해도 즐겁지 아니하고 안정된 생활을 할 수 없다."고 공자는 논어

중에 인이 얼마나 중요한지 수없이 깨닫게 해주고 있다. "어진 사람이 장사를 하면 수입이 늘어서 풍요로워지고 그 수입을 슬기롭게 쓰는 것이 어진 사람이라고 했다. 인(仁)에 의하지 않고 돈을 벌고, 인(仁)에 의하지 않고 번 돈을 자기 마음대로 사치를 부리거나, 자기 사욕만을 위해서 돈을 투명하지 않게 함부로 사용하게 되면 큰 재앙이 따르게 된다."는 교훈을 알려주고 있다.

공자의 철학을 '인의 철학'이라고 하는데 핵심을 이루는 '인'의 개념을 살펴보자. 원래 '인(仁)'이라는 글자를 보면 '사람(人)과 둘(二)'로 하나의 개인이 아니라 둘 이상의 사람 관계에서부터 시작된다. '사람이 어질다' 또는 '어진 사람'이라고 말할 때, 여기에는 이미 한 사람이 다른 사람과의 관계에서 갖게 되는 덕목이 포함되어 있다. 제자인 번지가 인에 대해 물었을 때 공자는 한마디로 '타인들을 사랑하는 것(愛人)'이라고 대답해 주었다. 바로 인이란 타인을 사랑하는 정신이다. 자기 몸이나 자기 욕망만 소중하게 생각하는 것이 자기 못지않게 다른 사람들에 대해서도 배려할 수 있는 마음 자세를 갖는 것이 바로 인의 정신이라고 본다. 따라서 인의 정신이란 막연한 어떤 관념이 아니라, 자기와 타인의 구체적인 관계에서 출발하는 것이다. 그래서 '논어'에는 자기와 타인의 관계를 통해 인의 정신을 설명한 구절이 많이 나온다. 공자의 제자 중 그를 가장 잘 이해했다고 평가받는 증자의 말 중에 "선생님의 도는 오직 忠이다."라는 구절이 있다. 내 마음을 중심으로 삼아 (忠=中+心) 남의 마음도 헤아리는 것(恕서=如+心)이 공자의 대도인 것이다. 내 마음을 기준으로(중심으로 삼아) 내가 하고 싶지 않은 것을 남에게 시키지 않는다. 나아가 내가 하고 싶은 것이 있다면 남도 하고 싶을 것이니 남이 할 수 있게 도와준다. 이러한 태도는 상대에 대한 배려의 모습이다. 즉 사람간의 관계와 그에서 파생되는 사회성을 이야기한다. 인이란 이기적인 마음을 넘어서서 자기와 더불어 살고 있는 타인에 대한 존중과 배려에서 피어나는 정신이다. 인간의 삶이란 크게 보면 넓은 사회적 관계에서 고려될 수 있는 것이고 모든 사회관계의 출발점은 바로 '나와 너' 또는 '자기와 타인'이라는 가장 기초적인 단위에서 시작된다. 인간관계는 가장 기초적인 출발점에서의 마음 자세가 결국은 한 개인의 모든 사회적 관계를 결정하고 있다고 할 수 있다. 그래서 공자는 인간답게 살아가는 데 필요한 덕목 중에서 그 무엇보다도 이 '인'을 가장 중요한 것으로 보았다고 볼 수 있다.

인의 정신을 몸소 실천하고 살아가는 사람을 '군자(君子)'라고 한다. 군자는 단순히 사회 계급상의 귀족이나 명목상의 학자를 지칭하는 것이 아님을 알 수 있다. 공자 자신도 결코 명문 집안의 후예나 높은 관직을 가진 사람은 아니었다. '논어'에는 군자에 대한 언급이 대단히 많지만, 그 구체적인 내용을 보면 한결같이 어떤 사람의 출신 성분이나 사회적 지위보다도 그 사람의 인격이나 덕성을 더 중요시하고 있다는 것을 알게 해준다. 군자의 중요한 조건은 바로 그 사람 자체의 됨됨이에서 비롯된다. 군자가 갖추어야 할 가장 큰 덕목은 인의 정신이다. 타인을 배려할 줄 아는 인간이 될 때 사람 구실을 제대로 하는 것이다. 군자란 말보다 실천을 더 중요시하는 사람이며 언행일치를 보이는 사람이다. 군자는 자기 말과 행동에 대하여 책임질 줄 아는 사람이다.

미국의 **빌 게이츠**는 기업 경영을 하면서 돈을 가장 많이 번 사람이다. 빌게이츠는 번 돈을 사회를 위해 어떻게 써야 되는 줄을 아는 사람이다. 그는 의롭고 현명한 기업인으로 존경받고 있다. 벌은 돈을 사회에 환원하는 것이 바로 인의 본보기요, 어진 사람이라고 평할 수 있다. 빌 게이츠는 인(仁)을 잘 실천하여 모범을 보여주는 사람이라 전 세계 사람들로부터 사랑과 존경을 받고 있다.

오산학교 설립자 **이승훈** 선생은 당시 44세에 자기보다 10살이나 아래였던 젊은 **도산 안창호** 선생(당시 34세)의 연설을 듣고 크게 감동받았다. 이승훈 선생은 안창호 선생의 연설을 통해 깨닫고 민족을 위해서는 '교육과 산업의 발전'이 중요하다는 것을 생각하고 결단하여 오산학교를 세우게 되었다. 용동에 '강명의숙(講明義塾)'을 세워 신교육을 시작하고, 오산학교(五山學校)를 설립하여 민족운동의 중심인물들을 양성하기 시작하였다. 또한 사회사업에도 눈을 돌려 신민회에 가입·활약하였고, 서적 출판 및 판매회사인 태극서관의 관장도 역임하여 민족운동과 독립운동을 위한 비밀결사운동을 시작하였다. 평양에 자회사를 세워 회사의 이익금으로 오산학교의 학생들을 키우고 철저한 민족지도자 양성에 힘을 기울였다. 이승훈 선생은 세 번에 걸친 9년간의 옥고와 시대의 여러 어려운 일들을 감수하면서도 오직 민족의 독립과 영광을 위해 생을 바친 분이다. 명예나 지위나 아무런 반대급부를 바라지 않고 절대애국(絶對愛國), 절대애민(絶對愛民)한 것이다. 그의 생을 나타내는데 '무조건 나라를 사랑하였고 무조건 백성을 사랑하였다'는 표현 외에 더 의미가 있는 표현은 없을 것이다. 말보다 행동이 앞선 실천의 사람이요, 행동의 애국자요, 의(義)의 신앙인이요, 솔선수범한 교육자 이승훈 선생은 큰 배움은 없지만 민족을 위해 무엇이 공자의 인의 철학이 무엇인지 잘 실천해 보인 사람이다.

데일 카네기(Dale Breckenridge Canegie ; 1888~1955)는 수많은 연구와 강의를 통해서 얻어낸 결과를 바탕으로 인간 본성에 대한 날카로운 통찰, 인간경영의 최고 바이블 '카네기 인간관계론'은 1937년에 초판이 발행되었다. 데일 카네기는 사람의 마음을 열고, 그 마음을 움직이게 하여 스스로의 의지에 따라 따르게 만드는 인간관계의 영원한 숙제에 대해 명쾌하고 실제적인 해답을 전하고 있다. 인간관계에서 세월이 지나도 변하지 않는 것은 "비난하지 마라, 진심으로 칭찬하라, 상대방의 입장에 서라." 이 같은 3가지 기본 원칙이다. 상대방으로 호감을 얻고, 효과적으로 상대방을 설득하여 결국에는 사람들이 나를 따르게 하는 인간관계의 원칙들을 우리 삶에 적용하면 주위에서 인정받는 사람이 될 것이다. 이 세상은 혼자 살아갈 수 없다. 너와 나, 나와 너, 우리는 이웃과 더불어 살아가지 않으면 안 되기 때문에 서로의 관계가 얼마나 중요한지 인(仁)에서 짚어주고 있다. 다른 사람들로부터 사랑 받으려면 내가 남에게 사랑을 베풀어야 한다. 우리가 살아가면서 사람을 만나고 사람을 다루는 일이 얼마나 중요한 것인지, 사람관계에 있어 사랑을 하고 이해를 하고 베푼다는 것이 얼마나 어려운 일인지 우리는 뒤늦게 깨닫는 것 같다. 좋은 것을 실천하기란 예나 지금이나 시대를 불문하고 항상 어려운 것이다.

인(仁)의 이치를 아는 사람들은 남을 비난하거나 얕잡아보지 아니하며 다른 사람의 처지를 이해하고 너그럽게 그런 상황을 이해하고 포용하는 자세를 가진다. 다른 사람들을 개선시키는 것보다 자신을 개선시키는 것이 훨씬 수지맞는 일이다. 사람은 자신과의 싸움에서 이길 줄 아는 사람은 가치 있는 사람이며, 인을 잘 실천할 수 있는 사람이다. 존경하는 사람은 사고방식, 습관, 태도를 흉내 내어 실천하는 사람이 인간 최고 행위인 인(仁)을 실천하는 사람이다. 그런 사람이 되어 보자.

리더의 인덕행위 '중용(中庸)'

中庸(중용)

⁙

지혜로운 사람은 너무 지나칠 수 있고 어리석은 사람은 모자라기 때문에 중용의 길을 걸으면 허물이 없다. 그리스 철학자 헤시오드라는 "무슨 일이든지 자제하라. 중용을 지키는 것이 가장 좋은 방법이다."라고 하였다. 모든 일에 모자람이나 남음이 없는 것이 좋다. 바로 그것이 중용이다. 중용을 지키는 것이 가장 좋은 것인데, 중용을 실천하기란 결코 쉬운 일이 아니다. 중(中)이란 모자람이나 남음이 없고 한쪽으로 치우침이 없는 천하의 정도를 의미하며, 용(庸)은 항상 변함없는 천하의 불변 법칙을 뜻한다. 또한 용(庸)은 활용이다. 머리로는 알고, 입으로는 중용이 어떻다고 말만 하는 것은 별 의미가 없다. 가장 중요한 것은 중용의 행동을 어떻게 하느냐에 달려 있다. 영국의 자랑인 셰익스피어도 "만약 권력자를 잘 보필하려면 그들에게 중용 지도가 최고라고 충고하여야 한다."고 하였다. 자식이 여러 명 있으면 그중에는 정이 더 가는 자식이 있을 것이다. 그런 경우 똑같이 사랑한다는 것이 어디 쉬운 일일까? 희노애락이 일어나지 않게 하는 것이 중용이다.

　공자가 말하는 **중용**(中庸)이라는 말은 대단히 의미 깊은 철학을 담고 있다. "양쪽 끝을 잡고서 그 중간을 쓴다." 이 뜻은 나뭇가지처럼 굵기가 고르지 않은 막대기의 균형점을 찾을 때 겉보기에는 어느 한쪽으로 치우쳐 있는 것처럼 보여도 그 막대기를 지탱할 수 있다면 그것은 중용을 찾았다고 할 수 있다. 중용의 길은 결코 '어느 한쪽으로 치우치지 않는 것'이 아니다. 그것은 어느 쪽으로 치우쳤을 때 모순과 투쟁과 소모를 피할 수 있다. 중용은 가장 적은 대가로 가장 큰 성공을 이루어서 쌍방을 위해 각각 최대의 이익을 얻도록 하는 것이다. 문제를 원만히 융합하는 것이 중용의 핵심이다. 유교사상(儒敎思想)에서 중용(中庸)은 아주 중요한 개념이자 유교경전의 하나이다. 논어에 이런 말이 있다. "공자가 말씀하기를 중용의 덕이 지극하도다, 중용의 사람이 적은 지 오래도다." 공자는 중용을 군자가 되는 조건으로 이해하고 중용을 지키는 사람이 군자(君子)이고 그렇지 못한 사람이 소인(小人)이라 했다. 하지만 유교경전인 '중용' 책에도 중용에 대한 정확한 설명이 없어 중용에 대한 설명이 무척 다양한 것으로 보아 그만큼 중용이 어렵다는 뜻이기도 하다. 중용은 인생이란 무엇인가? 진리란 무엇인가 선뜻 대답하기 어려운 것처럼 중용도 대답하기가 어려운 말이다. 중용이란 가운데 뜻만을 의미하는 것이 아니라 '적중하다'라고 할 때 적중의 뜻도 있고 적중은 적합, 적절, 합당, 적당, 정당한 것이라는 뜻으로 확장이 되기도 한다. 또한 적중은 정의, 도덕이라는 뜻이 되고 삶의 진리와 직결되기도 한다. 중용은 중간만이 아니라 적중, 적합한 것이므로 비굴한 것과 무모한 것이 있을 때, 비굴하지 않고 오만하지도 않고 겸손하면 중용이 되기도 한다. 중용을 한다는 것은 상황에 따라 상당히 힘든 일이다. 경우에 따라서는 비굴하고 비겁한 것도 중용이 될 수 있다. 독립투사가 고문을 당할 때 모두가 용기 있게 대처한 것은 아니고 꼭 그럴 필요도 없는 것이다. 목숨이 왔다 갔다 하는 순간에는 비굴하게 굴지라도 살아남아야 하는 경우가 있다. 중용이란 절대성을 지닌 보편 진리이다.

카르타고의 한니발이 로마를 침공하려 하자 로마 사람들은 과거의 영광을 전혀 잊어버린 채 풍전등화의 신세가 된 운명에 우왕좌왕하였다. 그때 **스키피오**는 지금까지 한니발에 대항하던 로마의 전략자체를 수정하자고 제의를 했다. "지금까지 성공한 전략도 필요하다면 바꾸어야 한다."며 카르타고에 의해 끌려가던 포에니 전쟁의 주도권을 다시 로마로 가져오려면 지금까지 성공했던 방식을 스스로 바꿀 것은 주장했다. 한니발의 본토침공에 넋을 잃고 있던 로마의 군대를 이끌고 카르타고로 침공한다. 스키피오의 아프리카 원정은 성공하였다. 이에 '아프리카루스'라는 칭호를 얻고 로마는 지중해의 패권을 다시 확고하게 만드는 데 성공하였다. 과거의 영광의 틀 속에 갇히게 되면 패배하거나 실패를 벗어나지 못하게 된다.

닌텐도 임천당은 야마오찌 사람 화가가 설립한 회사로 처음에는 화투를 만드는 회사였다. 그 후 화투에서 장난감회사, 게임기회사,

전자게임기 회사, 시스템회사로 진화의 발전과정을 거치며 고속 성장을 해나가고 있다. 닌텐도 게임기 역사의 패러다임을 바꾸어 오면서 위기를 여러 번 맞기도 하였다. 3대 회장인 야마우치 회장은 와세다 법대를 나와서 할아버지로부터 기업을 이어받게 되었다. 그는 위기를 극복하기 위해 젊은 이와타 사투루라는 42세의 젊은 사람을 새 CEO로 영입하였다. 내부진화를 게을리하거나 동종경쟁에서 도태되거나 적자생존에서 밀리거나 회사 진로선택을 잘못하면 언제 회사가 무너질지 모르는 운명에 처하게 된다. 세월이 흐를수록 시장은 품질은 좋아야 하고 가격은 점점 더 낮아져야 살아남을 수 있는 모순을 가지고 있다. 이런 시장 구조 속에서 살아남는 기업은 재주가 남달라야 된다. 일본의 스티브 잡스라고 불리는 **이와타 사투루** 사장은 글로벌 경쟁에서 살아남으려면 높은 품질에 낮은 가격의 제품이라는 것을 깨달았다. 그래서 닌텐도가 내 놓은 제품이 '닌텐도 DS'이다. 휴대용 게임기이면서 소니의 화려한 그래픽운영체제를 갖춘 PSP보다 저렴한 가격에 시장에 나와 선풍적인 인기를 끌었다. 최고의 경영자가 편견 없이 중용의 눈으로 미래를 예측하고 적절한 CEO를 어느 한쪽에 치우치지 않고 직관된 통찰력으로 영입하는 것이야말로 중용이 아닐 수가 없다. 눈부신 발전을 계속 하게 만든 동력도 신임 CEO인 이와타는 경청과 대화를 통해 위기를 극복하는 온화한 성품을 지닌 사람이다. 다른 사람의 말을 열심히 경청하는 일처럼 중요한 일은 없다는 것을 잘 아는 사람이라고 할 수 있다. 경청리더십을 발휘하므로 인하여 중용의 기업 경영이 가능하게 되었다. 어느 것에 부당하게 치우치지 않기 때문에 신화적인 기업 발전을 창출해냈다. 열심히 듣다

보면 폭넓은 새로운 세상이 존재하는 것도 알게 되며 새로운 길이 보인다. 닌텐도는 2008년도 미국 발 금융위기로 세계의 경제가 급속도로 나빠지는 환경에서도 무려 7천 800억이라는 엄청난 이익을 낸 회사다. CEO가 위기를 극복하고 강자로 세계 시장에 살아남기 위해서는 큰 비전이 있어야 한다. 비전이 현실화된 구체적인 그림이 있어야 한다. 그 현실화되는 그림이 모든 직원들에가 공유되고 행동에 옮길 수 있어야 한다. 언제나 올바른 판단을 할 수 있는 지식이 뒷받침되어야 한다. 경영은 언제나 투명해야 생명력을 가질 수 있다. 끈기 앞에는 성공도 굴복한다는 말처럼 인내심이 필요하다. 판단이나 생각이나 쉽게 한쪽으로 치우쳐 결정되고, 행동에 옮겨지면 큰 재앙이 뒤따를 수 있으므로 중용으로 기업을 경영하고 중용정신으로 직원들에게 복지를 생각하고 고객한테 중용의 이익을 나눠주는 회사가 된다면 발전하는 회사가 될 것이며, 중용을 실천하는 개인도 한없이 발전하는 영광을 누리게 될 것이다.

아리스토텔레스의 중용과 유학의 중용은 넓게 보면 같은 의미이지만 자세히 보면 유학의 중용이 더 포괄적인 우주론적 의미를 가지고 있다. 유학에서 중용은 지나치거나 모자람이 없으며, 어느 쪽에도 치우치지 않음을 뜻하는 개념으로 중용의 중은 치우치지 않음(不偏不倚), 지나치지도 모자라지도 않음(無過不及), 감정이 겉으로 드러나지 않은 상태(喜怒哀樂之未發)를 뜻하고, 용은 변함없음(平常, 不易)을 뜻한다. 이는 "희노애락(喜怒哀樂)이 나타나기 이전에는 '중(中)'이며 나타나되 모든 것이 조화를 이루고 있는 상태가 '화(和)'이다."라는 중화(中

和)로 이해될 수 있다. **아리스토텔레스**가 말하는 중용(中庸, middle of the road)이란, 이성에 의해 일상생활에서의 충동, 정욕, 감정 등을 억제함으로써 한쪽으로 치우치지 않으려는 의지를 습관화한 덕이라고 설명된다. 그의 중용은 지나침과 모자람이 없는 과불급(過不及)이 없는 상태이다. 그렇지만 이것도 저것도 아닌 미적지근한 상태는 아니다. 이성의 억제력이 언제나 어김없이 발휘되어야 '중용의 덕'은 유지될 수 있는 것이다. 아리스토텔레스의 중용은 인간의 실천적 이성이 작용하는 원리로 사용한 것이다.

우리가 상대방과 대화를 나누는 경우를 보더라도 너무 크게 말을 하거나 너무나 작게 말을 하면 안 된다. 중용은 그때 그 자리에 알맞은 상태로 해야 된다. 그 장소와 그때에 딱 알맞은 상태가 있다. 중용이란 지나친 것은 모자란 것과 마찬가지이므로 대립되는 두 끝을 잘 헤아려 그 적절함으로 백성을 중립하여 치우치지 않는다. 중이란 표준을 결정하여 시간과 장소에 맞는 예에 따라 일을 처리하는 것이다. 중용은 이성에 의해, 일상생활에서의 충동, 정욕, 감정 등을 억제함으로써 한쪽으로 치우치지 않으려는 의지를 습관화하는 것이다. 당신도 중용의 지혜를 가져보라.

행복한 삶 인간관계

德不孤 必有隣(덕불고 필유린)

❖❖❖

사람은 자신한테 관심을 주는 사람에게 관심을 갖는다. 남을 세워 주면 내가 서듯이 남을 배려하는 마음으로 인간관계를 잘하는 것이 바로 덕이다. 사람들에게 관계의 소중함을 알고 선행을 베푼다든지, 평온한 마음을 갖도록 인도해준다면 좋아하는 이웃들이 있게 되어 쓸쓸하거나 외롭지 않다. 다른 사람의 마음을 얻으려면 인간미가 느껴져야 한다. 인간관계가 좋은 사람이 행복한 삶을 사는 사람이다.

공자는 "德不孤 必有隣(덕불고 필유린) — 덕이 있으면 외롭지 않은 이웃이 있다."고 말씀하셨다. 또한 덕필유린(德必有隣)이라고도 한다. 덕이 있으면 반드시 따르는 사람이 있으므로 외롭지 않다는 뜻이다. 같은 무리들이 함께 어울리는 유유상종(類類相從)처럼 덕을 갖춘 사람에게는 반드시 그와 비슷한 유덕(有德)한 사람들이 따른다는 것을 말한다. 덕을 지닌 사람은 다른 사람을 평온하고 화목한 덕의 길로 인도해주면서 그 길을 함께 나아가므로 외롭지 않다. 너그러운 아량으로 좋은 일을 하는 덕스러운 사람은 때로는 고립하여 외로운 순간이 있을지라도 반드시 함께하는 사람이 있으므로 덕을 쌓는데 정진하라는 공자의 말이다. 배려한다는 것은 그 사람과 자기가 맺고 있는 관계를 소중히 여기는 것이며 착하다는 것은 이러한 관계에 대한 각성을 정서적인 수준에 이르도록 완성해 놓고 있다는 의미다.

생텍쥐베리는 "사랑한다는 것은 서로 마주보는 것이 아니라 같은 곳을 함께 바라보는 것이다."라고 하였다. 덕(德)의 의미는 논어의 이 구절에 나와 있는 그대로 '이웃(隣)'이다. 이웃이란 그가 맺고 있는 인간관계다. 기본적으로 인간관계를 잘하는 사람이 덕이 있는 사람이다.

심(心)이 개인으로서의 인간성과 품성이란 의미라면 덕(德)은 사람과 사람이 맺는 관계에 무게를 두는 것이라 할 수 있다. 마음이 좋으면 그 사람의 인간관계도 좋아지고 넓어진다. 덕은 인간관계에 무게를 둔다. 덕(德)을 베풀면 외롭지 않다. 반드시 이웃이 있게 마련이다. 사람 사는 세상은 어떻게 해야 되는가를 곱 씹어보게 한다. 우리가 살아가는데 불편하지 않을 정도의 돈을 갖기 위해 노력을 한다. 출세도 해야 하고 남에게 자랑하고 싶은 권력이나 지위를 가지려고 노력을 한다. 그러나 꼭 갖기 위해 노력을 게을리하지 말아야 할 것은 바로 덕이다. 덕(德)이란 사람을 사람답게 하는 것이기 때문이다. 덕은 너그러운 것이다. 꽃에 향기가 있어야 벌과 나비가 모여들듯이 사람에게 인품이 있어야 주위에 사람들이 많이 몰려든다. 덕 있는 사람은 매사 성실하다. 태도가 바르면 훈훈한 마음을 느끼게 해준다. 재주가 많고, 권력이 있어도 덕이 없는 사람은 그 사람 곁에 가는 것이 부담스럽다. 덕이란 저절로 생기는 것이 아니다. 덕도 끊임없이 갈고 닦는 수련이 필요하다. 덕 있는 사람은 나라의 부름을 받기도 하고 큰일을 이루어 여러 사람들의 존경을 받게 된다. 사람을 다루는 능력이라고 하는 것도 일반 제품이나 커피처럼 사고파는 상품이라고 할 수 있는 것처럼 덕도 훌륭한 상품을 가지고 있는 것과 같다. 덕이 있는 사람은 반드시 이웃이 있으니 외롭지 않다. 자신의 덕이 없음을 깨닫지 못하고 남의 잘못된 것만 들추어내면 이웃이 있기가 어렵다. 자기가 싫어하는 것을 남에게 하도록 시키지 않으며 자기가 서고 싶으면 남도 세워주는 생각으로 이웃을 살펴줄 때 어찌하여 내가 어렵겠는가. 공자는 제자 안연이 죽자, "하늘이 나를 버리셨구나."라고 하면서 통곡하였다고 한다. 이를 보고 있던 제자가 "평소 선생님답지 않아 보이십니다."라고 하니 "내가 안연을 위해 울지 않으면 누굴 위해 울겠는가?"라고 했다. 공자도 제자한테 인간다운 면모를 보였던 한 명의 사람이었다. 공자는 제자들에게 인간관계에 대해 열심히 가르쳤다. 상대방의 장점을 살리게 하고 단점은 용서하여 서로 상생할 수 있는 길을 가르쳐 주었다. 훈훈한 인간미를 느끼게 하는 덕이 있는 사람은 외로울 수가 없다.

유비(劉備 : 161년~223년)는 중국 삼국 시대 촉한의 초대 황제(221년 ~223년)로, 자는 현덕(玄德), 시호는 소열황제(昭烈皇帝)이다. 삼국지의 흔한 군웅들과 달리 뚜렷한 기반 없이 짚신장수로 출발한 유비였지만 관우, 제갈량 같은 내로라하는 인재들을 등용하여 당대의 패자였던 조조와 끝까지 맞서 제국 촉한을 건국하였다. 유비(劉備)는 덕(德)으로 난세를 살아갔던 영웅(英雄)이다. 유비를 따르는 명장들이 많았다. 그중에 으뜸은 관우였다. 관우는 뛰어난 최고의 장수이면서 인품을 갖춘 사람이다. 관우는 유비와 더불어 민생을 살피고 덕을 베푸는 장수여서 사후에도 존경을 받는 사람이 되었다.

이순신 장군은 해전사상 유례가 없는 승전보를 올린 위대한 영웅이다. 그가 임진왜란 때 왜군과 싸워 23전 23승을 거둬드린 것은 부하와의 인간관계가 남달랐기 때문이다. 부하를 사랑하고 부하를 아끼는 리더십 즉 덕행을 보여주었다. 이순신 장군의 애국심과 부하들을 사랑하는 마음이 자연스럽게 부하들에게 전해져 부하들의 충성심을 얻어낼 수 있었다. 이순신 장군의 뛰어난 전략 전술과 이순신 장군의 인간관계에서 감화받은 부하들의 상상할 수 없는 용기의 조화로 전쟁을 승리할 수 있었다. 누군가에게 아픈 곳을 찔려서 생긴 사람의 상처는 수십 년이 지나도 치유되지 않는다. 비판이 정당하냐 아니냐가 문제가 되지 않는다. 사람은 논리의 동물이 아니라 감정의 동물이며 편견으로 가득 차있어 자존심과 허영심에 의해 움직인다는 것을 명심하고 사람관계를 하는 것이 얼마나 중요한지를 알아야 한다.

데일 카네기(Dale Breckenridge Carnegie, 1888~1955)는 미주리주 매리빌의 농장에서 출생했다. 위런스버그 주립 사범대학을 졸업한 뒤 네

브래스카에서 교사, 세일즈맨 등으로 사회생활을 시작하였다. 1912년 YWCA에서 성인을 대상으로 하는 대화 및 연설기술을 강연하면서 이름이 알려지게 되었다. 카네기는 인간관계의 명수다. 카네기는 좋은 인간관계 기술이 성공을 결정짓는다는 것을 일찍 터득한 사람이다. 남을 비난하면 귀소본능이 있는 비둘기처럼 자기한테 돌아오는 것이다. 최상의 인간관계를 맺는 것은 그리 쉬운 일이 아니다. 배워서 읽혀야 하는 특별한 기술이다. 성공하는 사람들 조사한 것을 보면 사람을 움직이게 하는 인간관계 능력이 무려 85%를 차지한다고 한다. 사람을 비난하기는 쉽다. 대화를 시작하기 전에 비난보다 다른 사람에게 어떻게 하면 유익하고, 흥미와 공감을 느끼게 하는가를 고민해야 한다. 아첨하여 마음을 사려하지 말고 칭찬을 하여 마음을 얻어야 한다. 아첨은 바로 들통 나게 되는 위폐와 같은 것이지만, 칭찬은 진심이 담겨져 있어 상대방에게 힘을 불어넣어 준다. 모든 사람은 자신이 원하는 것에 관심을 기울인다. 그러므로 사람을 움직이고 마음을 사로잡으려면 원하는 것이 무엇인지를 알고 얘기를 시작해야 된다. 관심 없는 얘기해봐야 별 소용이 없다. 남에게 덕을 베푸는 일이 그리 쉬운 일인가?

테레사(Mother Teresa : Agnes Gonxha Bojaxhiu 1910~1997) 수녀는 알바니아 태생으로 인도 수녀다. 테레사 수녀는 로마 가톨릭 교회의 '사랑의 선교회' 창설자이자 대 수녀 원장(1950~97)을 지냈으며, 1979년에 노벨 평화상을 수상했다. 알바니아의 노동자 가정에서 태어난 테레사 수녀는 1928년 아일랜드 라스프란햄의 '복되신 동정 마리아회'에 들어갔다. 그러나 테레사 수녀는 얼마 후 인도로 가는 배에 몸을 실었다. '로레토회' 수녀가 되어 벵골의 엔탈리에 있는 여학교에서 역사와 지리를 가르쳤다. 여러 가지 난관에 부딪치면서도 자그마한 몸집에 온화한 성품을 가진 테레사 수녀는 조금도 굴하지 않고 끈질기게 선교회의 활동을 넓혀나가며 죽어가는 사람들과 나병 환자, 버려진 아이들, 노인들에게 애정 어린 도움을 베풀었다. 테레사는 살아생전 수많은 수난과 수많은 고난을 겪으면서 사랑과 덕을 베풀어 세계 만인 가슴속에 사랑을 심어주고 세상을 떠나 외롭지 않은 수녀의 삶이 되었다.

맹자도 "무슨 일을 성취하려면, 하늘의 때를 얻는 것보다, 땅의 이를 얻는 것보다, 인화를 얻는 것이 가장 중요하다."라고 하였다. 당나라 시인(詩人) 백낙천도 "인생행로의 어려움은 물에 있는 것도 아니요, 산에 있는 것도 아니다. 인간관계의 어려움 때문이다."라고 하였다.

이처럼 사람관계가 어려운 것이다. 칼라힐은 "위대한 사람의 위대함은 평범한 사람들을 대하는 태도에서 드러난다."라고 하였다. 인간관계를 잘하는 사람은 따뜻한 이웃이 있어 외롭지 않고 즐거운 삶을 살게 된다. 좋은 인간관계는 바로 덕이며 당신의 경쟁력이다.

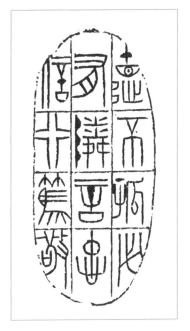

德不孤 必有隣(덕불고 필유린) - 고암 정병례 새김글

가장 성스러운 인간행위 '효(孝)'

孝(효)

❖
❖❖

효는 사람의 본분이며 모든 행동의 근본으로 인간존중의 출발인 것이다. 세계적으로 유명한 역사학자 아놀드 조셉 토인비(A. Toynbee) 는 "장차 한국문화가 인류문화에 기여할 것이 있다면, 그것은 바로 부모를 공경하는 효 사상일 것이다."라고 하였다. 효에 관한 독일 격 언 중에 "한 아버지는 열 아들을 키우니 열 아들이 한 아버지를 봉양 키 어렵다."라는 말이 있다. 부모에게 당연한 도리를 한다는 것은 인 간행위로서 가장 성스러운 행위이다. 우리나라의 효는 유교이전인 고구려, 백제, 신라의 기본이념으로 조상을 숭상하고 어른을 공경하 고 나라를 받드는 충효정신이 내려오고 있었다. 효를 다하는 사람은 하늘이 큰 복을 준다.

"子游問孝 子曰 今之孝者 是謂能養 至於犬馬 皆能有養 不敬 何以 別乎(자유문효 자왈 금지효자 시위능양 지어견마 개능유양 불경 하이별호)" 자유가 효도에 대해서 물었는데 공자가 말하기를 "요새 효도라 하는 것은 부모에게 물질로써 잘 봉양하는 것을 효도라고 한다. 개나 말에 대해서도 사람들은 다 사육할 줄을 아는 것인데, 공경하는 마음이 없다면 금수를 사육하는 것과 다를 바가 무엇이겠는가?"했다.

공자의 제자 중에 민손이라는 사람이 있었다. 자가 자건인 그는 공자의 제자들 중에서 덕행이 뛰어난 사람이었다. 그는 일찍이 어머니를 여의었다. 그래서 그의 아버지는 후처를 얻어 민손 아래로 동생 둘을 낳았다. 그런데 새어머니는 민손은 미워하고 자신이 낳은 두 동생만 예뻐하였다. 겨울이 되자, 새어머니는 자신이 낳은 두 아이에게만 솜옷을 해 입히고 민손에게는 홑옷을 입혔다. 어느 추운 겨울날이었다. 관청으로 출근하는 아버지가 민손에게 수레를 몰게 했다. 그런데 홑옷을 입은 민손은 추워 부들부들 떨다 그만 채찍을 놓치고 말았다. "이놈. 나이 열 살이 넘은 놈이 수레 하나 제대로 끌지 못하고 채찍을 놓쳐?" 아버지는 벌컥 화를 냈다. 그러나 민손은 변명하지 않고 꾸중을 달게 받았다. 그런 아들을 유심히 살펴보던 아버지가 비로소 민손이 한겨울인데도 여름 홑옷을 입고 떨고 있는 것을 알았다. '음! 자기 자식에게만 솜옷을 지어 입히고 민손은 홑옷을 입히다니, 내 집으로 퇴청 시에는 반드시 그 사유를 물어 부인을 쫓아내리라.' 퇴청한 아버지의 눈치를 알아차린 민손이 아버지 방으로 들어와 무릎을 꿇고 울면서 애원했다. 아버지! 어머니를 쫓아내시면 안 됩니다." 자신을 미워하던 계모를 내쫓지 말라고 하는 말에 의아해하며 아버지가 물었다. "도대체 무엇 때문에 너의 어머니를 쫓아내지 말라는 말이냐?” 그러자 민손은 엎드려 공손히 아버지께 말했다. “어머니가 계시면 저 혼자만 춥게 됩니다. 그러나 어머니가 쫓겨나시면, 두 동생과 제가 같이 춥게 되며 함께 굶주리게 됩니다. 저 혼자의 추위나 배고픔은 참을 수 있지만 어린 두 동생은 어떻게 합니까? 그러니 제발 어머니만은 쫓아내시면 안 됩니다.” 옆방에서 이 말을 엿듣고 있던 어머니가 크게 잘못을 깨닫고 울면서 뛰어나와 엎드려 사정을 했다. 아버지는 잘못을 깨달은 부인을 용서하였다. 민손의 깊은 효심에 감복한 어머니가 개과천선하게 되어 민손을 자기 자식과 같이 돌보는 자애로운 어머니로 변화된 것이다. “자고로 효는 백행지본(百行之本)이라 하였다. 이는 충, 효, 열 세 덕목 중에서 가장 으뜸이 바로 효인 것이다. 만백성에게 귀감이 될 만한 효자 이야기들을 모아놓고 그중에서도 가장 뛰어난 효행담을 맨 앞장에 민손이의 홑옷 이야기를 제 1화로 실었던 것도 효가 그만큼 중요하다는 것을 알려주기 위해서였다. 논어에 “부모는 오직 자식의 질병을 걱정한다. 부모에게 걱정을 끼치지 않는 것이 효이다.” 기색을 조심하라. “부모를 섬기는 데 있어서는 부드러운 기색으로 대하도록 한다. 이것을 조심하지 않으면 효행이 될 수가 없다. 색이란 단지 언색뿐만 아니라 태도 언행의 모든 것이 이에 포함된다.”라고 하였다.

삼국사기에 보면 신라 때 효녀 **지은**은 나면서부터 효성스러웠다. 어려서 아버지를 여의고 홀몸이 된 어머니를 봉양하면서 서른두 살이 되도록 시집도 안가고 어머니 곁을 떠나는 일이 없었다. 날이 갈수록 살림이 어려워 날품팔이로 밥을 빌어다 어머니를 봉양하였으나 빈궁을 견디다 못한 지은은 부잣집에 몸을 팔아 종노릇하기로 하고 쌀 10섬을 얻었다. 부잣집에서 종일 일하고 날이 저물어 집에 와서 어머니를 봉양한 지 며칠이 지난 뒤 어머니는 "지난날에는 빌어온 밥이라도 그 맛이 달더니 요사이는 밥이 전처럼 달지도 않구나! 오히려 밥을 먹으면 칼로 간장을 찌르는 것 같으니 그 영문을 알 수가 없구나." 지은이 사실대로 말씀드리자 이야기를 들은 어머니는 "나 때문에 종이 되다니 빨리 죽지 못한 것이 원망스럽구나!" 하고 소리 내어 통곡했다. 지은이도 어머니를 붙들고 울음을 터트리니 집안이 울음바다가 되었다. 그때 그 집 앞을 지나던 **효종랑**이란 화랑도가 그 사연을 알고 자신의 부모님께 말씀드려 조 백 섬과 의복을 보내 종으로 산 주인에게 갚아주어 양민이 되게 했다. 이 소문을 들은 화랑도들이 많은 곡식을 보냈고, 소문을 들은 왕은 벼 오백 섬과 집 한 채를 내리고 부역도 면해주고 도적이 침입치 않도록 군사를 보내 지키도록 하고 그 마을을 효양방이라 부르게 했다고 한다.

고려가 망한 후, "충신은 두 임금을 섬기지 않는다."는 말을 하며 절개를 지켜낸 대학자로 유명한 야은 길재는 집안에서 효행으로도 후세에 모범을 남긴 사람이다. 그의 나이 8살 때 아버지 원진이 보성대판이라는 벼슬을 해서 전라도 보성으로 부임을 하는데, 워낙 녹봉이 적어서 어머니만 함께 가고 그는 외가에 맡겨졌다. 혼자 외로이 떨어진 소년 길재는 어머니가 그리워 눈물짓는 때가 많았다. 하루는 냇가에 나가 놀 다가 자라처럼 생긴 돌을 주워 시를 지었다. ― 자라야 자라야/너도 어머니를 잃었느냐/나도 어머니를 잃었노라/너를 삶

아 먹을 줄을 알지만/네 처지가 나와 같은지라/너를 놓아 주노라. ─
구슬픈 목소리로 시를 읊고는 자라처럼 생긴 돌을 물속으로 던졌다
고 한다. 그는 고려가 망하자 벼슬을 버리고 고향인 선주로 돌아와
노모를 봉양하면서 학문에 전념했다. 그때 어머니 연세가 예순을 넘
었는데 저녁에 손수 잠자리를 보살피고 새벽이면 꼭 들러 다시 보살
피곤 했다. 어머니가 쓰시던 방 청소며 이부자리 간수를 몸소 했는
데 아이들이 대신하려 해도 "어머니께서 늙으셨으니 훗날 어머님을
위해 이런 일을 하고 싶어도 그때는 할 수 없게 될 것이다."라며 직접
했다. 조선왕조 개국의 주역인 **태종**과 어릴 적부터 글공부를 함께한
사이라서 태종이 그 효행을 듣고 여러 번 길재를 불렀지만 그는 끝내
벼슬길에 나가지 않았다. 효도는 대를 이어 내려가기 마련이다. 내가
부모에게 효도를 하면 그것이 은연중 교육이 되어 내 자식이 또한 훗
날 나에게 효도를 하게 되는 것이다. "너에게서 나간 것은 너에게로
돌아온다."는 말이 있지만, 효도가 바로 그런 윤리이다.

다음은 효도에 대한 명언을 통하여 왜 효도를 해야 되고 효도를 함
으로써 인간다운 삶을 살아가게 되는지 살펴보기로 한다. **키에로**는
"어린이들의 공경심이 모든 선행의 기초이다."라고 하였다. **소크라
테스**는 "네 자식들이 해주기를 바라는 것과 똑같이 네 부모에게 행동
하라."고 했으며 논어에서 **유자**는 "사람됨이 부모께 효도하고 어른께
공손하면서 상사에게 반항하는 자는 드물다."고 했다. 명심보감에서
는 "집안이 화목하면 가난해도 좋거니와 의롭지 않으면 부자인들 무
엇 하랴. 오로지 한 자식의 효도만 있다면 자손이 많아서 무엇 하랴?"

라고 했다. **이이**(이율곡)는 는 "아버지 살아 계실 때 그 뜻을 보고 아버지 돌아가심에 그 행하심을 보게 되나니 돌아가신 지 3년 동안 아버지의 도를 고치지 않아야 비로소 효도라 이를 수 있으리라."라고 했으며 '예기' '명론'은 "효자로서 깊은 사랑이 있는 자는 반드시 얼굴에 화기가 어려 있고 화기가 어려 있는 자는 반드시 즐거워하는 빛이 있으며 즐거워하는 빛이 있는 자는 반드시 모습이 나타난다."라고 했다. 또한 **장자**는 "공경하는 마음으로써 효도하기는 쉬워도 사랑하는 마음으로 효도하기는 어렵다."는 말을 남겼다.

공자는 "다섯 가지 형벌의 죄목이 삼천에 이르되 불효보다 더 큰 죄는 없다. 효자의 어버이 섬김은 공경을 다하고 봉양함에는 즐거움을 다하고, 병드심 때엔 근심을 다하고, 돌아가신 때엔 슬픔을 다하고, 제사 지냄엔 엄숙을 다한다."라고 하였다. 명심보감에는 "내가 어버이에게 효도를 하면 자식도 또한 내게 효도를 할 것이니 자신이 이미 효도를 하지 않으면 자식이 어찌 효도하게 되겠는가?"라고 나와 있으며 성경에 "네 부모를 공경하라. 네 이웃을 내 몸과 같이 사랑하라."라고 나왔다. 예기에는 "사람이 예가 있으면 편안하고 예가 없으면 위태롭다. 그렇기 때문에 예는 배우지 않을 수 없다. 무릇 예라고 하는 것은 자기를 낮추고 다른 사람을 높이는 것을 말한다."라고 했으며 효경에는 "효도하고서 어질지 않은 사람이 없고, 효도하고서 의롭지 않은 사람이 없으며 효도하고서 예의(禮意)가 없고 지혜(知慧)가 없고 신용(信用)이 없는 자가 있을 수 없는 것이다."라고 나와 있다. '연수약언(延壽藥言)'의 육언에 "나무가 조용히 서고자 하나 바람은 멎

지 아니하고, 자식이 효도를 하고자 하나 어버이가 기다려 주지 않는다."는 글은 우리가 깊이 새겨봐야 한다.

정철은 "아버님 날 낳으시고 어머님 날 기르시니 두 분 곧 아니시면 이 몸이 살았을까. 하늘 같은 은덕은 어디다가 갚사오리."라는 말을 했고 율곡 이이는 "이는 천하의 모든 물건 중에서 내 몸보다 더 소중한 것이 없다. 그런데 이 몸은 부모가 주신 것이다."라고 했다. 증자는 "부모가 사랑하시면 기뻐하여 잊지 말고 부모가 미워하시더라도 송구스럽게 생각하여 원망하지 않고 부모에게 잘못이 있거든 부드러이 간하여 거역하지 말아야 한다."고 했으며 소학은 "부모를 사랑하는 사람은 남에게 미움을 받지 아니하고 부모를 공경하는 사람은 남에게 업신여김을 받지 않는다."고 했다.

권 효 가(勸 孝 歌)

부생모육 그 은혜는 하늘같이 높건마는
청춘남녀 많은데도 효자효부 드문지라
출가하는 아들네는 살림 나기 바쁘도다.
제자식이 장난치면 싱글벙글 웃으면서
부모님이 훈계하면 듣기 싫어 외면하고
시끄러운 아이 소리 듣기 좋아 즐겨하며
부모님의 흘린 침은 더럽다고 밥 못 주고
과자 봉지 들고 와서 아이 손에 쥐어 주고
부모 위해 고기 한 근 사올 줄을 모르도다.

개 병들어 쓰러지면 가축병원 달려가나
늙은 부모 병이 나면 노환이라 생각하네.
열 자식을 키운 부모 한결같이 키웠건만
열 자식은 한 부모를 귀찮다고 싫어하네.
자식 위해 쓰는 돈은 한도 없이 쓰건마는
부모 위해 쓰는 돈은 한 푼조차 아까우네.
자식들을 데리고는 외식함도 자주 하나
늙은 부모 모시고는 외식 한 번 힘들구나.
그대 몸이 소중커든 부모은덕 생각하고
서방님이 소중커든 시부모를 존중하라.

권효가를 보면 우리 생활모습이 거울에 비추어지는 것 같아 가슴이 뭉클해진다. 예나 지금이나 자식들이 부모님들한테 잘한다는 것은 정말로 어려운 일이다. 부모님에 대하여 어떻게 대하는지, 어떻게 모셔야 되는지 권효가를 통하여 깊이 성찰하여, 부모님 가신 후에 후회 말고 살아생전 효도하면 하느님께 복 받게 되고 자녀들이 본받아 보고 잘 배워서 효도할 것이다.

효의 본질은 사랑과 인간존중이다. 효란 단지 자기 부모만 사랑하고 혈족을 사랑하는 데 그치는 것이 아니다. 효는 세상 모든 인간을 사랑하고 화합을 이루는 근본정신이며, 인간 정신인 것이다. 효는 은혜에 대한 감사하는 마음이며 인격형성의 근본이 된다. 효도하는 사람은 인생을 아름답고 풍요롭게 사는 삶이 될 것이다.

내가 원하는 것은 남도 원한다
己所不欲 勿施於人(기소불욕 물시어인)

己所不欲
勿施於人
海清書

海清 孫敬植

　내가 나를 존중하듯 남을 존중하고 인격적으로 대하고, 인정해주
는 것이 바로 진정한 사랑을 하는 사람이다. 공자나 석가나 예수는
사랑을 몸소 실천해 보였기 때문에 성인인 것이다. 성인들은 좋은 것
을 실행한 사람이다. 보통사람들은 좋은 것을 몰라서 못 하는 것이

아니고 행하는 것이 어려워서 실행을 못한다. 남에게 기쁨 주고 행복을 느끼게 하는 일은 바로 남의 사정을 잘 헤아려 스스로 하고 싶은 마음을 갖게 하는 것이다. 공부도 운동도 자기 스스로 하고 싶은 것을 해야 능력개발도 잘되고, 성과도 높게 나타나며 하는 일에 즐거움이 있다.

어느 날 제자 자공(子貢)이 공자에게 "제가 평생 동안 실천할 수 있는 한마디의 말이 있습니까?"라고 묻자, 공자는 "그것은 바로 용서의 '서(恕)'이다[其恕乎]. 자신이 원하지 않으면 다른 사람에게도 하지 말아야 한다. 己所不欲 勿施於人(기소불욕 물시어인)"라고 말씀하셨다. 논어(論語) 위령공편(衛靈公篇)에서 자공이 공자에게 물었다. "널리 은혜를 베풀어 주위의 많은 이들을 구제하는 사람이면 인(仁)을 실천하는 사람이라 할 수 있겠습니까?" 공자가 대답했다. "어찌 단순히 어질다고만 하겠는가. 성인(聖人)이라고 해야 할 것이다." 자공이 다시 물었다. "평생 동안 행해야 할 귀중한 일은 무엇입니까?" 공자가 다시 대답했다. "그것은 내가 하고 싶지 않은 일을 남에게 떠넘기지 않는 것이니라." '서(恕)'는 세상만사를 자기의 마음과 같이 받아들이는 것으로서 공자는 "자기가 하고 싶지 않은 것은 남에게도 시키지 말라.(己所不欲 勿施於人)"는 말로 풀이했다. 남을 자기처럼 이해하고 대하는 것이야말로 더불어 사는 사회의 덕목인 '인(仁)'의 처음이자 끝이라는 것이다. **중궁이 인(仁)이 뭐냐고 묻자 공자는 똑같은 말로 답하셨다. "공직이나 사회에 나가서는 큰 손님 맞듯이 하고**(출문여견대빈(出門如見大賓)), **사람을 부릴 때는 큰 제사 지내듯이 받들고**(사민여승대제(使民如承大祭)), **자기가 하고 싶지 않은 것은 남에게도 시키지 않으며**(기소불욕 물시어인(己所不欲 勿施於人)), **공직에 나아가거나 집에 있거나 남이 원망하는 소리를 듣지 않는다.**(재방무원 재가무원(在邦無怨 在家無怨)) 중궁(仲弓=염옹)이 말했다. "제가 비록 총명하지 못하지만 반드시 이 말을 실천하겠습니다." 남이 하기 싫어하는 일을 자신에게 강요해서 하게 하거나, 내가 상대에게 굽실거리고 싶지 않은데 상대방한테 굽실거리라고 하면 즐거운 일이겠는가? 서로 입장을 이해하고 용서하는 마음으로 상대방을 인격적으로 대하고 인정해주는 태도가 필요하다. 성경에도 "당신이 대접받고 싶은 대로 남에게 대접하라."라는 말이 있다. 서양 사람들은 이 말을 인생의 '황금률(Golden Rule)'이라고 부른다. "당신이 싫은 것은 남에게도 하게 하지 마라."라는 말은 동서양을 막론하고 인생 최고의 지혜로 손꼽힌다. 내가 싫은 일은 남이 다 맡아서 해 주기를 바라고 나만은 남들과 다른 대접을 받고 싶어 하는 것이 인간이다. 그렇지만 남을 함부로 대하면 상대방도 나를 함부로 대하기 마련이다. 가는 말이 곱지 않으면 오는 말도 곱지 않다. 우리가 많이 사용하는 4자성어로 '역지사지(易地思之)'라는 말이 있다. **맹자**(孟子) 이루(離婁)에 나오는 '역지즉개연(易地則皆然)'에서 유래한 말이다. 역지즉개연은 처지나 경우를 바꾼다 해도 하는 것이 서로 같다는 말이다. 역지사지(易地思之)는 즉 상대편의 처지나 입장에서 먼저 생각해보고 이해하라는 뜻이다. 하지만 역지사지란 말은 중국의 성어사전에도 나오지 않고 주로 우리나라에서만 쓰인다.

공자가 말한 자신이 원하지 않는 일은 남에게도 시키지 말라는 말에는 이러한 뜻도 내포되어 있다고 생각한다. 우리가 살아가면서 성공하고 행복하게 하는 것은 사람관계이며 바로 그것은 커뮤니케이션에 달려 있다. 우리는 누구나 다 남으로부터 인정받기를 원하고 있다. 인정받기 위해 갖은 노력을 다하고 있다고 해도 과언이 아닐 것이다. 자기이름 불러주는 것처럼 기쁜 일이 어디 있는가. 그 무엇보다 자기 이름이 많이 불리는 것은 기분 좋은 일이다. 공적으로 인정받는 일일 경우라면 그 기쁨은 이루 말할 수 없이 크다. 상대방이 움직이게 하려면 상대방을 먼저 존중하는 마음으로 대해야 한다. 그렇지 않고 내가 교육을 많이 받고, 직위가 높고, 돈을 많이 벌었다고 거만한 태도를 보이면 상대방과 건설적인 대화를 이어 나가기가 어렵게 된다. 상대방이 하기 싫은 일도 얼마든지 공감대가 이루어지면 마음이 바뀌어 하고 싶어지게 된다. 하기 싫은 일도 상대방을 어떻게 이해시켜 그 일을 하게 하느냐, 어떻게 감성을 자극하여 하고 싶게 하느냐, 왜 하지 않으면 안 되는지 납득하여 공감을 하게 되면 남이 하고 싶지 않았던 일도 오히려 하고 싶어질 수 있다. 회사의 비전에 핵심 가치로 공익을 위한 것이라면 처음에 하기 싫어하는 일도 모든 직원이 공감을 이루게 되면 자발적으로 하게 할 수 있다. 그런 기업만이 지속성장을 하게 된다. 무조건적으로 자기가 싫어하는 일을 남에게 시키지 말라 해서 다른 사람을 시키지 않으면 될 일도 안 되는 경우가 많이 있을 수 있다. 이와 같이 중요한 대목을 간과하지 말아야 한다. 사람들은 아무리 가치 있고 의로운 일이라도 이해되지 않으면 일반적으로 하기 싫어하는 경향이 있다. 그러나 하기 싫어했던 일도 충분히 이해되면 싫어했던 마음도 눈 녹듯이 사라지고 오히려 적극적으로 받아들인다. 이러한 심오한 철학이 공자의 말에 스며있다는 것을 새겨야 된다.

사람마다 개성, 능력과 환경 등이 다르다는 것을 인정해주면 통하게 되어 있다. 다른 사람과 다르다는 것을 인정해줘라. 다르다는 것을 인정해주면 그 사람의 개성과 창의성을 꽃피게 할 수 있다. 하기 싫어했던 일도 이해되고 공감되면 신바람이 불어 무서운 결과를 만들어 내는 것이 한국 사람들이다. 21세기는 관점전환을 잘하는 사람이 성공할 확률이 높아진다. 보여지는 대로만 볼 것이 아니라 보이지 않는, 숨어 있는 것도 읽어 낼 수 있는 사람이 리더다. 문제가 발생되어도 부정적인 면보다 긍정적인 면으로 볼 때 사고의 유연성으로 문제 해결도 쉽게 풀어 나갈 수 있다. 내가 하기 싫은 일도 남이 하고 싶어지게 하는 것은 동기부여를 어떻게 하느냐에 따라 다르다. 자발적 동기부여가 되면 무서운 성과물이 창출된다. 내가 하기 싫은 일도 가치 있는 일이라면 남이 하고 싶어지게 하는 사람이 공자의 가르침을 제대로 터득한자요, 리더의 자격이 있는 사람이다. 발상을 전환하면 많은 것이 보인다. 공자는 "평안감사도 자기가 하기 싫으면 할 수 없다."는 부정적인 면을 강조한 것이라기보다 사람과 사람관계에 있어 소통하여 공감 이루게 하면 처음에 하기 싫어했던 일도 오히려 무슨 일이든 하고 싶게 만드는 것이 중요하다는 말씀도 숨어있음을 알아야 한다. 가정이나 회사나 사회에서 가장 중요한 것이 바로 의사소통을 원활하게 하는 문제이다.

아무리 좋은 일이라도 소통이 안 되면 몸에 피가 잘 통하지 않아 병이 생기듯 문제가 일어나기 마련이다. 이처럼 상호 간에 소통하여 공감대를 형성하는 커뮤니케이션이 무엇보다 중요하다는 것을 강조한 말로 이해를 하는 것이 공자사상에 충실하게 다가가는 것이다. 남이 하기 싫어하는 일도 남의 말을 잘 경청하고 상대방이 무슨 말을 하고자 하는지 나의 논리로 남을 이해시키려 하지 말고 오히려 남이 무슨 말을 하고자 하는지 잘 들어주면 모든 문제가 풀리게 된다. 소통되지 않는 일은 혼자 해야 되지만 소통하여 공감을 이루면 철의 장벽도 뚫을 수 있다. 사진을 찍을 때 초점이 맞지 않으면 선명한 사진을 기대하기 어렵다. 상대방과 소통하여 공감을 이루게 하려면 철저하게 듣는 상대방에게 입장을 잘 맞추는 법칙들을 제대로 알아서 커뮤니케이션을 해야 한다. **히스 교수**가 상대방 말을 듣는 것이 얼마나 중요한 일인지 그가 정리한 6단계는 다음과 같다. "첫째는 단순하게 핵심만 말하라. 둘째는 사람들 예상을 깨고 허를 찌르는 이목을 끄는 얘기를 하라. 셋째는 구체적으로 이미지가 떠오르도록 스토리텔링으로 해라. 넷째는 자기 경험과 버무려 쉬운 말로 풀어내라. 다섯째는 상대방 가슴에 꽂히는 메시지를 심어주어라. 여섯째는 우리 일상생활에 결부되도록 예화를 들어 상대방도 따라 할 수 있도록 하라." 의사소통은 말이 통할 때 위력을 보이는 것이다. 소통되지 않으면 아무리 가치 있는 일도 쓸모가 없어지는 것이다. 나와 같이 있는 사람이 공감되게 소통하는 일은 성공하는 지름길로 가는 길이다. 상대방을 움직이고 하고 싶지 않은 일도 하게 만드는 것은 상대방 입장에서 얼마나 진정성을 가지고 잘 들어주고 사람마음을 사로잡느냐에 달려 있다.

요즈음은 스토리텔링 시대이다. 역사이건, 자기체험이건 어떤 일에 스토리를 만들어 설명을 잘하느냐에 따라 상품가치가 달라지고 브랜드가치가 상승되는 것이다. 덩달아 개인 브랜드 가치도 높아지게 되는 것이다.

❖9❖

자투리의
진실

진실은 자나 깨나 통한다
　　　　　　－공한수

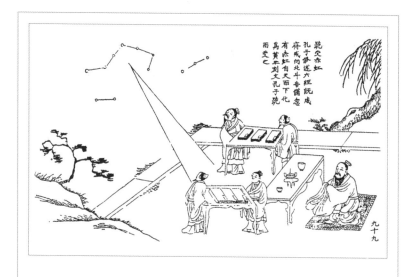

九十九. 궤수적홍(跪受赤紅) - 꿇어 앉아 붉은 빛을 받아 들이다.

孔子께서는 육경(六經-시경, 서경, 역경, 춘추, 예기, 악기)을 닦고 지어
낸 다음 목욕재계(沐浴齋戒)하고 북두칠성을 향하여 이를 고하였다. 그러
자 갑자기 하늘로부터 무지개 같은 붉은 빛이 비춰 내려 각문(刻文)이 마
치 황옥처럼 빛났다. 孔子께서는 무릎으 꿇고 빛을 받아들이셨다.

跪 - 꿇어 앉을 궤.   忽 - 깜찍할 홀.   虹 - 무지개 홍.

공자의 탄생과 배경

❖
❖
❖

　공자의 조상은 은(殷) 왕실과 관계가 있다. 즉, 은나라가 망한 뒤 주공은 은나라 최후의 임금인 주왕(紂王)의 서형(庶兄) 미자계(微子啓)를 송(宋)나라에 봉했다. 송나라는 제 6대 양공희에 와서 조카인 여공에게 죽임을 당하고 왕위를 빼앗겼는데, 양공희에게는 이때 아들 불부하(弗父何)가 있었다. 그가 공자의 조상이다. 그 뒤로 송나라의 10대 대공(戴公)에서 무공(武公), 선공(宣公)에 걸쳐 임금을 보좌한 재상 정고보(正考父)가 있으나, 그 아들 공보가 (孔父嘉)가 송나라의 정쟁에 휘말렸고(B.C 710) 다시 그의 아들 자목금보(子木金父)는 송나라를 떠나 노나라로 옮겨와 살게 되었다. 그리고 공보가의 '공'자를 따서 성으로 삼게 되었다고 한다. 이 자목금보의 현손이 공자의 아버지 숙량흘이며, 숙량흘은 키가 10척이고 무예와 힘이 뛰어났었다고 한다.(『공자가어』).

　공자는 노나라 창평향 추읍에서 태어났다.(B.C. 551년, 노양공 22년).

그의 조상은 송나라의 귀족이었으나 노나라로 망명하였다. 공자의 증조부는 공방숙(孔防叔)이다. 방숙은 국적을 노나라로 옮겼다. 방숙은 백하(伯夏)를 낳았고, 백하는 숙량(叔梁)홀을 낳았다. 공자 아버지가 바로 숙량홀이다. 숙량홀에 대한 기록은 열국지(列國志)등에 몇 개 보인다.

숙량홀은 본처 시씨(施氏)가 65세에 죽어 혼자 살고 있었다. 숙량홀 친구 중 안씨(顔氏)가 있었는데 시집 안 간 딸이 다섯이 있었다. 안씨는 딸 셋을 모아놓고 "숙량홀은 내 친구지만 사람 됨됨이 훌륭한 사람이다. 비록 나이는 70이 가까워진 나이지만, 마을 사람들의 존경을 받고 있는 사람이다. 누가 그의 배필이 되겠는가?" 안씨가 첫째 딸을 바라보았으나 대답이 없고, 둘째 딸도 대답이 없었다. 그러나 셋째 딸 징재(徵在)가 "제가 모시겠습니다."라고 대답했다. 징재 나이가 그 당시 16-18세였던 것 같다. 숙량홀은 안씨의 셋째 딸을 후처로 맞이한다. 아버지의 주선으로 징재가 숙량홀과 같이 생활하여 곡부(曲阜)시 니구산(尼丘山)에서 공자를 낳았다.

공자의 출생에 대해서는 여러 가지 전설이 있다. 즉 어머니가 이산에 기도를 드려 공자를 낳았다고 한다. 그의 머리 가운데는 들어가고 나온 데가 있어 이름을 구(丘 : 언덕)라고 했다고 한다. 공자 탄생을 사기에는 야합(野合)하였다고 기록되어 있다. 결혼 적령기에 있는 사람이 결혼할 때는 육례(六禮) 절차를 밟는다. 그러나 숙량홀은 나이가 많고 징재 나이는 어리고 나이 차이가 많이 나 육례 절차를 밟지 않고 공자를 낳은 데서 사기에는 야합이란 말을 적고 있다. 사기에는 야합(野合)에 대하여 자세한 언급은 없다. 야합(野合)이란 단어의 뜻은 오늘날 인터넷시대로 말하면 악플이라고 생각해도 좋을 것 같다. 공자 이름은 구(丘)이고 중니(仲尼)이다. 공자를 공부자(孔夫子)라고도 한다.

공자에게는 고정된 스승이 없었다. 그는 다만 타인의 장점을 본받고, 단점을 타산지석으로 삼은 것이다. 그러므로 자공은 "우리 선생님께서야 어디에서나 배우시지 않은 데가 있겠습니까? 또한 어찌 정해진 스승이 있겠습니까(자장-22)?"라고 말한 것이다. 공자는 19세 때 (B.C. 533년) 견관씨의 딸과 혼인하여 다음해 아들 리를 낳았다. 그는 결혼하던 해에 벼슬길에 나아갔다. 노나라 계씨의 창고 관리직을 맡은 그는 곡물출납을 성실히 수행하였다. 그리고 21세 때 가축을 관리하는 일을 맡아 그 번식에 힘을 기울였다.

공자는 51세 때(B.C. 501년) **노나라 중도의 재에 임명되었다.** 중도 고을은 그가 다스린 지 1년 만에 치안과 질서가 바로잡혀 다른 고을의 모범이 되었다고 한다. 다음 해 노나라 정공과 제나라 경공이 협곡에서 회맹하였다. 이때 경공은 무력으로 정공을 위협했으나 공자는 그의 야비한 처사를 꾸짖었다. 이에 제나라는 사과하는 뜻에서 이전에 빼앗았던 세 고을을 노나라에게 되돌려 주었다고 한다. 이런 공로로 공자는 다음 해(B.C. 499년, 53세 때) 사공(건설부 장관), 그리고 다시 다음 해에는 대사구(법무부 장관)로 승진하였다. 자신의 경륜을 펼치기 위해 주유천하의 길을 나선 공자는 위·조·송·정·진·채·초를 방문하였다. 공자는 여행 중 여러 차례 고난과 박해를 당해야 했다. 그는 송나라에서는 생명의 위협을 겪었고, 또한 광에서는 양호로 오인되어 닷새 동안 잡혀 있기도 했다. 또한 진·채에서는 7일간이나 양식이 떨어져 고생하였다. 이렇게 공자는 13년 동안이나 여러 나라를 순방하며 자기의 도덕정치를 채택할 임금을 찾았으나 끝내 만날 수 없었다. 당시의 제후들은 공자의 주장을 현실과 동떨어진 이상으로만 생각했다. 그것은 이들이 무력에 의한 영토 확장과 권모술수에 의한 권력 유지에만 급급했기 때문이다. 제후들을 설득하는 데 실패한 공자는 후진의 교육을 위해 13년 동안의 유랑생활을 마감하고 다시 노나라에 돌아온다(B.C. 484년, 68세 때). 고국에 돌아온 그는 **시·서·역·예·악·춘추를 재편찬**하여 이를 정식 교재로 채택하였다. 그의 이와 같은 조처는 후진들이 전통문화를 계승하고 새로운 문화를 창출하는 데 큰 도움을 주게 된다. 그러나 교육에 전념하는 그에게 슬픈 일이 연이어 일어났다. 즉 그의 외아들 리가 50세를 일기로 세상을 떠난 것이다.(BC. 483년, 공자 69세) 리가 죽은 다음 해인 BC. 482년에는 그가 가장 아끼던 제자 안연이 또 죽었다. 이때 그는 "아! 하늘이 나를 망쳤구나! 하늘이 나를 망쳤구나!(선진-8)" 하고 탄식하며 절망에 잠겼다. 비극은 여기서 끝나지 않았다. 다시 2년 후에 공자는(BC. 479년 노애공 16년, 73세) 4월 기축일에 숨을 거두고 만다.

공자는 자기완성을 위해 일생 동안 노력을 했다. 공자가 만만대의 사표가 되는 것도 거저 된 것이 아님을 알 수 있다.

곡부에는 공묘(孔廟), 공부(孔府), 공림(孔林)이 있다. 공자가 죽은 뒤 제자 **자공**이 조성을 하였다. 여기에는 공자의 영상이 모셔져 있고,

공자와 제자들이 먹었다는 우물터(공택고정(孔宅故井))가 있다. 대성문을 지나면 공자가 심었다는 은행나무가 있고, 진시왕 때 공자의 유물을 부셔 없애라는 명령이 있었을 때 공자의 9대손이 논어, 예기, 춘추, 주역을 숨겨 놓았다는 노벽(魯壁)의 흔적이 있다. 공자는 3살 때 아버지를 여의고, 어머니 밑에서 성장했지만 어머니 안씨도 자가 17살 때 세상을 떠났다. 공자는 한때 위리(委吏—현재 창고를 관리하는 말단 관리)를 지냈고, 공평하게 일을 잘한다는 평으로 뒤에 공사를 관장하는 사공(司空)이 되었다. 공자는 키가 무려 9척 6촌(지금 수준은 6척 2분 2리)이나 되었다.

논어 구성

논어는 총 10권 20편 500개의 문장으로 구성되어 있으며, 논어(論語)는 공자와 그 제자들의 어록이다.

제1편 학이(學而) - 총16장　　　　제2편 위정(爲政) - 총24장

제3편 팔일(八佾) - 총26장　　　　제4편 이인(里仁) - 총26장

제5편 공야장(公冶長) - 총27장　　제6편 옹야(雍也) - 총28장

제7편 술이(述而) - 총37장　　　　제8편 태백(泰伯) - 총21장

제9편 자한(自罕) - 총30장　　　　제10편 향당(鄕黨) - 총17장

제11편 선진(先進) - 총25장　　　　제12편 안연(顏淵) - 총24장

제13편 자로(子路) - 총30장　　　　제14편 헌문(憲問) - 총47장

제15편 위영공(衛靈公) - 총41장　제16편 계씨(季氏) - 총14장

제17편 양화(陽貨) - 총26장　　　　제18편 미자(微子) - 총11장

제19편 자장(子張) - 총25장　　　　제20편 요왈(堯曰) - 총3장

사서삼경

‡

· 사서 : 논어(論語), 맹자(孟子), 대학(大學), 중용(中庸)
· 삼경 : 시경(詩經), 서경(書經), 주역(周易)에다 예기(禮記), 춘추(春
秋)를 포함하여 오경이라고 한다.

중세 유럽에 논어 열풍

공자의 논어가 서양에 본격적으로 전해지기 시작한 것은 명나라가 망해 갈 때인 즉 청나라 초서부터 시작된다. 1593년 이태리 선교사였던 마테오 리치(Matteo Ricci) 사서(四書)를 라틴어로 번역하고, 1626년에는 벨기에 사람 뜨리꼴(N.Trigault)이 오경(五經)을 라틴어로 번역하면서 유럽에 퍼져나갔다. 1689년에는 공자의 사상을 담은 사서오경을 번역하면서 '중국 철학자 공자'라는 표제를 달았다.

프랑스의 데카르트는 중국에 다녀온 선교사들로부터 논어라는 책에 대한 얘기를 듣는다. **공자가 말한** "배우고 생각하지 않으면 진리를 이해할 수 없고, 생각하고 배우지 않으면 위험하다."라는 명제에서 데카르트는 "나는 생각한다. 그러므로 존재한다."는 서양철학의 기초를 만든다.

서양에서는 공자의 사상에 17세기 중엽부터 자극받고 계몽이 시작되었다. 공자는 가장 공정하고 인애적인 사상가라고 전파되면서 유럽의 귀족 계급에 많은 타격을 주었다. 미국독립선언서(1776년 7월 4일)에도 공자의 사상인 인간은 누구나 평등하다가 반영이 되었다고 한다. 프랑스 혁명의 구호는 첫째도 공정, 둘째도 공정, 셋째도 공정이었다. 17세기 초부터 파리를 중심으로 결성된 공자학회의 임원들이 중심이 된 혁명은 정치는 바른 것이라는 표제를 내걸고 자유와 평등, 박애를 혁명구호로 외쳤다. 1795년 제정된 프랑스 헌법 가운데 "자기가 하기 실은 일은 남에게 베풀지 말고 남이 자기에게 은혜를 바라거든 먼저 남에게 은혜를 베풀라.(己所不欲 勿施於人 欲人施己 先施於人)" 하였는데 이는 공자의 사상을 따 넣은 것이다. 가르침에 부류를 가리지 말라고 한 공자의 말씀(有敎無類)은 서구인들에게 인권보장과 인권신장에 절대적 영향을 끼쳤다. 콜럼버스가 미 대륙을 발견하게 된 동기도 마르코 폴로가 쓴 '동방견문록'을 읽고 시작되었다. 마르코 폴로는 콜럼버스와같이 이태리 사람이다. 1274년에 원원에 도착하여 17년 동안 중국, 한국, 일본 세 나라의 관습을 공자의 학통에 결부시켜 쓴 책이 바로 동방견문록이다. 동방견문록을 읽고 1593년 이태리 선교사 마테오 리치가 중국에 들어왔다. 마테오 리치는 공자의 학통을 생활 철학이라고 말하고 천주실의를 출판한다. 마테오 리치는 서방공자(西方孔子)라는 칭호까지 듣게 되었다고 한다. 꼬레프레는 1689년 중국철학자 공자(中國哲學者孔子)라는 이름으로 사서를 발간한 사람으로 유명하다.

　　이러한 혜택으로 근대과학의 아버지 라이프니츠(Gottfried wilhelm,

Leibnitz)를 탄생시켰다. 그는 공자 사상의 열렬한 팬으로 1613년에는 주역을 풀이하는 데 모든 정성을 다했다. 그런 결과로 오늘날 우리들이 지금 사용하고 있는 전자계산기가 라이프니츠의 이원산술에서 근거한 것이라고 하는 것은 너무나 유명한 이야기다. 라이프니츠 이래 독일에서는 울프(Christian wolff)가 나왔고, 데카르트에 매료되었던 울프는 라이프니츠의 제자가 되어 6경을 번역했다. 19세기 초에는 세계 최대시인 괴테(Goethe)는 공자에 매료되어 그의 만년에는 공자를 찬양하는 '중독영시' 14수를 발표하기에 이르렀다.

논어는 17세기부터 서양에 큰 영향을 끼쳐 라이프니츠, 볼테르, 몽테스키외, 헤겔 등 많은 철학자와 수학자를 탄생시켰다. 20세기 들어서는 하이덴베르크, 아인슈타인 같은 위대한 과학자도 탄생되었다. 논어는 성경이나 불경처럼 전 인류의 교양서가 되고 있다. 공자가 정리한 주역은 수학, 과학, 철학의 밑거름되었다.

에머슨은 "공자는 전 세계, 전 민족의 영광."이라고 찬양했고, 미국교육의 아버지인 초창기 하버드대학 교수였던 바비트(IRVING BEBBITT)의 교육 정신은 바로 공자의 교육 정신과 일치한다. 20세기 들어와 아인슈타인, 하이젠베르크, 중국계 미국인 양진녕(1957년 노벨상)들도 사실은 그 바탕이 공자의 학통을 현대화하고 융·복합한 사람들이라고 평가되고 있다.

20세기 들어와 최고시인 에즈라 파운드(ESRA POUND)는 논어(CON-FUSIAN ANALECTS)를 번역하고, 시경에 바탕을 둔 이미지즘적인 시를 쓴 사람으로 유명하다. 21세기 불안과 무질서 극복하는 길은 공자한테 배워야 한다고 본다.

　1776년 제퍼슨이 기초한 "미국 독립선언문"은 미국 혁명의 거사며, 오늘날 미국이 있게 한 정신의 바탕이다. 제퍼슨은 프랑스에서 교육받았을 때, 공자학회 회원이었고, 독립선언문에 동참한 벤자민 프랭클린도 같은 회원이었다. 때문에 독립 선언문의 취지는 곧 공자 학설의 요지를 정리한 것이다.

참고문헌

· 공자사상과 21세기 - 동아일보사

· 논어신간 - 민음사

· 공자를 찾아서 - 뿌리

· 일본속의 신 논어학 - 백암

· 조선의 마음 - 도서출판 선

· 한수로 승부하라 - 서울문학

· 18시간의 몰입법칙 - 맑은소리

· 데일 카네기 인간관계론 - 리베르

· 영원히 살 것처럼 배우고 내일 죽을 것처럼 살아라 - 함께북스

· 논어와 주판 - 페이퍼로드

· 씬쿠러 콩쯔 - 상정

· 시크릿 - 살림 biz

· 수중혜 - 삼성경제연구소

· 너는 99%의 가능성이다 - 시공사

· 생각의 연금술 - 동서문화사

· 크게 생각할수록 크게 이룬다 - 나라

· 애플과 삼성은 어떻게 디자인 기업이 되었나 - 미래의 창

· 독서 컨설팅 - 교보문고

· 당신의 아인슈타인을 깨워라 - 시그마북스

· 내영혼의 닭고기 수프 - 푸른숲

· 카네기 인간관계론 - 씨앗을 뿌리는 사람

· 최고의 나 - 다산라이프

· 혼창통 - 쌤앤파커스

· LMI - 폴마이어

· 유비처럼 경영하고 제갈량처럼 마케팅하라 - 랜덤하우스코리아

· 목적이 이끄는 삶 - 디모데

· 효가 살아야 나라가 산다

· 열린문학 - 김선

· 사명 - 두란노

· 쇼펜하우어 따라잡기 - 이지출판

· 99명의 석세스 스토리 - 이지출판

· 실행에 집중하라 - 21세기북스

· 행복한 논어 이야기 - 21세기북스

· 3분 고전 - 작은 씨앗

· 기적을 만들어 내는 사람들 - 풍림출판사

· 닌텐도이야기 - 한국경제신문

· 지혜는 천개의 눈을 가졌다 - 토파즈

· 생각의 법칙 - 물푸레

· 먹히는 말 - 쌤앤파커스

· 화술과 인간관계 - 산수야

· 젊음의 탄생 - 생각의나무

· 맹자 - 홍신문화사

· 정상에서 만납시다 - 산수야

· 태도의 경쟁력 - 푸른 숲

· 학문의 즐거움 - 김영사

· 나를 그 때 바꾼 그 한마디 - 여백미디어

· 평택향교지

공한수 작사 노래

아빠하고 놀자

성웅 이순신

콩 한수 작사
신 귀복 작곡

힘차게

1. 나 라위 해생 — 넘 바 친   불 굴의 정 — 신 이 순 신
2. 역 — 사 의 그 — 이 — 름   길 — 이 빛 나 는 이 순 신

거 — 북선 으로해 진 마 나   왜 — 적 — 섬 — 멸 을
죽 어야 산 다는마 음 으 로   나 라 — 를 — 구 한

스 불세 번 전 — — 승 한   세 계 의 영 웅 이 여   푸 른
나 라사 랑 성 — 신 살 린   이 순 — 신 — 이 여   푸 른

마 다 해 상 강 국 오 — — 대 한 민 국
하 늘 지 상 강 국 오 — 대 한 민 국

우 — 리 민 족 가 — 슴 속 에   영 원 한 등 불 이 여   이 순
우 — 리 민 족 가 — 슴 속 에   영 원 한 등 불 이 여   이 순

신 이 — 순 신 성 웅 이 순 신
신 이 — 순 신 성 웅 이 순 신

평창 올림픽

작사 : 공한수
작곡 : 김 덕
노래 : 공병우

우 리 나 라 - 자 랑 스 러 운 문 화 의 국 - 민
한 민 족 의 - 높 - 은 기 상 세 계 로 날 아 라

꿈 과 끈 기 로 일 궈 낸 승 리 평 - 창 만 - 세
꿈 과 희 망 이 샘 - 솟 - 는 원 더 풀 코 리 아

평 창 이 여 떨 쳐 라 평 창 이 여 떨 쳐 라
평 창 이 여 떨 쳐 라 평 창 이 여 떨 쳐 라

세 계 로 미 래 - 로 오 대 한 민 국 평 창 이 여
세 계 로 미 래 - 로 오 대 한 민 국 평 창 이 여

달 려 라 뛰 어 라 함 성 - 이 울 려 퍼 진 다
선 수 들 투 혼 이 지 구 촌 을 달 - 군 - 다

오 - 평 - 창 평 - - 창 평 창 올 림 - 픽
오 - 평 - 창 평 - - 창 평 창 올 림 - 픽

No Rept D.S

성인 공자님

작사 : 공한수
작곡 : 김 덕
노래 : 공병우

인 - 류 최초의사학 창시자인공자 - 님
사 람 이 중심이라고 말씀하신공자 - 님

지 식 사 회 의 중 요 성 - 을 알 려 - 주 시 - 고
두 려 워 하 며 백 - 성 - 을 섬 겨 야 정 치 - 다

가 치 관 경 영 에 투 명 하 라 는 공 자 말 씀
동 서 양 사 람 이 즐 겨 - 듣 는 공 자 말 씀

정 치 경 - 제 철 학 개 인 삶 에 - 나 침 판
덕 과 도 리 를 다 하 - 는 정 직 한 지 도 자

하 늘 같 - 이 높 고 높 은 이 상 을 펼 치 - 신
하 늘 같 - 이 높 고 높 은 이 상 을 펼 치 - 신

인 류 의 태 양 성 인 성 인 - 성 인 공 자 님
인 류 의 태 양 성 인 성 인 - 성 인 공 자 님

세종대왕

Moderato

작사:공한수 작곡:김덕

한 글 - 로 문 명 사 - 회 길 러 준 세 종 대 왕
백 성 - 을 하 늘 처 - 럼 살 피 신 세 종 대 왕

소 통 하 여 과 학 적 인 한 글 을 만 드 셨 네
신 분 - 의 벽 을 넘 어 인 재 등 용 하 셨 네

문 화 를 꽃 피 워 낸 세 계 의 자 랑 이 여
과 학 을 꽃 피 워 낸 세 계 의 자 랑 이 여

해 처 - 럼 지 구 촌 에 찬 란 하 게 빛 나 - 네
시 대 - 를 읽 으 시 며 국 - 방 에 힘 쓰 셨 네

민 족 의 자 랑 세 계 의 인 물 성 왕 이 시 - 여
민 족 의 자 랑 세 계 의 인 물 성 왕 이 시 - 여

성 - 왕 세 종 만 세 만 - 세 만 만 세
성 - 왕 세 종 만 세 만 - 세 만 만 세

다산 정약용

작사;공한수 작곡;김덕

도산 안창호선생님

작사;공한수 작곡;김덕

사 랑 이 그 리 워 요

작사 공한수 작곡 심수천

우 리 에 게 도　세 상 이 아 름 다 워 요
우 리 도 행 복 이　무　엇 인 지 알 아 요

우 리 는 특 별　할 뿐 비 교 하 지 말 아 요
한 걸 음 한 동 작 에 도　감　동 을 느 껴 요

마 음 은 비 단 결　처　럼
조　금　만　칭　찬 해 도

부 드 럽 지　요　말 은 힘 들 어 도
가 슴 이 벅 차 올 라 요　따 뜻 한 눈 길 도

고 운 말 만 하 죠　행　동 이 어 설 퍼
마 음 이 찡 해 져 요　배 려 하 면 위 안 되

도　즐 겁 게 살 고 싶 어 요　오　사　랑
고　힘　이 솟 아 나 요　오　사　랑

사　랑　사　랑 이 그 리 워 요
사　랑　사　랑 이 그 리 워 요

폭풍을 넘어서

공한수 작시
임긍수 작곡

1. 저 떠오르는 태양 우리들 가슴속에 새 희망 넘친다 오 이 멋진 날 서로 미움을 벗어 버리자 우리들 앞에 폭풍이 몰려와도 힘차게 폭풍에 맞서 뚫고 나가자 손에 손을 잡고 서로 신뢰 속에 서로 햇살 되어 비춰 주자 붉게 타오르는 태양처럼 희망을 채워서 뻗어나가자

2. 아 설레이는 가슴 우리들 가슴속에 꿈이 솟아 난다 아 서로 이해 하며 갈등의 벽을 넘자 우리들 앞에 고난이 닥쳐와도 미래의 열차를 타고 달려나가자 한민족 기상으로 뻗어나가자

구름같은 인생

공한수 작시
임긍수 작곡

황희 정승

공 한수 작시
임 긍수 작곡

茶 마시면

공 한 수 작시
임 긍 수 작곡

대한남아 손기정

작사;공한수 작곡;김덕

한강 아리랑

공한수 작시
임긍수 작곡

2

至聖先師

孔夫子 聖像

孔子의 形貌와 氣像

孔子는 나면서부터 49가지의 特異한 表像이 있으섰으니 反首 洼面 月角 日準 河目 海口 龍顏 斗脣 昌顏 均頤 輔喉 騈齒 龍形 龜背 虎掌 駢脅 修肱 參膺 圩頂 山臍 林背 翼臂 注頭 隄眉 地足 谷竅 雷聲 澤腹 修肚 趨下 末僂 後耳 面女蒙俱 手垂過膝 耳垂珠庭 眉有十二彩 目有 六十四理 立如鳳跱 坐如龍蹲 手握千文足履度字 望之如騖 就之如昇 視若營四 躬履謙讓 胸有文曰制作定世符 身長九尺六寸 腰大十圍

河目과 海口와 龍顏은 黃帝의 形貌요, 手垂過膝과 龜背虎掌과 身長九尺六寸은 成湯의 容體也라.

중국 곡부에 있는 나무

저자 공자상 앞에서

공자묘 앞 : 오른쪽 저자, 아들과 부인 / 지인 반태병 사장

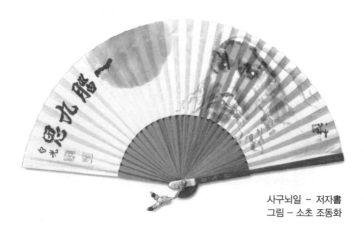

사구뇌일 - 저자書
그림 - 소초 조동화